其实根本就没有什么“假如”，每个人的人生都不可重新设计。当你从小女孩终于长成一个女人的时候，遗憾会让我们越发珍惜生命。

柔者必韧，刚者，却脆而易折。女人的秘诀和奥妙恰恰在于柔韧。天长地久，终能水滴石穿，以柔克刚。

美的思想，自然首先也是悦己的。悦己的同时，面对外部世界，必然悦人。不能悦人的思想，只是孤芳自赏，生命之于社会的意义，也很可疑。过去总认为美的思想，对于女子，只能留给自己品味的，在现代女性看来，这是一个误区。

悦己

张抗抗 著

中国青年出版社

自 序

悦人还是悦己？

张爱玲的原话这样说："有美的身体，以身体悦人；有美的思想，以思想悦己，其实也没有多大的分别。"

到了21世纪的女性这儿，却看出了其中大大的分别。

美的身体，首先应该是悦己的。悦己的同时，自然悦人——赏心悦目的悦。不能悦己的身体，只是"美的奉献"，生命自身的价值，就很可疑。过去总是认为美的身体是为别人准备的，在现代女性看来，就成了一个陷阱。

美的思想，自然首先也是悦己的。悦己的同时，面对外部世界，必然悦人。不能悦人的思想，只是孤芳自赏，生命之于社会的意义，也很可疑。过去总认为美的思想，对于女子，只能留给自己品味的，在现代女性看来，这是一个误区。

近年来，女性主义女权主义后女性主义理论，在中国来而复去，令人无所适从。女性有了主义作为武器，反而将自己弄得更为烦恼苦闷，这也是奇怪的事情。

若是宣称，我不是女权主义者——曾经，显得多么没有"思想"。

于是想问：有了主义，就真的拥有了思想么？

这本集子里收录的散文，是上个世纪90年代以来，近20年中，我陆续写下的有关女性生活、女性思考的札记和随感。女人爱美、女人恋家、女人育儿、女人读书、女人惜物、女人创业……无论女人做什么，都不再仅仅为了悦人，而是悦己——希望自己能够从中得到快乐。无论使用什么样的主义作为工具，女人都明白，工具是为了摘取果实。果实是什么？是心灵的安宁，是那种通常被称为“幸福”的状态。

而我们今天遇到的难题，是究竟怎样以思想悦己？现代女性经济独立、人格独立，唯有“思想”——是否已经特立独行？所以，我们常常只能悦人，而无法使自己的灵魂得到真正的欣悦。

为了女人自己，多思多想。一旦到达了“悦己”的境地，就算通透豁达了。

张抗抗作品

目　录

1952年张抗抗2岁在杭州

001
居家的女人

苏醒中的母亲

那天清晨6点多钟，书房的电话急促地响起来。我被铃声吵醒，心里怪着这个太早的电话，不接，翻身又睡。过了一会儿，铃声又起，在寂静中响得惊心动魄。心里迷迷糊糊闪过一个念头：不会是杭州家里出了什么事吧？顿时惊醒，跳下床直奔电话。一听到话筒里传过来父亲低沉的声音，脑子嗡地一下，抓着话筒的手都颤抖了。

年近80高龄的母亲，长期患高血压，令我一直牵挂悬心。2002年秋天的这个凌晨，我担心的事情终于发生，母亲猝发脑溢血，已经及时送往医院抢救准备手术。放下电话，我浑身瘫软。然而，当天飞往杭州的机票，只剩下晚上的最后一个航班了。

在黑暗中上升，穿越浓云密布的天空，我觉得自己像一个被安装在飞机上的零部件，没有知觉、没有思维。我只是躯体在飞行，而我的心早已先期到达了。

我真的不敢想，万一失去了母亲，我们全家人以后的日子里，还有多少欢乐可言？

飞机降落在萧山机场，我像一粒子弹，从舱门里快速发射出去。子弹在长长的通道中一次次迅疾地拐弯。而我的腿却绵软无力，犹如一团飘忽不定的雾气，被风一吹就会散了。

走进重症监护室最初那一刻，我找不到我的母亲了。我从来没有想到，我竟然会不认识自己的母亲——仅仅只是一天，脑部手术后依然处于昏迷状态的母亲，整个面部都萎缩变形了，口腔、鼻腔和身上到处插满了管子，头顶上敷着大面积的厚纱布。那时我才发现母亲没有头发了，那花白而粗硬的头发，由于手术而完全被剃光了，露出了青灰色的头皮。没有头发的母亲不像我的母亲了。突然明白原来母亲是不能没有头发的，母亲的头发在以往的许多日子里，覆盖和庇护着我们全家人的身心。

手术成功地清除了脑部表层的淤血，家人和亲友们都松了口气。然后是在重症监护室外的走廊上整日整夜地守候，焦虑而充满希望的等待。等待母亲从昏迷中苏醒过来。每天上午下午短暂的半个小时探视时间，被亲友们分分秒秒珍惜地轮流使用。无数次俯身在母亲耳边轻声呼唤：妈妈，妈妈，你听到我在叫你吗？妈妈妈妈，你快点儿醒来……

等待是如此漫长，一年？一个世纪？时间似乎停止了。母亲沉睡的身子把钟表的指针压住了。那些日子我才知道“时间”是会由于母亲的昏迷而昏迷的。

两天以后的一个上午，母亲的眼皮在灯光下开始微微颤栗。那个瞬间脚下的地板也随之颤栗了。母亲睁开眼睛的那一刻，阴郁的天空云开雾散，整座城市所有的楼窗，都好像一扇一扇地突然敞开了。

然而母亲不能说话。她仍然只能依赖呼吸器维持生命，她的嘴被管子堵住了。许多时候，我默默地站在她身边，长久地握着她冰凉的手。我暗自担心苏醒过来的母亲，也许永远不会说话了？脑溢血患者在抢救成功后，有可能留下的后遗症之一是失语，假如母亲不再说话，我们说再多的话，有谁来回应呢？苏醒后睁开了眼睛的母亲，意识依然是模糊的，母亲只能用她茫然的眼神注视我们，那个时刻，整个世界都与她一同沉默了。

母亲开口说话，是在呼吸机拔掉后第二天的一个晚上。那天晚上恰好是妹妹值班，她从医院打电话回来，兴奋地告诉我们妈妈会说话了——我和父亲当时最直接的反应是说不出话来。妈妈会说话，我们反倒高兴得不会说话了。

妹妹很晚才回家，她说妈妈一口气说了好多好多话，反反复复地说：太可怕了……这个地方真是可怕啊……妹妹说：我是婴音。妈妈说：你站在一个冰冷的地方……她的话断断续续不连贯，又说起许多从前的事情，意思不大好懂。但不管怎样，我们的妈妈会说话了，妈妈的声音、表情和思维，正从半醒半睡中一点一点慢慢复苏。

清晨急奔医院病房，悄悄走到妈妈床边。我问：妈妈，认识我吗？

妈妈用力地点头，却叫不出我的名字。

我说：妈妈，是我呀，抗抗来了。

由于插管子损伤了喉咙，妈妈的声音变得粗哑低沉，她复述了一遍我的话，那句话却变成了：妈妈来了。

我纠正她：是抗抗来了。

她固执地重复强调说：妈妈来了。

我的眼泪一下子涌上来。“妈妈来了”——那个熟悉的声音，从我遥远的童年时代传来：“别怕，妈妈来了”——在母亲苏醒后的最初时段，在母亲依然昏沉疲惫的意识中，她脆弱的神经里不可摧毁的信念是：“妈妈来了。”

妈妈来了。妈妈终于回来了。

从死神那里侥幸逃脱的妈妈，重新开口说话的最初那些日子，从她嘴边曾经奇怪地冒出了许多文言文的句子。探望她的亲友对她说话，她常常反问：为何？若是问她感觉怎么样？她回答：甚感幸福。那些言辞也许是她童年的记忆中接受的最早教育；也许是她后来的教师生涯中始终难以忘却的语文课堂；那几天我们曾以为母亲从此要使用文言文了，我们甚至打算赶紧温习文言文以便与母亲对话。

幸好这类用词很快就消失了。母亲的语言功能一天天开始恢复正常。每一次医护人员为她治疗，她都不会忘记说一声谢谢。在病床上长久地输液保持一个姿势让她觉得难受，她便不停地转动头部，企图挣脱鼻管，输氧的胶管常常从她鼻孔中脱落，护士一次次为她粘贴胶布，并嘱咐她不要乱动。她惭愧地说：是啊我怎么老是要做这个动作呢。胡主任问她最想吃什么，她说：想吃蘑菇。她开始使用一些复杂的句式来表达自己的意思，却又常常词不达意，让病房的医生护士忍俊不禁。她仍然常常把我和妹妹的名字混淆，我们纠正她的时候，她却会狡辩说：你们两个嘛，反正都是一样的。

如今再回想那一段母亲浑身插满了管子的日子，真是难以想象母亲是怎样坚持过来的。她只是静静地忍受着病痛，我从未听到过她有过抱怨，或是表现出病人通常的那种烦躁。

离开重症监护室之前，爸爸对她说：我们经历了一场大难，现在灾难终于过去了。

妈妈准确地复述说：灾难过去了。

灾难过后的母亲，意识与语言的康复是十分艰难与缓慢的。我明明看见她是醒过来了，又觉得她好像还在一个长长的梦里游弋。有时她清醒得无所不知，有时却糊涂得连我和妹妹都分不清楚。她时而离我很近，时而又独自一人走得很远；有时她的思维在天空中悠悠飘忽，看不见来龙去脉；有时她却深深潜入水底，只见一个模糊的影子和水上的涟漪……

但无论她的意识在哪里游荡，她的思绪出现怎样的混乱懵懂，她天性里的那种纯真、善良和诗意，却始终被她无意地坚守着。那是她意识深处最顽强最坚固的核，我能清晰地辨认出那里不断地生长出的一片片绿芽，然后从中绽放出绚丽的花朵。

若是问她：妈妈，你今天有哪里不舒服吗？她总是回答说：我没有不舒服。

我的表弟、弟媳妇和他们的女儿去看望母亲，在她床前站成一排。母亲看着他们，微笑着说：亲亲爱爱一家人。（那是我小时候妈妈给我买的一本苏联

儿童读物的书名）

母亲也许是听见了不知何处传来的音乐声，她说：敞开音乐的大门，春天来了。

医生带着护士们查房，在她床前嘘寒问暖。母亲说：这么多白衣天使啊……又说；多么好听的声音；还说：多么美好的名字啊……护士们都喜欢与她聊天，她们说朱老师说话，真的好有意思啊。

有几天我感冒了，担心会传染给妈妈，就戴着口罩进病房。母亲不认识戴口罩的我了，她久久地注视我，眼睛里流露出疑惑的神情。我后退几步，将口罩摘下说：妈妈是我呀。妈妈认出我了，妈妈笑了，妈妈就说：你太累了，你回去吧，这里没有什么事情……

母亲躺在移动病床上，胡医师陪她去做 CT，路上经过医院的小花园。胡医师说：朱老师你很多天没有看到蓝天白云了，你看今天的阳光多好。母亲望着天空说：是啊，今天真是丰富多彩的一天呀！

想起母亲刚刚苏醒的那些日子，我妹妹的儿子阳阳扑过去叫外婆的那一刻，妈妈还不会说话。但她笑了，笑容使得她满脸的皱纹一丝丝堆拢，像金色的菊花那样一卷一卷地在微风中舒展。那是我见过的最灿烂的笑容，一如冷傲的秋菊，在凋谢前仪态万方地告别演出。

母亲永远都在赞美着生活。在她的内心深处，没有怨恨没有忧郁。即便遭受如此病痛，她仍如同一生中的任何时候，坦然承受着所有的磨难，时时处处总是为别人着想。即使在她大病初愈脑中仍然一片混沌之时，她依然本能地快乐着，对这个世界心存感激。

也许是得益于母亲平和的心态，母亲在住院几个月之后，终于重新站立起来、重新走路、自己吃饭，与人交谈，生活也逐渐能够自理，几乎奇迹般地康复了。

我为自己有这样一个美好的母亲而骄傲。

我之所以写下这些，是因为我看到了母亲在逐渐苏醒的过程中，在她的理智与思维逻辑都尚未健全的状态下，所表现出来人性中那种最本真、最纯粹、绝无矫饰伪装的童心和善意。母亲在健康时曾经给予我的所有理性的教诲，都在她意识朦胧而昏沉的那些日子里，得到了最诚实的印证。

在一个人刚刚从昏迷中苏醒过来，尚无法以理性控制自己的时候，她所展现出来的那些思维和行为，应是她身心中最真实的底蕴。

有家真好

家，首先是一所房子，有梁柱的支撑和坚实的墙壁。父母是房子的屋顶，可遮风蔽雨，抵挡冷雪酷日；孩子是房屋的窗户，以便房子里新鲜空气的流通。在这所房子里走来走去的，是许多欢乐的笑声。门是家与外界的通道，所以家不会与世隔绝。屋顶下，每人各有各的房间，有聚有散，互不干扰。家一定有厨房，可以烧出美味的食物，所以在冬天，家里也是热气腾腾。

家，是一辆汽车，可以送你到很远的地方去。父母是轮换开车的司机，孩子是乘客。到了父母年迈的时候，孩子就当上了司机，父母变成了乘客，大家都觉得这样的安排很合理。开车的时候必须小心翼翼，不能违反交通规则。一般来说，遵纪守法的人家，像开车一样，不容易出事故。即使车子偶尔会有些小故障，平日注意保养，就可以尽量避免损失。还有，车子是需要经常加油的，所以一个家就需要有多多的收入。作为家庭的成员，不能只用油不加油的，因为油用完了车子就走不动了。作为乘客的时候，只会消耗油料，那么哪怕经常抽空擦洗汽车，司机也会很觉安慰的。

家，是一棵大树，在土壤里有很深的根，经风沐雨岿然不动。它把养料输送到枝条和树叶里，然后结果打籽，一代一代延续下去。一个人丁兴旺的大家族，就像大树上筑着许多鸟窝，小鸟们叽叽喳喳很热闹的。树很怕蛀虫和白蚁什么的咬噬，台风来了，坚持不住的是有虫疤的树。大树倒下时，在地上留下一个大坑，看了很令人伤心。所以大树需要爱护，整枝打药浇水，件件事情马虎不得。

家，是一首轻音乐，让人心旷神怡。烦了累了的时候，音乐响了起来，人在外面被那些震耳欲聋的迪斯科摇滚乐轰炸的疲惫的神经，会像丝弦一样放松下来，感觉到有一点儿陶醉和惬意。轻音乐的演奏不需要庞大的乐队，不像交响乐那么雄壮，于是呆在家里的时候，请抓紧时间享受那欢快而轻松的乐曲，它会让人忘记许多不愉快的噪声，然后想一想以前和以后美妙的旋律，日子就像流水一般过去了。

安安静静一个家

其实，我对于“家园”并没有什么过高的奢望。

我甚至很少使用“家园”这个词。我的祖籍广东、出生地杭州、19岁离家去北大荒下乡、27岁到哈尔滨上学、上世纪80年代中期开始在北京定居，20年中三次搬家——如此四处游走漂泊，早已淡薄了传统意义上“家园”的概念。

使用“家”或是“住房”、“居所”这些语词，会使我感到亲切实在。

那么我的“家”和“居所”应该是什么样子的呢？

以前房子拥挤的时候，就希望面积能略大一些，好放下那些越来越多的书籍。那些买来的或是赠送的书与日俱增，书橱里实在塞不进去了，就一本本摞起来，堆在墙角和走廊里。半夜里常常被沉闷持续的坍塌声惊醒，昏沉中疑是地震，冲出卧房去看个究竟，却被绊倒在满地狼藉的书堆上……

房子略大了一些之后，就希望周围的噪音能小一点儿。汽车声电视声人声市声汇集的那种就像空气快要爆炸的嗡嗡声浪，真是让人烦躁不安。你甚至不知道那些声音究竟从哪里来，究竟什么时候能结束？遥遥无期的声音骚扰无异于另一种精神强暴，但无处逃脱……

房屋面积和环境噪音的问题若是略有缓解，那么“住所”的清洁卫生，是我衡量这个家生活质量的主要标准之一。在这个尘土飞扬、空气污染的城市里，总该有属于自己的一方“净土”。假如自己的“家园”都弄不干净，世上恐怕就没有什么地方能干净了。地板书桌书橱电脑如果布满灰土，心情也会变得灰蒙蒙的；厨房到处积满油污，思维会油腻腻地滞重起来。为了家里的清洁是宁可挨累的，劳动的付出换回“精神”的愉悦；只有清洁的环境，才能使我享受到属于自己的舒适与安宁。

好像还缺点儿什么？精美的陶艺瓷器？名贵的字画文物？高级家具和电器？

都不是。而是——有生命的绿色植物。

曾多次说过，一个家，即便简朴到简陋，即便家徒四壁，只要有书，这个家就不会令人觉得“空荡”；只要窗台上屋角上有绿色的植物，哪怕是一盆最不起眼儿的仙人掌或是绿萝，整个屋子都会明亮起来。

80 年代曾住在一所大学家属宿舍四楼的一套小单元房。装修的时候，在旧式的窗帘盒上方，留出了 60 公分左右的空隙。买了 6 个最小的花盆，插下了几株鸭趾草的小芽。鸭趾草随遇而安，很快发出了油绿饱满的叶片；然后把绿叶茸茸的小花盆依次摆放在窗帘盒的上方，没多久，那些绿叶追着窗玻璃上的阳光蓬勃疯长，流苏般地垂挂下来，变成了一道浓密的绿色瀑布。阳光从绿叶的间隙里穿过，那是我家窗户上一道独特的风景……

至今我依然怀念那个“森林里爬满青藤的小屋”给我带来的欢愉和惊喜。

如今，我的“家”已有充裕的空间存放书籍和资料；除了鸟叫声，周围没有喧嚣的市声和吵闹；我的床单被褥和用具，也许已经很旧但总是干净而清洁的；我拥有许多绿色的植物，还有一些普通的花草。我没有昂贵的衣物首饰，我的家没有一处豪华的装饰和摆设，但我的“家”里有书有绿、无声少尘——我的有关“家园”的愿望都实现了，所以我很知足。

忽然发现：书籍、植物、清洁，原来我所喜欢的，竟然都如此寂然冷清、沉默寡言。由此明白了自己有关“家园”的理想，原来只不过是一个能让自己安安静静思索、悄然藏身而心灵恣意飞扬的地方。

这个“家园”也许只适合我和我的家人。这个家园之梦只同我的性格和生活方式相关。四海为家的现代人，其实早已没有了可称为故乡的“家园”。因而，我只能带着自己的书和植物行走，因为那是我精神的家园。

假如再做一次女孩

假如让我重新做一次女孩，最重要的事情，我仍然要选择我现在的妈妈再做一次我的妈妈。我的妈妈和别人的妈妈不一样，别人的妈妈操心孩子吃饭穿衣的那些事情，她都是马马虎虎的；可无论你对她说什么，她都仔细倾听，帮你出主意，就像一个真正的好朋友。有人说她有一颗童心，我觉得她倒是像一个女孩。所以和她在一起，总是很轻松很开心的。我认为一个家庭无论贫穷还是富裕，如果有一个好妈妈，天上的太阳就会永远微笑。

假如我重新做一次女孩，希望自己能长得胖一点儿，当然个头儿还是像现在这样。太瘦的女孩看上去像个精灵，人都以为你聪明得不得了，会让你很心虚。长相倒无所谓，不要太丑就行，只是眼睫毛应该长一点儿，像个布娃娃，傻傻的好可爱。然后扎一把粗黑的马尾辫，再系上一只漂亮的蝴蝶结，玫瑰红色或天蓝色，我在风中奔跑的时候，蝴蝶结像翅膀那样飞起来，我就变成了一只风筝。

假如我重新做一次女孩，我一定要穿超短的连衣裙和背带裙，格子的、小碎花的都好看，配一双白色的连裤袜，还有一双小红皮鞋。我希望自己的房间，有一张小床，墙上贴满了我喜欢的画儿，当然不是明星头像什么的，我可不想当追星族，长大了我只想过一种散淡普通的生活，做一点儿自己愿意做和喜欢做的事情。当然，这些都没有关系，我真正想要的是一架钢琴。我奇怪现在许多女孩怎么不喜欢钢琴呢？我一直梦想自己的琴声从窗口飞出去，引来许多五彩缤纷的小鸟，叽叽喳喳聚集在窗台上，为我的琴声伴奏。练琴虽然有点儿乏味，但美丽的音乐会滋养女孩的心灵，让她变得丰富而温情。弹琴的女孩会有一双纤细灵巧的手，她不需要说很多的话，琴键就替她说了。也许，练琴的女孩学电脑会比别人更省力些呢。

假如我重新做一次女孩，暑期里，除了游泳、看电视、打游戏机、练琴还有到外婆家去，我仍然会学习做饭烧菜，学习自己钉扣子缝衣服，坚持写日记，并且看很多很多的书。我仍然会喜欢童话、少儿大百科和儿童文学，但我一定要看一些大人的书，包括爱情小说和侦探小说，我认为这样才会有更强的抵抗力。我要说服爸爸和妈妈相信我。也许我还会偷偷写点什么，但不会再寄出去发表。过早发表习作，会使一个女孩误以为自己天生要当作家的，就像一棵树还没长大就开花结果，把底肥都用光了，而作为骨架的枝干却孱弱，将来支撑不起一树繁花。

假如我重新做一次女孩，我会玩命儿学外语，最好是英语，全世界通用的。我真正做女孩的时候，在杭高学的是俄语，当时自以为成绩还不错，后来不用都忘光了。外语不好的人，走出国门后 (包括在国内)，就像聋哑人似的，对世界的了解有点儿残疾。即使不出门，在网络上也走不远、走不顺畅。当全球一体化时代到来，就更寸步难行了。何况，不能与各种各样的人对话，会减少许多人生的乐趣。

假如我重新做一次女孩，我希望自己就像一个真正的女孩那样，柔声细气地说话，不要那么爱哭爱生气，不要那么咄咄逼人凶巴巴的。我不会再和爸爸顶嘴，我要做一个开心女孩，一个玩笑大王，最好什么都不在乎，心情总是万里无云的。我挽着爸爸的胳膊去散步，像朋友那样对他说：“嘿，哥们儿！”

假如我重新做一次女孩，无论别人对我说什么，我都不会再轻易相信。我只相信自己的眼睛看到的，自己的耳朵听到的、自己的心感受的。我不想被任何人和事摆布，更不会非当三好学生、班干部不可，更不会一定企图成为全班最优秀最出色的女生。我曾经是一个什么都相信的女孩，下一次，我会多多问一个为什么，学会独立判断。

假如我重新做一次女孩，我希望自己的心是软的。

一个雨天，那个拾垃圾的农村妇女湿淋淋地从我家门前经过，我会像妈妈那样，在雨中追出门去，交给她一顶草帽，哪怕是一块塑料布，她惊讶地回头，我就像小白兔那样跑掉了。

其实根本就没有什么“假如”，每个人的人生都不可重新设计。当你从小女孩终于长成一个女人的时候，遗憾会让我们越发珍惜生命。

生活新标识

《好主妇》杂志的创办，实际上是为中国当代女性提出了一个关于家政管理的新课题。“家政管理”对于我们中国当代女性来说，是比较陌生的，在我的电脑汉字软件里，就没有这个词组。

经过将近一个世纪的女性解放运动，为什么“主妇”这一种特定的身份，最终仍然没有被激进的女性革命从此彻底废除？为什么到了世纪末，它反而在书刊林立的图书市场上有了一席之地？

“五四”反封建一直到建国以后倡导的男女平等，都是以女性走出家庭，摆脱厨房和围裙，积极参与社会活动，以获取女性的经济独立和个人价值实现为主要标志的。当时具有自由思想的女性，不愿意继续承袭几千年来传统女性为家庭无偿牺牲的重负，开始以服从为耻以家务为俗。比如我的母亲，十几岁出去读书参加革命，到后来结了婚有了孩子，仍然不擅管家。在我记忆中，家里总是乱得一塌糊涂。那时候我就想，等我自己有了家，我一定要把它收拾得服服帖帖。这竟然是“新女性”给予我的“反面教育”，也算一种讽刺吧。然而，社会的发展变化，以致进入上世纪 90 年代的商品社会，一部分年轻的女性更注重物质生活和个人利益，她们走向与“革命女性”相对立的另一个极端，厌恶与家庭家务有关的一切“俗事”，以“什么都不会干也不愿干”为荣，将自己“强行”逃离“主妇”的行列之外。还有许多具有居家过日子的平常心的女人，却因为缺少“家政管理”的知识和能力，愿意成为“好主妇”，但不知道怎样才能当好主妇。

误区多多。难道在传统和现代、在牺牲和利己、在“铁姑娘”和“金丝雀”之间，就没有一条贯穿着我们女人过去与未来，连结着我们女人奉献与受益的通道吗？

作为一个既不传统也不十分现代的女人，对于家庭，我一直有一种“自私”的认识：家里的清洁和舒适，供家人和你共同愉悦身心；每日可口的饭菜，给予你和家人快乐和健康；合理调配时间，能使你更加有效地做自己想做的事情；管好家庭财政收入支出，可以使自己少些后顾之忧……所以，做一个好主妇或者是不太糟的主妇，实在是于己有益，对自己的生活质量至关重要。

因此，没有必要回避女人事实上的主妇身份，或是对“主妇”一词如此不屑。这一百年的纷乱中，有关女性解放的理论，已经把许多“要害”问题整合梳理清楚：

旧式“家庭妇女”所从事的家务劳动，从来都被排斥在社会生产之外，“主妇”对家庭的服务具有与“侍候”同义的奴隶性质，是不“创造”价值，也得不到任何报酬的。旧式的“主妇”没有独立的经济收入，是依赖或依靠丈夫“养活”的全职太太。除了做“主妇”再没有其他的个人意志。而大多数今日女性，都是自己挣钱并有支配权的“业余主妇”，具有相当的“主权”意识和行使“主权”的能力。家务劳动创造价值，也应在家庭建设中占有份额，对这一认识多数人已达成共识。即便是“全职太太”，并不等同于早年的家庭妇女。全职太太可在家里操持股票打理财务，仍然只算是个业余主妇。当好业余主妇，才是现代意义的好主妇。

有关“主妇”的观念，经如此拨乱反正之后，剩下的便是有关当好主妇的“技巧”了。好主妇不一定是好妻子，但好妻子应是好主妇。以我的体会，好主妇需要 1/3 家政管理的知识和经验、1/3 的生活热情，还有 1/3 的聪明智慧。

今天的好主妇，善于选择适宜自己家庭的生活方式，当是首位。知道自己和家人这后半生要什么，才不会被浮躁的时尚瓜分了有限的收入和时间。好主妇特别擅长开源节流，该花的钱决不心疼，该省的钱决不让步；更不会盲目时髦追求虚荣，而是把钱用在全家人的教育学习旅游方面，注意提高生活质量。

好主妇定是快乐而勤劳的，每天都有好的心情去对待烦恼。但今天的好主妇未必是处处事必躬亲，样样辛苦劳作的，她应懂得用金钱去购买时间，为自己留一点儿闲暇。我们已经步入家务服务社会化、家用电器化的21世纪，好主妇必定对新鲜事物充满好奇，善于掌握有效信息充实自己的头脑。钱多些的好主妇，会舍得花钱雇用家庭服务员；钱少些的好主妇，会熟练地使用各种家电来解放自己。去超市购买半成品的食物、去洗衣店美容院书店……未来的好主妇，显示的是管理才能，是“主事”的才能——在好主妇的领导下，每个家庭成员都应该各得其所，丈夫孩子在家务中都自有分工，每个人都是好主妇的好帮手。

《好主妇》杂志是21世纪中国人生活的新标识，愿每个女人或是男人，都尽力学习做个现代的好主妇，日子过好了，快乐和健康属于自己。

封阳台

都市街头，一座座大厦公寓，像是一夜之间，从水泥地上冒了出来，蔓延、迅速生成一片钢筋铁骨的都市丛林。

建筑物被盔甲般坚硬而严实的高墙包裹着，密不透风。

唯有一扇扇明净的玻璃窗，好似堡垒与盔甲上闪动的一双双眼睛，在尘埃与蓝天之间，传递着生命的信息。

还有阳台，凹陷并悬挂在那一个个方盒子上的小小阳台，很像一个个匀称的鼻孔，静静地呼吸着，为高楼作通气畅达之用。

累了烦了的时候，站在阳台上，可以望着楼外很远的地方，草地和绿树，还有街心花园和行人。

有阳台真好。天黑下来的时候，星星和月亮，总是先从阳台上爬过来，再升上夜空。它们路过这里的时候，离我很近，好像一伸手就可触摸到了。

阳台也是我的眼睛。若是种上些花草，阳台就有了遮光挡雨的睫毛。

却有一天，忽然听说，大院里的宿舍楼，家家都在准备封闭阳台。

用很多扇钢窗，把阳台和层顶之间的空隙填上，隔断外界漫天的灰尘、噪音，也阻拦了夏日的酷热和冬季的寒风。

甚至，对于住房不宽裕的人家，还可当做一间增配的小屋，暂作书房或餐厅，抑或是储藏室来使用，好处真的很多。

明天是最后的限期了。只须交很少一点儿钱，无需自家备料、请人、费时费工地劳神，只要说封，一切现成，据说用不了半天，原先敞露的阳台，就会利利索索地变成一间被玻璃窗环绕的小屋了。

这是单位给职工的福利，当然，不封是白不封的。

何况家家户户都封呢。经过那么长时间申请、准备，家家都已盼了很久，等了很久。大家都共同欢迎期待的一件事，也许就是都市文明的标准。

封阳台还是不封阳台，忽而变成了自家家中的一个难题。

封吧，大家都封呢，就我们家不封，是不是有点儿傻。我说。

可是封了阳台，就得增加许多许多扇玻璃窗啊。我犹豫着又说。而阳台上的玻璃，刮风下雨时，很容易脏呀，脏兮兮的一大片玻璃日日挡在你眼前，恐怕房间里的光线就不如以前那么亮啦，视线也不一定那么清楚啦，如果想在阳台上望一会儿，还得把脑袋探出窗外去吗？

还得经常擦玻璃呢。他说，那得花多少时间？

晾晒衣服也不方便。我补充，阳光怕是照不进来了，至少隔一层窗户啊。

说不定夏天更闷，晚上凉风吹不进来，热气散不出去，他又说。

还有窗外槐树上的那些喜鹊，让玻璃挡着，不是变得像标本一样了吗？

最要命的是，封了阳台，没有台沿了，没有台沿，来年往哪儿养花啊？他恍然大悟地摇头。没有花草的阳台，还叫什么阳台呢？

就像没有眉毛的额头、没有睫毛的眼睛，只剩下一身盔甲了。封闭的阳台再加上铁条防盗门，整个是一所笼子。

不封了，不封阳台了。还是敞着的好。他下决心说。

可是，不封阳台，是不是有点儿吃亏呢？大家都封了，就我们放弃？等到哪天又想起来要封时，可就过了这村没这店了……

你要是怕后悔，那就封。封了可就别想再拆下来。本来嘛，那些临街的楼房，整天过车，还有人声，尘土噪音太大，才该封阳台，这里明明很安静，也没有工厂工地，你说这封阳台，到底是为了什么呢？

什么也不为。就为大家都封阳台。心里想着，忽然发现那些话都白说了。

本该为封阳台的事吵一架。可惜，自己也不想在鼻孔上戴个口罩啊。

几天以后，这栋宿舍楼的阳台封闭完毕。整个南墙的一溜阳台，像是架上了一副副眼睛，整整齐齐地排列，厚厚的镜片在阳光下乌蒙蒙地闪烁。

却有四楼的一家阳台，孤零零地眨着眼。微风轻轻穿行在小小的空间里，自由来去。

稀粥南北味

稀粥在中国，犹如长江黄河，源远流长。

可惜我辈才疏学浅，暂无从考证稀粥的历史，只能从自己幼年至今的喝粥经历，体察到稀粥这玩意儿历经岁月沧桑朝代更迭而始终长盛不衰的种种魅力。甚至可以绝不夸张地说，稀粥对于许多中国人，亦如生命之源泉，一锅一勺一点一滴，从中生长出精血气力、聪明才智，还有顺便喝出来的许多陈规和积习。

少年时代在杭州。江浙地方的人爱吃泡饭。所谓泡饭，其实最简单不过，就是把剩下的大米饭搅松，然后用水烧开了，就是泡饭。泡饭里有锅底的饭锅巴，所以吃起来很香，一般用来作早餐，或是夏季的晚饭。再佐以酱瓜、腐乳和油炸蚕豆瓣，最好有几块油煎咸带鱼，就是普通人家价廉物美的享受了。对于江南一带的人来说，泡饭也就是稀饭，家家离不开泡饭，与北方人爱喝稀粥的习性并无二致。

我的外婆住在杭嘉湖平原的一个小镇上，那是江南腹地旱涝保收的鱼米之乡，所以外婆家爱喝白米粥，而且煮粥必用粳米。用粳米烧的粥又黏又稠，开了锅，厨房里便雾气蒙蒙地飘起阵阵甜丝丝的粥香，听着灶上锅里咕嘟咕嘟白米翻滚的声音，像是有人唱歌一样。熄火后的粥是不能马上就喝的，微微地焖上一阵，待粥锅四边翘起了一圈薄薄的白膜，粥面上结成一层白亮白亮的薄壳，粥米已变得极其柔软几乎融化，粥才成其为粥。那样的白米粥，天然地清爽可口，就像是白芍药加百合再加莲子熬出来的汁。温热地喝下去，似乎五脏六腑都被滋润了一遍。

我母亲在这样一个美好的白米粥的环境下长大，自然是极爱喝粥甚至是嗜粥如命的。她自称粥罐——平日不过一小碗米饭的量，而喝粥却能一口气吃上三大碗。只要外婆一来杭州小住，往日匆匆忙忙炮制的杭式方便快餐泡饭，就立即被外婆改换成天底下顶顶温柔的白米粥。外婆每天很早就起床烧粥，烧好了粥再去买菜；下午早早就开始烧粥，烧好了粥再去烧菜。于是我们家早也喝粥，晚也喝粥，而且总是见锅见底地一抢而空。南方人喝粥就是喝粥，不像北方人那样，还就着馒头烙饼什么的，因此喝粥就有些单调。粥对于我来说，自然是别无选择，我的喝粥多半出于家传的习惯。那个时候，想必稀粥尚未成为我生活的某种需要，所以偶尔也抱怨早上喝粥肚子容易饿，晚上喝粥总要起夜。而每当我对喝粥稍有不满时，外婆就皱着眉头，用筷子轻轻敲着碗边说：

“小孩子真是不懂事了，早十几年，一户人家吃三年粥，就可买上一亩田呢。你外公家的房产地产，还不是这样省吃俭用挣下来的……”

舅舅补充说：“一粥一饭当思来之不易。”

于是我就从粥碗上抬起头来，疑惑地看着我的外婆。外婆喝粥有一个奇怪的习惯，她喝饱了以后，放下筷子，必得用舌头把粘在粥碗四边的粥汤舔干净，干净得就像一只没用过的碗，那时外婆的粥才算是真正喝完。我想外婆并不是穷人，她这样喝粥可不太好看。那么难道外公家的产业真是这样喝粥喝出来的吗？人如果一辈子都喝粥，是不是就会有很多很多钱呢？看来粥真是一种奇妙的东西。

然而，外婆的白米粥却和我少女时代的梦，一同扔在了江南。

当我在寒冷的北大荒原野上啃着冻窝头、掰着黑面馒头时，我开始思念外婆的白米粥。白米粥在东北称做大米粥，连队的食堂极偶然才炮制一回，通常是作为病号饭，必须经过分场大夫和连首长的批准，才能得此优待。有顽皮男生，千方百计把自己的体温弄得“高烧”了，批下条子来，就为骗一碗大米粥喝，这是相互间公开的秘密。后来我有了一个小家，便在后院的菜园子里，种过些豌豆。豌豆成熟时，剥出一粒粒翡翠般的新鲜豆子，再向农场的老职工讨些大米，熬上一锅粥，待粥快熟时，把豌豆掺进去，又加上不知从哪儿弄来的一点儿白糖，便成了江南一带著名的豌豆糖粥。一时馋倒连队的杭州老乡，纷纷如蝗虫般拥入我的茅屋，一锅粥顿时告罄，只是碍于面子，没像我外婆那样把锅舔净了。

豌豆糖粥是关于粥的记忆中比较幸福的一回。在当时年年吃返销粮的北大荒，大米粥毕竟不可多得。南方人的“大米情结”，不得不在窝头苞米面发糕小米饭之间渐渐淡忘或暂时压抑。万般无奈中，却慢慢发现，所有以粗粮做的主食里，惟有粥，还是可以接受并且较为容易适应的——这就是大馇子粥和小米粥。

最初弄懂“大馇子”这三字，很费了一番口舌。后来才知道，所谓大馇子，其实就是把玉米粒轧成几瓣约如绿豆大小的干玉米碎粒。用一口大锅把玉米馇子添上水，急火煮开锅了，便改为文火焖。焖的时间似乎越长越好，时间越长，馇子就熬得越烂，越烂吃起来就越香。等到粥香四溢，开锅揭盖，眼前金光灿烂，一派辉煌，盛在碗里，如捧着个金碗，很新奇也很庄严。

大馇子粥的口感与大米粥很不相同。它的米粒饱满又实沉，咬下去富有弹性和韧劲，嚼起来挺过瘾。从每一粒馇子里熬出的黏稠浆汁，散发着秋天的田野上成熟的庄稼的气息，洋溢着北方汉子的那种粗犷和力量。

煮大馇子粥最关键的是，必须在馇子下锅的同时，放上一种长粒的饭豆。这种豆子比一般的小豆绿豆要大得多，紫色粉色白色还有带花纹的，五光十色令人眼花缭乱。五彩的豆子在锅里微微胀裂，沉浮在金色的粥汤里，如玉盘上镶嵌的宝石……

小米粥比之大馇子粥，喝起来感觉要温柔些细腻些，且有极高的营养价值，又容易被人体吸收，所以北方的妇女用其作为生小孩坐月子和哺乳期的最佳食品。我在北大荒农场的土炕上生下我的儿子时，就有农场职工的家属送来一袋小米。靠着这袋小米，我度过了那一段艰难的日子。每天每天，几乎每一餐每一顿，我喝的都是小米粥。在挂满白霜的土屋里，冰凉的手捧起一碗黄澄澄冒着热气的小米粥，我觉得自己还有足够的力量活下去。热粥一滴滴温热我的身体烤干我的眼泪暖透我的心，我不再害怕不再畏惧，我第一次发现，原来稀粥远非仅仅具有外婆赋予它的功能，它可以承载人生可以疏导痛苦甚至可以影响一个人的命运。

也许正是从那个时候开始，我摈弃了远方白米粥的梦想，进入了一个实实在在的小米粥的情境。我无可依傍，唯有依傍来自大地的慰藉，我用纯洁的白色换回了收获季节遍地的金黄。至今我依然崇敬小米粥，很多年前它就化做了我闯荡世界的精气。

然而，白色和金色的粥，并未穷尽我关于稀粥的故事。

喝小米粥的日子过去很多年以后，我和父母去广东老家探亲，在广州小住几日，稀粥竟以我从未见过的丰富绚丽，以其五彩斑斓的颜色和别具风味的种类，呈现在我面前。街头巷尾到处都有粥摊或粥挑子，燃得旺旺的炉火上，熬得稀烂的薄薄的粥汤正咕咕冒泡，一边摆放整齐的粥碗里，分别码着新鲜的生鱼片、生鸡片或生肉片，任顾客自己选择。确定了某一种，摊主便从锅里舀起一勺滚烫的薄粥，对着碗里的生鱼片浇下去，借着沸腾的稀粥的热量，生鱼片很快烫熟，再加少许精盐、胡椒粉和味精，用筷子翻动搅拌一会儿，一碗美味的生鱼粥就炮制而成。

生鱼粥其味鲜美无比。粥入口便化，回味无穷；其鱼片鲜嫩可口，滑而不腻。一碗粥喝下去，周身通达舒畅，与世无争，别无他求。我在广州吃过烧鹅乳猪蛇羹野味，却独独忘不了这几角钱一碗的生鱼粥或鸡丝粥。

从新会老家回到广州，因为等机票，全家**3**人住在父亲的亲戚家中。那家有个姑娘，比我略小几岁，名叫阿嫦。阿嫦每天晚上临睡前，都要为我们煲粥，作为第二天的早餐。她有一只陶罐，口窄底深，形状就像一只水壶。她把淘好的米放在罐子里，加上适量的水，再把罐子放在封好底火的炉子上，便放心地去睡。据说后半夜炉火渐渐复燃，粥罐里的米自然就被焖个透烂。到早晨起床，只需将准备好的青菜碎丁、切碎的松花蛋、海米丁，还有少量肉末，一起放入罐内，加上些作料——真正具有广东地方家庭特色的粥，就煲好了。

阿嫦的早粥不但味道清香爽口，让人喝了一碗还想再喝，每天早晨都喝得肚子溜圆才肯作罢，而且内容丰富，色泽鲜艳——绿的菜叶红的肉丁黑褐色带花纹的松花蛋和金黄色的海米，衬以米粒雪白的底色，真像是一幅点彩派的斑斓绘画。

广东之行使我大开稀粥眼界，从此由白而黄的稀粥“初级阶段”，跃入五彩缤纷的“中级阶段”。稀粥的功能也从一般聊以糊口、解决温饱的实用性，开始迈向对稀粥的审美、欣赏以及精神享受的“高度”。那时再重读《红楼梦》，才确信有五千年文明史的中华民族，原来真有悠远的粥文化。

便尝试喝八宝莲子粥，喝红枣紫米粥，喝腊八粥，喝在这块土地上所能喝到的或精致或粗糙或富丽或简朴的各式各样的粥。最近去湖南，在娄底那个地方的涟源钢铁厂食堂，就喝到一种据说是“舂”出来的米粥。粥已近糊状，但极有韧性，糊而不散，稠而光洁，闻其香甜，便知其本色。

却有几位外国朋友，一听稀粥，闻粥色变，发表意见说，为人一世，最不喜欢吃的就是稀粥，并且永远不能理解中国人对于粥的爱好。

我想我们并非是天生就热爱粥的。如果有人探究粥的渊源、粥的延伸、粥的本质，也许只有一个简单的原因，那就是贫穷。粮食的匮乏加之人口众多，结果就产生了稀粥这种颇具中国特色的食物，覆盖了大江南北几百万平方公里的土地，并且一喝就是几千年。

如今我们已不会因为粮食不够吃而喝粥，也不会因为没有钱买粮而喝粥，我们喝粥是因为祖先遗传的粥的基因。粥的基因是否同人体血脂的黏液质形成有关？为什么一个喝粥民族就有些如同稀粥一般黏黏糊糊、汤汤水水的脾性？以此为缺口，研究生命科学的学者们便会找到重大突破也说不定。

可作为主妇的我，如今却很少熬粥。我们家不熬粥的原因很简单，我想许多家庭逐渐淡化了粥，也是出于同一个原因：没有时间。粥是贫穷的产物，也是时间的产物。粮食和资金勉强具备，但如果不具备时间，同样也喝不成粥。我们的早晨早已代之以面包和袋奶，晚餐有面条，还有偷工减料的食粥奥秘——回归泡饭。

所以如今一旦喝粥，便喝得郑重其事，喝得不同凡响。要提前买好小米配上黑米再加点儿红枣和莲子，像是一个隆重的仪式。听说市场已经推出一种速成的粥米，那么再过些日子，连这仪式也成了一个象征。当时间的压力更多地降临的时候，稀粥是否终会爱莫能助地渐渐远去？我似乎觉得下一代人，对稀粥已没有那么深厚的感情和浓烈的兴趣了，你若问孩子晚饭想喝粥吗，他准保回答：随便。

仔细想想孩子的话，你突然觉得所有这些关于稀粥的话题，其实都是无事生非。

……………………………………………

营造小窝

南窗巍巍的槐树依旧，北窗外泡桐肥硕的阔叶已快撩着六楼的窗台。

椿树细密、桃树葱茏、珍珠梅秀气、绿篱青翠；春天丝丝缕缕飞飞扬扬的花香，夏日层层叠叠清清凉凉的绿，秋季高高低低灿灿烂烂的金黄，总是轻柔而温存地环绕着这幢普通的楼房。站在阳台上，随时可有惬意的欣赏；天色已经灰暗，灯光阑珊，树影婆娑，悠悠地散步去，就有穿过森林的感觉……

有绿地有树木有大自然的气息，在钢筋铁骨的都市，也就满足。

楼下那偌大的一片空地，在这短短7年，被学院的园林工人培育成为一个郁郁葱葱的小花园。也许我们之间进行了一场无形的竞赛，从一开始楼下的院子还是一片黄土时，我们就想在楼上的小窝里营造一个属于自己的生态环境。

刚搬进来的第一天早晨，睁开眼环视新家，一个问：怎么样啊？另一个说：我看不怎么样。

窗台上，形单影只地放着唯一的一盆三叶梅，淡绿色的碎叶上浮着一层粉红色的小花，在房间里庞杂的家具中，挥发着仅有的灵气和生动。阳台上空空如也，萧瑟的北风刮得窗外的槐树呜鸣作响。春天吧，他说，你看春天的。

第一个春天他便不断地从花店和市场买来盆盆米兰、龟背竹和蟹爪莲，又请木匠做了专门的花架。因着这些翠嫩的绿色，房间里顿时就有了些许亲切。还从他父亲那里搬来一盆绿叶蓬勃的垂挂植物，后来经一位学生物的女朋友鉴定，是为鸭跖草。于是横向纵向绿得很立体。室内花园初具规模，只是除了三叶梅，仍然无花。

一日他早起锻炼，回来时手里攥着一把小草，茎上支着一根根浅绿色的肉刺。我说哎呀我就是想种太阳花呢，一插就活，天天早上一开一大片。他说他早就发现花圃的土堆上散落着一丛丛小草像是“死不了”，想必是去年散落的种子自己生长出来的也没人要。又说阳台栽种草花最适合观赏。果然那些不起眼的小肉刺，埋在土里，不几天便繁衍弥漫，将小小的花盆撑得满满的。又过些天，从每枝叶茎的中心鼓起一个个饱满的花苞，清晨的阳光刚投上窗边，一溜的红黄粉紫开得轰轰烈烈。走上阳台去，就似听见嘁嘁嚓嚓的说话声，应和着槐树上的鸟叫，热闹得可以。

就决定在阳台上重点发展草花，尤其是爬藤的牵延作物。可惜已是暮春，四处搜寻种子而不得，只在邻人处挖得一棵苦瓜秧，巴巴地栽上了。又弄来些一串红的小苗，也是来者不拒；有一天居然从中长出一棵怪模怪样的东西，舍不得拔去，待其稍稍长大，发现竟是鸡冠花。失望之余，争论的结果还是百花齐放，多多益善。

那一春一夏的苦心经营，尚处于初级阶段的阳台花园，到秋天居然也琳琅满目。苦瓜结出好几个脆生生的果实，任其老在枝上，表皮变得金黄，终有一日炸裂开来，露出内里红色丝绒般的卷角，如金钟高悬，盎然生趣。太阳花疲倦地耷拉下它赭红色的肉茎，顶端花蒂的种囊已经干透，爆出黑芝麻粒般细小的花籽。我用一张张白纸接在盆边，拿手指轻轻一弹，花籽淅淅沥沥落雨似地撒向掌心，麻痒痒的欢悦传遍全身。再将那花籽分别包好，写上红、黄、紫、粉的字样，明年请它们再来做客。

自此懂得了花籽的重要，提前便开始物色准备。老早就看好了他家院子里一架烂漫的牵牛花，也专门去采了花种来。在我的记忆中，几乎从未见过那么大朵的牵牛花，粉紫色，娇艳婀娜，爬在墙上，一长串地蔓延开去，像一片彩云，飘飘荡荡、轻轻柔柔，很是招摇。第二年夏天飘到了我家的阳台上，从此安营扎寨，落地生根。清晨总似被一抹霞光唤醒，眼前一片灿烂。也许偏爱的是它那种轻松自在的神态，几次他都想要改种茑萝，我却执意不允。如今它已是我家的"留守女士"，风风雨雨地攀着细绳远远眺望。

有一次去探访宗璞大姐。她家的院子里种了一片茑萝，用细竹搭了一扇架，拉上一根根麻绳，茑萝缠出一片清清爽爽的绿藤，缀满鲜红的小五星，像是迎面一排别致的屏风。便讨了种子第二年来种，欢欢喜喜地等着它纤巧的小手来抚摸。可长出来的嫩芽却十分可疑，竟没有一点儿茑萝的形状。特意请了花匠师傅来做鉴定，结论是苋菜无误。赶紧报告宗璞，何以偷梁换柱。宗璞也忍俊不禁，原来居然拿错花籽而我又不识。由于热爱茑萝心切，又跑一趟北大，再次播种。也许误了花期，那茑萝爬了藤开了几朵小红花，却总像个林妹妹似的愁眉苦脸，后来染上了白斑病，只收了几粒金贵的种子，来年却没有发芽。于是茑萝的历史暂告一段落，只留下一个美丽而柔弱的梦。

茑萝引进不成，他的扩建项目却日益增多。从他父母家剪来一截金银花藤，说是可以扦插。又是盖塑料薄膜又是不厌其烦地搬上搬下，倒是居然发出芽来，春天还很听话地攀着绳子走了一个绿色的8字。到了冬天，只管由它在阳台上扔着，盖些挡风的纸壳，看上去枯藤干枝的像是死了。可第二年早春，青草尚未发芽，它便早早地绿了，浇上些水，就一个劲往上蹿，很是"皮实”。金银花学名忍冬，名副其实。然而长势虽好，却一连3年也不开花。等得不耐烦，趁他出门一年半不在家，开春时我干脆到市场寻找了一株大棵的，换进原来的大花盆中，待他回来，已是一片繁茂苍翠。那一年的金银花竟开疯了一般，早晨一片银白，黄昏一片金黄，中午时一层绿叶夹一层黄白相间的碎花，犹如一幅厚重的波斯地毯。他出出进进，故意搧着鼻子作深呼吸，得意地说好香真香啊，你看它不是开花了吗？我说这是我的创作。不懂。也不解释，将错就错，让给他一个安慰。

忍冬不怕北方的冬天，可其他的盆花，入冬前就得统统搬回房间。盆花入室可是件麻烦的事，一春一夏的尘土，得一片叶子一片叶子地揩擦干净。但因了它们，冬天不再寂寞——虎刺梅，亦名圣诞花，专在隆冬时节开放。长满硬刺的枝条上，伸出一节节短短的小茎，四瓣的花形似乎有些方正，血红血红地翘立着，十天八天不谢。看它那副兴高采烈的模样，冬天就似乎有些误会。水仙总是不可缺少的，却因为不忍切割，叶片年年疯狂发作得大蒜一样。有一次他居然还在摊上买到两盆北方罕见的兰花，清香淡淡弥漫，幽灵般在空气中走动，疑是回到了江南老家。龟背竹也称透叶莲，硕大的叶片如伸开的巨掌，一年一层，掌间有长长圆圆的孔隙，绿伞一般撑在我头顶，时时疑有水珠滴下。春节时就轮到了君子兰独占鳌头，品种虽平常，开花时仍是惊天动地的辉煌。仙鹤一般飞来，含着永远高贵的微笑，俯视众生。有一年竟然一冬一夏花开两度，却又从此消失在绿色的云彩里，播下至今未解的神秘。

米兰入室后，还会最后一次开花。金色的小米粒微微启开，香气穿墙而去，经久不散。他最宠爱米兰，每天任是再忙，也不忘给喜光的米兰移动花盆追寻阳光。然而北方的冬天过于干燥，米兰一天天落叶纷纷，情绪就一日日低落。无论喷水还是买了空气加湿器来全力抢救，都无济于事。冬季将尽，米兰已如脱毛的公鸡，叶片所剩无几。这便是他一年里最伤心的日子。熬到开春时把米兰挪上阳台，干烈的春风一吹，米兰便急剧萎靡，不几日终于香消玉殒，魂飞九天了。多年来，米兰过冬一直是他的重点“攻关”课题，每年仍有青翠欲滴的盆栽米兰，从花店走上我家的阳台和窗台，再变成一堆枯枝从垃圾通道回归自然。今年又有 3 盆米兰怀着新的希望浓香四溢，但愿它们这一次能够越过冬天，在此长驻久安。

所有所有的家养盆花之中，最使我们洋洋自得也是最令客人惊异的，不是什么金贵的名花，而是从一开始就“移民”来此的那盆碧绿的鸭跖草。高高地供奉在书架顶端，垂下孔雀尾巴似的长长的茎叶，冬夏四季长青。那还是搬进新居的第二年春，他忽有一日望着木质的窗帘盒久久发呆，突发奇想说，嗳，我有一个绝妙的主意，准保让你大吃一惊——就去买了五六个极小的瓦盆，填上土肥，将原有的鸭跖草掐下一截截叶茎埋进土中，搁置在窗台上。一夏天就眼看着那一撮撮绿芽迅速膨胀，葡萄似地噌噌往下垂挂，到了秋天，叶片肥肥大大，已是绿屏一般丰厚。他便露出诡秘的笑容，双手将那一只只小花盆托举进屋，登上写字台，把它们一个个放进窗帘盒盖与天花板的空间里，竟是不长不短的正合适，再一溜排开，梳理羽毛一般整理完毕，然后跳下地，说声好，十分自得地抬起头——

落叶纷纷的窗前，奇迹般地出现了一片绿色的瀑布，密密匝匝地从天而降，欢欢地流淌。叶片恰好垂在玻璃中间，窗子就像一个巨大的画框，镶出一幅夏季风光。

从此我便在这绿叶的包围中，伏案而作，衬着窗外变幻无穷的槐树的背景。

瀑布一日日源远流长，亦如神话里的那个长发妹，墨绿的长发流苏般蓬勃伸展。到来春，已将近长至窗台，待到槐树发出新芽，便把它们搬出屋外，再重新如法炮制。又一个秋，又一个冬，瀑布重又一泻如故。我说，我说它是条季节河。

有客人来，总会情不自禁地拿手去摸一摸叶片，然后说：

“噢，是真的呀!”

当然是真的。如果不是真的，又何必花费这么多的时间和辛苦？

辛苦中最讲究的，是肥。北京人养花，喜用麻酱渣。一块钱一袋，摊上就有卖的。还有马蹄掌，剪碎了作底肥，含磷极多。我们又发明了米泔水，每日淘米，将泔水存下，发酵一两天就可用。他说北方的水多含碱性，酸性的米泔水可起中和作用。果然肥效甚好，成本也低。此法持之以恒，经久不衰。隔三差五地杀条活鱼，洗鱼水也是最佳有机肥之一。但是冬季盆花入室，就只能暂用些无异味的成品肥料代替。曾有一位老人来访，恍然大悟地认可说，冬季施肥就像老年人仍然需要感情一样。

养花至今，已有不少品种陆续南下，被我杭州的父母“引进”——如今在杭州家里的阳台上，金银花枝繁叶茂，终日花开不断，香溅四邻。太阳花也团团簇簇地凑趣，日日替我陪伴父母，也算是一尽孝心。鸭跖草几乎长成一片绿洲，大有失控的趋势。想必日后如开一家花店，弄个老板娘当当，至少不会亏本。

七八年过去，新居已成旧舍。养花虽说一直由他承包，我毕竟时时参与，也颇有心得。每天坐在家里工作，营造小窝的自然环境就成为一种精神的需要，或者说是一种生活方式。不求豪华的设施，只求舒适宁静和朴实自然的气氛。再说，创作之余，别有所钟，也是一种自我调整。从小苗出土到鲜花盛开最后搜集种子，带给你年年的盼望，以及写作以外另一种创作的乐趣。

回头望，阳台角落上一盆小小的昙花，正若无其事地用手背搭着令箭荷花，策划着它来日的偷袭。那棵顶天立地的扶桑张牙舞爪地伸向蓝天，枝头缀着几托今晨新绽的骨朵，在习习秋风中颔首摇曳。若是从楼下往阳台上看，那艳红艳红的扶桑花，一定很像一家新开张的店铺门前，高高挂着的一串幌子。数一数有几个幌子，就知道里头是供应小吃还是宴席。

………………………………………………

寻回自然

客人来访，性情各个不同。有直爽旷达的，也有拘谨腼腆的；有对房间装饰津津乐道的，也有两眼直往书橱里搜寻的；还有一种人，就只对墙上屋角的装饰品或是花草或是艺术饰物感兴趣，围着你转来转去地问这一件或是那一件。

每当遇到这一类客人，这一类走来走去走不出自己心里那个艺术世界的人，我情不自禁就容光焕发起来。在这个世界里交谈，需要划一条共同的小船。

那是什么呢——总有人喜欢指着玻璃框里的一对白色的小瓷瓶中插着的一些奇怪的东西问。那东西确实挺怪的，像是一丛植物的干枝，然而枝子顶端却长着一片片铜钱大小、洁白的椭圆形叶子，叶片上隐隐可见丝丝茎痕，但说是植物，又实在可疑。那叶子的质地犹如白绢一般柔韧，丝绸一般润滑，夏日里感觉凉爽，冬日里却又散着温热；银非银，玉非玉，忽闪忽闪地发出灼灼的亮光……

那就猜吧！我很开心能有机会来对我的客人进行智力测验。

有猜是贝雕的，也有说是云母雕的，还有认定是绢花无疑的，猜来猜去，都说没见过，又听说是从法国带回来的，就越发神了。

面对众人的莫名，我心满意足地抖开“包袱”，笑嘻嘻讲一个远方的故事。

那年去法国访问，在巴黎一位朋友家的客厅里，第一次见到这种我叫不出名字的东西。它们被插在一个大花瓶里，银灿灿几乎把我的眼睛晃得睁不开。初时我也以为是一种工艺品，用手触摸，指间却传过来一种来自田野和大地的原始感。朋友说这是一种欧洲的植物。在秋天它的叶片还没有干透的时候，轻轻剥去它两面的绿叶，便露出中间这一层银白色的薄膜，明亮如蝉翼，单薄如笛膜，上面还嵌着一粒粒小小又扁扁的种子。细心剥离完毕，它们就是现在这个样子，没有其他任何加工。她还说了一个它的法文名字，我没有记住。只记得她很悠然地扬起头说：呵，它们像一片被阳光照耀的白云。是吗？

时隔不久，我去巴黎郊区看望我的法国女友玛丽。她家的客厅里也插着一大丛那银白色的叶片。不是，是好几丛。下午我们在她家的花园里喝咖啡，忽然我看见草地上一丛绿色的植物，就像是那银白色的叶子穿上了衣服。我很兴奋地跑过去，我说这个就是那个吗？玛丽说是的。我庄严地弯下腰，犹如面对一件圣物。它的叶片新鲜而饱满，紧紧裹合着像是深海的蚌含着珍珠。我小心翼翼地撕开一面的叶片，也从此揭开了一个“秘密”，一个关于寻找自然的秘密——一个纯洁无瑕未被污染的婴儿从我的手中诞生。

后来玛丽说你很喜欢它们？你可以想办法带回北京去。白的、绿的，花瓶里的、花园里的，一定要带两种。

就这样，找一只大的纸盒，用手拎着上飞机，万里之遥，居然一点儿没损坏。

客人问，闹了半天，这也不是什么贵重的东西，费那么大劲？

我说：我喜欢。我就喜欢天然的饰物。你们看我家几乎没有假花。

窗帘盒上垂挂下瀑布般的绿帘，是一种叫做鸭跖草的植物。常有人伸手去摸，那种湿润而柔的手感，这使人相信它是真的；窗边一束红色的铃铛花，也是我从加拿大带回来的干花；还有一只褐色的大鸟，是我从温哥华的跳蚤市场买来的一件木雕，从鸟头到脚趾用一根木头做成，线条流畅而圆润，鸟首高仰，绅士一般伫立，身上的羽毛由木头的自然纹路构成，一圈一圈的，或深或浅，也是木头本色；我还在德国买过一套木头制作的盘子，一大四小，都用原木囫囵雕成树叶的形状，看上去朴实而别致。每次出国，买的都是这一类国内市场不易见到的“天然”艺术品，价廉物美，自己的消费水平也能支付得起。有一次在旧金山渔人码头看中了一个用椰子壳和各种海里的贝壳、珊瑚石串成的风铃，一阵风吹来，风铃便发出小溪流水丁冬的响声，犹如海底传来的音乐。风铃标价 **9** 个美金，我毫不犹豫地买了下来。每次朋友陪我去逛市场，我总是在那些各式各样的玩意儿面前流连忘返，挪不动步。朋友开玩笑说，哎呀，想不到你就对这些没有用的东西感兴趣。

我还有一块宝贝石头，是 **1985** 年在西柏林看一个荒诞剧时入场的“门票”。石头鸡蛋大小，长方形，有灰蓝色的天然条纹，上面画了一只白色的眼睛意即回归自然。入场时有人在门口拎着一只铁桶“收票”，将戏票收回。我在匆忙中竟然没有理会，一直到散场还紧攥着石头不放。事后便索性带回国内，从此供奉在书房里与我日日相见。每次外出旅游，捡一大堆奇形怪状的石头，千辛万苦地带回来，塞得屋角处处都是。去年游泰山，得到的一只用天然三叶虫化石加工而成的笔筒，也是我的心爱之物。

然而在我小小的艺术天地里，我最喜欢的，还是那一幅与丈夫共同“创作”的镶着加拿大枫叶的镜框画。

银灰色铝合金镜框，内衬白色框底，一片深红色巨大枫叶，几乎占据了整个画框。六七年过去了，枫叶依然鲜艳如初，浓烈而厚重的红色层层叠叠，犹如用油画的颜料涂抹，一笔笔充满立体感。远远望去，如一柄火炬高悬于乳白色的墙上，呼之欲出；亦如一丛秋天的金红色的柞树，飘来原野上山林里成熟的气息。

这个镜框差不多吸引了所有客人的目光。人们仰视它欣赏它，细细观察，便会发现它实际上是由几十片小枫叶拼组而成，是真正的枫树上的枫叶。它们被一片片小心翼翼地重叠拼合在一起，按照它们原来的形状，组成了一片奇大的而又更为鲜红的枫叶。连枫叶原形上每一个细小的锯齿和沟渠都清晰而逼真。

有人说，国内很少见到这样红的枫叶啊！

我说是的，它们来自加拿大。是真正“正宗”的加拿大枫叶。

那个清新而凉爽的早晨，我穿过被露水打湿的草坪，信步走到山坡上那一片高高的橡树林子边。这是温哥华海峡对面的维多利亚大学的专家楼周围的花园，玫瑰开得热烈而疯狂，坡上的成熟的苹果落了一地。那个时候我抬起头来，看见阳光金子般投射在前面的一棵枫树上，枫叶便火焰一般燃烧。我不由自主地朝着那棵树走去，我蹲下来匍匐在散发着苦香的草地上，我在那儿呆了很久，露水洇湿了我的裙边，当我站起来的时候，手里攥了厚厚的一沓枫叶，柔软、轻盈而湿漉漉的枫叶，如同一盏盏红灯笼捧在我的手心。我飞跑过草地回到我的房间去，我把枫叶一片片擦干，小心地夹在书页里。那个时候我决不会想到日后它们会挂在我北京的家里，我捡起它们只是我一种朦胧的本能和冲动。

后来呢？

总有人惊异它巧妙的构思，好奇地询问后来的故事。于是后来在一个冬天的夜晚，我无意中翻出这沓枫叶，我们似乎都同时感到了它独特的魅力。虽然决定把它们制作成一片大枫叶是丈夫瞬间的来自加拿大国旗图案的灵感，这毕竟是我们合作的结果。但是加工是有条件的，我们从一开始就给自己规定了必须不使用任何工具，以使它尽可能地接近自然。

现在它便静静地悬挂在那里，如同一个永远的金秋，含蓄而沉稳。在枫叶的右上角，点着一片圆圆的香山黄栌叶，像维多利亚大学那个清爽的早晨刚刚升起的太阳。曾有加拿大的一位女友来访，凝视着这别出心裁的饰物，喃喃低语说：我想家了。

……………………………………………

鲜木耳、野韭菜花、梧桐籽

一家人，星期日外出郊游，或是在寒假暑假里，忙里偷闲地去度假，怎么玩法最开心呢？如果问我，我一定说：想法弄点儿吃的呗。

当然不是去饭店了，也不是草地上的午餐，甚至也不是野炊。野炊要带家什还得在指定地点，怪麻烦的；饭店就别提了，只是把餐桌挪了个地方。

既然是去大自然里风光，就把大自然玩个透彻，别老是走啊走啊地走个没完。停下来，弯腰，低下头，睁大眼，你就会发现，草地上树林里湖边溪边桥下，原来还藏着这么多好吃的东西呀。那东西，都是城里花钱也买不着的呢。若是错过，就太可惜太可惜啦。

我们给这种野人一样找东西吃的玩法，起了一个文雅的名字，叫做：品尝山水。也就是靠山吃山、靠水吃水之意。

那年夏天，和妈妈、丈夫去镜泊湖，早起来在山坡的树林里闲逛，薄雾缭绕，鸟鸣声声，露水湿了鞋，花粉沾了衣。几个人东张西望的，忽然就发现横倒在草丛中的一根根柞木上，落满了一只只油亮亮的黑蝴蝶，翅膀湿漉漉沉甸甸的，却不飞走。再细看，分明是一大朵一大朵肥厚的黑木耳，饱含着水分，新鲜又滋润地昂首翘立着。妈妈像孩子一样叫起来，说我这辈子还从来没有见过活着的木耳哩。丈夫二话不说蹲下就埋头收割，只一小会儿，双手就捧满了这黑色的花瓣，连手都没地方放了。3个人都围着柞木，尽挑大朵的采，妈妈拿出手帕兜着，就是见了金矿也不会比这一刻更兴奋。腿都酸麻了，好容易站起来，一抬头，却又见身后的一棵柞树，那粗壮的树干上，竟也密密麻麻地长满了乌金般的黑耳朵。树挺高，伸手够不着，急得团团转。丈夫居然急中生智蹲下身子，示意我踩着他肩膀去采。摇摇晃晃、哆哆嗦嗦的，终于得了逞。手帕不够用了，又脱下外衣来装。回招待所的路上，只听见林子里3个人嘻嘻哈哈的回声，记得腰都笑疼了。

后来就走到镜子般的镜泊湖岸边，用清清的湖水把鲜木耳一朵朵洗净了，送到招待所的伙房去，请师傅做了一个清炒木耳。吃在嘴里，鲜凉爽口又滑润，咬出满口醇纯的树汁、露水和雨滴的原味，一阵阵散溢着山林草木的清香。以后再吃用白水来浸发的干木耳，便觉索然无味。

回到哈尔滨，陪妈妈去太阳岛。走遍杨树林白桦林，林中深处自是一派天然和幽静。忽然就听丈夫发出很响的鼻吸，眼镜片在绿色的草丛中闪闪发亮——你们闻到了吗？他的样子很激动。我说你又发现了什么啊？是野韭菜，真的，是野韭菜花！你们看啊，一大片呢……

果然，星星点点的，绿色中浮游着一枝枝青白色小花，麦穗似的，腼腆地半合半闭，细长的嫩茎在风里摇曳着。轻轻一掐，那花茎“噗”地折了，溢出浅绿的汁水，空气里充满了浓烈的韭菜香。掌心里，是一朵朵夏天的雪绒花。

那天晚餐，将韭菜花掰碎了，揉在面里，只放少许精盐和豆油，烙饼。饼奇香诱人，连不爱吃面食的杭州妈妈，也一气吃了3大张。余香绕梁三日不散，被妈妈带去江南同爸爸分享。以前所喜腌制的韭菜花罐头，从此侧目而视。

由此可见，游山玩水之乐趣，还看你是否善于接受大自然无偿的馈赠。

远处的，先不说也罢，其实就在身边，具有可吃性的东西也实在很多。

初夏时节的颐和园，过石舫往后湖的长堤那儿走，就在玉带桥下，有许多桑树，若是赶的时候好，只见落一地紫红的桑葚儿，酸甜酸甜的，吃不了还可兜着走。昆明湖的湖堤下，石缝里可摸到一只只肥硕的活螺蛳。有一年，我们带着儿子，摸回一大饭盒，回家用清水养上几天后，剪去首尾，用辣酱炒了，美美吃上一顿。人问那孩子北京哪儿最好玩，就总说是颐和园。秋天的香山，满目红叶，视觉很饱和，眼感很满足。回程时，留心着寻找梧桐树（是那种树干细高、树叶瘦长的中国梧桐），运气好，可在树下拾得一片片船形的干叶子，叶片上布满网状的丝茎。就在“船舷”上，镶着一粒粒圆圆的浅褐色的梧桐籽。把那豆粒似的梧桐籽收集起来，回家用热铁锅炒了，嚼得嘎嘎响，比什么瓜子都有嚼头。香得很实沉很稚拙，自以为圆了童年时一个梧桐树下的梦。

春天没有果实，却有的是鲜花。北京城里大街小巷的洋槐树，那一串串洁白如银、冰凌似的槐花，顺手摘来，扔进嘴里，甜津津香得喉咙直想打喷嚏。

每次出去玩，总想有新的发现。大自然的草木葳蕤，生命彼此在无言地交流和循环，漠视它们真是一种罪过。不经意地，又觅见苍劲的柏树，缀着银灰色的柏籽，珍珠似的宁静，想起一种中药，叫“柏籽养心丸”……却不敢随便采来吃了，种植的树，不比野生。玩乐之中，还有几分恋树的爱心。

有时候，连自己也奇怪，如今又不是三年困难时期，每天按着营养食谱吃饭，却是鱼肉无味，只思野菜。城里的人怎么就越吃越馋了呢？

解馋的出路之一，自然是去品尝山水了。

一家人，星期天节假日出游，饱览山水风光，还恨不能把大自然的精气，都吞咽入五脏六腑，才算是同那山水融成了一体。污浊而拥挤的城市，正在一日日损坏着我们的感官和味觉——到野外去吧，去弄点儿吃的！去找桑葚儿、梧桐籽和野韭菜花，那短暂的惊喜会给我们长久的回味。

…………………………………………

瞬息与永恒的舞蹈

那盆昙花养了整整6年，仍是一点儿动静没有。

我想我对它已是失掉希望和耐心了。

时常想起6年前那个辉煌的夏夜，邻家那株高大壮硕的绿色植物，几乎在一瞬间变得银妆素裹，像一位羞涩的新娘披上了圣洁的婚纱——从它宽大颀长的叶片上，同时开出了十几朵雪白的昙花，它们像是从神秘幽冥的高山绝顶上飘然而来的仙鹤，偶尔降落在凡尘之中，都市的喧嚣那一刻戛然消散，连树的呼吸都终止了。

邻居请我去，是为了给她和她的昙花合影。第二天一早，我得到了一个小小的花盆，里面栽着两片刚扦插上的昙花叶，书签似地挺拔着。它是那盆昙花的孩子，刚做完新娘接着就做了母亲。

年复一年，它无声无息地蛰伏着，枝条一日日蓬勃，却始终连一丝开花的意思都没有。葫芦形的叶片极不规则地四处招摇扩张，长长短短地说不出个形状，占去好大一块空间。窗台上放不下了，怜它好歹是个生命，不忍丢弃，只好请到阳台上去，找一个遮光避风的角落安置了，只在给别的盆花浇水时，捎带着用剩水将它敷衍一下。心里早已断了盼它开花的念想，饥一餐饱一顿地，任其自生自灭。

6年后这一个夏天的傍晚。后来觉得，那个傍晚确实显得有些邪门。除了浇花，平日我其实很少到阳台上去。可那天就好像有谁在阳台上一次次地叫我，那个奇怪的声音始终在我耳边回荡，弄得我心神不定。我从房间走到阳台，又从阳台走回房间，如此反复了三回。我第三次走上阳台时，竟然顺手又去给冬青浇水，然后弯下腰为冬青掰下了一片黄叶。我这样做的时候，忽然有一团鹅黄色的绒球，从冬青根部的墙角边钻出来，闪入了我的视线。我几乎被那个鸡蛋大小的绒球吓了一大跳——它像一个充满弹性的橄榄，贴地翘首，身后有根绿色的长茎，连接着那盆昙花的叶片。绒球锥形的尖嘴急切地向外伸展着，像是即刻要开口说话……

那不是球，而是一枝花苞——昙花的花苞，千真万确。

我愣愣地望着这位似乎由天而降的不速之客，不知道该拿它怎么办。

后来我用尽全身力气，轻轻将花盆移出墙角，慌慌张张又小心翼翼地把它搬到了房间里。然后屏息静气、睁大眼睛纵览整株花树——是的，上上下下，它只有绝无仅有的这一个花蕾。也许因为只有一个，花苞显得硕大而饱满。

那个蹊跷的傍晚，这盆唯有一个花苞的昙花，由于无人知道，更难预测它将在哪一天的什么时辰开放，那蛇头似弯拱的花茎，在斜阳下笼罩着一层诡秘的光晕。

我想这几天我就是不吃不睡，也要守着它开花的那个时刻。

昙花入室，大概是下午6点左右。它就被放在房间中央的茶几上，我每隔几分钟便回头望它一眼，每次看它，我都觉得那个花苞似乎正在一点点膨胀起来，原先绷紧的外层苞衣变得柔和而润泽，像一位初登舞台的少女，正在缓缓地抖开它的裙衫。昙花是真的要开了吗？也许那只是一种期待和错觉，但我却又分明听见了从花苞深处传来的极轻微又极空灵的窸窣声，像一场盛会前柔曼的前奏曲，弥漫在黄昏的空气里……

天色一点点暗下来。那一枝鹅黄色的花苞渐渐变得明亮，是那种晶莹而透明的纯白色。白色越来越醇厚，像一片雨后的浓云，在眼前伫立不去。晚7点多钟的时候，它忽然颤栗了一下，颤栗得那么强烈，以至于整盆花树都震动起来。就在那个瞬间里，闭合的花苞无声地裂开了一个圆形的缺口，喷吐出一股浓郁的香气，四散溅溢。它的花蕊是金黄色的，沾满了细密的颗粒。每一粒花粉都在传递着温馨呢喃的低语。那橄榄形的花苞渐渐变得蓬松而圆融，原先紧紧裹挟着花瓣的丝丝淡黄色的针状须茎，如同刺猬的毛发一根根耸立起来，然后慢慢向后仰去。在昙花整个开启的过程中，它们就像一把白色小伞的一根根精巧刚劲的伞骨，用尽了千百个日夜积蓄的气力，牵引着、支撑着那把小伞渐渐地舒张开来……

现在它终于完完全全绽开了，像一朵硕大的舌匙状白菊，又像一朵冰清玉洁的雪莲，不，应该说它更像一位美妙绝伦的白衣少女，赤着脚从云中翩然而至。从音乐奏响的那一刻起，它便欣喜地抖开了素洁的衣裙，开始那一场舒缓而优雅的舞蹈。它知道这是自己一生中唯一的一次、也是最后一次公开演出，自然之神给予它的时间实在太少，它的公演必须在严格的时限中一次完成，它没有机会失误，更不允许失败。于是它虽初次登台，却是每一个动作都娴熟完美，昙花于千年岁月中修炼的道行，已给它注入了一个优秀舞者的遗传基因。然而由于生命之短促，使得它婀娜轻柔的舞姿带有一种动人心魄的凄美。花瓣背后那金色的须毛，像华丽的流苏一般，从它白色的裙边四周纷纷垂落下来……

那时是晚上 9 点多钟，这一场触人心弦的舞蹈，持续了将近两个多小时。它一边舞着，一边将自己身体内多年存储的精华，慷慨地挥洒、耗散殆尽，就像是一位从容不迫地走向刑场的侠女。那是它一生中最辉煌的时刻，但辉煌仅有一瞬，死亡即将接踵而至。它的辉煌亦即死亡，它是在死亡的阴影下到达辉煌的。那是一种壮烈而凄婉之美，令观者触目惊心又怅然若失。“昙花一现”

几乎改变了时间惯常的节律——等待开花的焦虑，使得时间在那一刻变得无限漫长；目睹生命凋敝的无奈，时间又忽而变得如此短暂。惟其因为昙花没有果实，花落花谢，身后是无尽的寂寞与孤独，它的死亡便成为一种不可延续的生命，成为无从寄托的、真正濒临绝望的死亡形式……

盛开的昙花就那么静静地悬在枝头，像一帧被定格的胶片。

但昙花的舞蹈并未就此结束。

那个奇妙的夏夜，白衣少女以她那骄傲而忧伤的姿态，默默等待着死亡的临近。在我见过的奇花异草之中，似乎没有一种鲜花，是以这样的方式告别的。那个瞬间，我比亲眼见到它开花的那一刻，更是惊讶得无言以对——

它忽然又颤动了一下，张开的手臂渐渐向心口合抱。它用修长的指尖梳理着金发般的须毛，又将白色的裙衫一片片收拢，然后垂下它白皙的脖颈，向泥土缓缓地铺去。它平静而庄严地做完这全套动作，大约用了 3 个小时——那是舞蹈的尾声中最后复位的表演。昙花的开放是舞蹈，闭合当然也是舞蹈。片片花瓣根根须毛，从张开到闭合，每一个动作都一丝不苟。它用轻盈舒缓的舞姿最后一次阐释艺术和生命的真谛。如果死亡不可抗拒，为什么不能让死亡变得美丽？如果死亡必不可免，为什么不能让死亡变得神圣？它定是为自己选择了安乐死那种没有痛苦的死亡方式，所以在最后的极限到来之前，它来得及为自己更衣梳洗，用端庄而整洁的仪态，微笑着迎接死亡。它由于珍惜生命而加倍地珍惜死亡，赋予永别以再生的意味。它不会像那些落英缤纷的花树，将花瓣的残骸凄凉地抛洒一地，它要在入殓前将自己的容颜复归原状，一如生前的娇媚和高贵……

世上也许唯有花期最短的昙花，具有此等视死如归的气度。

至夜半时分，昙花盛开时舒展的花瓣已完整地收拢，重新闭合成一枝橄榄形的花苞，只是略略显得有些疲倦，细长的花茎软软地低垂下来，在玻璃台板上衬出一个白色的影子，像浮游在湖上的天鹅倒影。那花苞的白色，比先前要浅淡些，残留在空气中的香味，已将它乳白色的浆汁吸尽，因而花苞更像是一枚不死的果实，将花的魂留在了里头。而支撑着层层花瓣那伞骨似的一根根须毛，此刻却已奇迹般地空翻转身，180度大回环，把那个沉甸甸的花苞，重新牢牢地裹在了掌心。犹如开屏后的孔雀，丝丝入扣地将锦缎似的羽毛一并收好。

它看上去像睡着了，宁静而安详，没有凋败没有萎谢、没有痛苦没有哀愁。它是一个不死的灵魂，昨夜来的时候是什么样子，现在还是什么样子。很多天以后我拿到了那天晚上留下的摄影照片，它在开花前和开花后的模样，几乎没有什么不同。不生不灭，不开不谢——就好像这一个活生生的花苞，从来都没有开放过，或许很快就会再开一次。好像它始终含苞待放，始终无悔无怨，只等那个属于它的时辰一到，它睁眼就会醒来。

我很久很久地陪伴着它，陪伴着昙花走完了从生到死，生命流逝的全部旅程。“昙花一现”那个带有贬义的古老词语，在这个夏夜里变成一种正在逝去的遥远回声。我们总是渴望长久和永生，我们恐惧死亡和消解，但那也许是对生命的一种误读——许多时候，生命的价值并不以时间为计。

我明白那个傍晚的阳台，昙花为什么一次次固执地呼唤我了。那最后的舞蹈中，我是唯一一位幸运的伴舞者。它离去以后，我将用清水和阳光守候那绿色的舞台，等待它明年再度巡回。

鹊巢

窗前一棵高大苍郁的洋槐。

刚搬进这栋楼房的时候，槐树看上去还很孤独。冬天的雪花纷纷扬扬地落在树枝上，天一晴便化了，露出干硬的枝条，疏疏朗朗的。曾觉得那棵树上似乎还少了些什么，如同都市人八面来风却依然窒息的日子。

一个初春的一个清晨，在蒙眬的睡梦中，忽然听见了几声清晰的鸟叫。

——喜鹊。只有喜鹊，才会发出那样欢快得几乎肆无忌惮的叫声。

果然是喜鹊，而且是两只。细细的脚爪，轻捷地蹦跳在槐树的枝头，上上下下，前后左右，似乎在寻觅着什么。一连几天，它们都这样一刻不停地忽扇着翅膀，穿行在老槐树伞状的空间里。窗前从早到晚传扬着它们叽叽喳喳的谈话声。它们好像不打算离去，它们或许从一开始就喜欢上了这个地方。当我们终于明白这对恩爱的喜鹊夫妇，是在为它们未来的新家选址的时候，那两只喜鹊已经悄悄完成了新居奠基仪式，急急地开工建房了。

巢址选在槐树中部树干的分杈处，宽敞而隐蔽，居高临下又稳稳当当。

那真是两只聪明而又有眼光的喜鹊呢。

它们每天都起得很早，当我起床时，它们早已开始干活了。窗前不断掠过它们匆忙的身影，有时是从很远的地方飞回来，嘴边衔着一根细长的树枝，它们把树枝小心地架设在树杈中间，用它们尖尖的喙，将枝子来来回回地摆布，异常灵巧地把这根树枝从另一根树枝的空隙中穿过去，攀搭勾连在一起。它们有时也就近取材，看准了旁边不远的树枝，然后歪着脑袋，长久地叼啄着一根可以派上用场的枝条，直到把它折断衔走。当它们重新上升的时候，寻找回来的树枝像一件骄傲的战利品，旗帜一般地迎风招展。

那些日子里，窗前安静了许多。它们忙于劳作，已顾不上喳喳欢歌。

整个春天，我们就这样眼看着鹊巢一点点地丰满起来，日渐成形。

当喜鹊的安居工程接近尾声的时候，槐树已绽开出满树的白花，为鹊巢拉上了一道白色的纱帘。深黑色的鹊巢在槐树嫩叶的遮掩下，一天天变得隐隐约约、模模糊糊，雌喜鹊开始闭门不出，在它们共同营造的小窝里，产卵孵蛋，过着幸福的生活。那些日子只有一只肥硕的雄喜鹊忙碌地飞来飞去，到初夏时分，连这一只喜鹊也看不见了——原先正对着我家窗口的鹊巢，已完全被槐树茂密的绿叶吞没，我们只能偶尔听见那热闹的一大家子欢乐的啁啾，感觉着它们充满活力的存在，却再不能看清它们的行踪。绿树丛中的小小鹊巢，从此带有几分神秘的情调。

再等秋来叶落时，鹊巢就像早已生长在槐树上似的，同槐树合成了一个整体。

但我没有想到，那只千辛万苦垒成的鹊巢，却并不是喜鹊们一劳永逸的家。

第二年冬末，那两只喜鹊又开始了前一轮的劳作。这一次，它们把巢址，选在了比先前更高的树杈上。浩荡的春风中，槐树上摇曳着两只硕大的鹊巢，一个是喜气洋洋的新家，一个是已被它们废弃的老窝。它们的孩子已远走高飞，去营造属于自己的小家了，只有这一对喜鹊父母，留守在这株高高的槐树上。

令我真正感到惊讶的是第三年春天，我们窗前出现了第三只鹊巢，这次是在靠近树的西边，比原先的位置要略低一些。更有趣的是，它们在搭建这个新房的过程中，竟不断地飞到原先的老窝上，去抽取那些柔韧可用的旧枝，然后把它们编织到新窝的墙壁里去。于是老窝渐渐地缩小下去，变成了一只扁圆形的小船，牢牢地镶嵌在树杈上，风摇树动，那鹊巢却如水行舟，沉浮不惊。喜鹊真也懂得废物利用、物质再生的环境保护吗？是遗传基因使然还是自然之神让它们为人类作一次无声的训示？细想起来，真有点儿不可思议。

今年早春，那两位喜鹊老友的行为似乎有些反常。它们一次次匆匆飞过我的窗前，却不再往槐树上落脚。它们依然重复着每年的建房程序，忙忙碌碌地衔枝筑窝，但直到槐树泛青，也并不见树上有新巢落成。终于心生疑窦，在阳台上四下观望，顺着它们飞行的方向寻去，发现它们已将新巢筑在了西边的另一棵树上。

喜鹊原来是那么喜欢搬家，而且必须不断地改换新址吗？

忽然想起了小时候唱过的一首儿歌，有一句歌词是："小喜鹊，盖新房。"早知喜鹊是一种勤劳的小东西，但从不知道，喜鹊还会有这样不易满足、求新求美的秉性。

如今那三只被它们放弃的老窝，静悄悄地留在槐树上，像一所喜鹊王国的遗址纪念馆，展示着喜鹊的生命过程。它们偶尔也飞来探望旧巢，重温往日的辛劳和成果。喜鹊喜鹊，是不是它们总在不断地创造乔迁之喜，才成为喜鹊的呢？

我的节日

每个人的生命都纯属偶然。为什么那个时刻未经自己选择就偏偏有了你？为什么你又偏偏选择了那一天降临？

我的生日在夏天。按阳历，最热的7月初。

从那一天开始，我成为一个“人”，地球的生命中，就有了一个“我”。所以生日是唯独属于自己的节日。世界上也似乎只有一个人与你的生日有关，那就是诞生你的母亲。

小时候过生日，正是考试的关键时刻。每次生日，老是紧紧张张的，弄得我很不愉快。好几次，过完了才想起来，就缠着妈妈要补，妈妈便笑嘻嘻地拿出早已准备好的生日礼物给我——差不多那总是一本精美的图书、一支新的笔，或是一个笔记本儿。

那时家里经济不太宽裕，整盒的奶油蛋糕是生日的梦想。偶尔的，也许让大人带着，到西餐社买一小块切好的长方形蛋糕，上头的奶油花纹已支离破碎，却很心满意足，还把沾上奶油的手指舔了又舔。

19岁那年初夏，去了北大荒的一个农场，从此就把生日扔到了杭州老家。离开母亲似乎就离开了自己的生日。再没有人会来关心你曾经哪一天来到人间或是你对于人间的印象如何。就连我自己也在终日的劳累和挫折中，淡漠了疏忽了对自己的兴趣。

真不记得曾经怎样纪念过生日。留在记忆中的只是一团浑噩而灰暗的史前星云。金色的不是蛋糕而是窝头，蜡烛很多却是为了照亮黑夜。也许那个日子是为自己采过荒原上的野花的，它很寂寞地被插在一只漱口杯里，没有人知道它的名字，也没有人想知道它在想些什么……那时的人都极渺小极微不足道，不存在一个生命同另一个生命的区别。

忽然有一天就收到一封厚厚的信，信中夹着一方雪白的真丝手绢，手绢的一角用红色的丝线绣着一行拼音字母：kang kang，顿时眼眶一热，差点儿就落下泪来。字母是妈妈亲手绣的，绣的是我的名字。妈妈说，家人在这一天，为祝贺我的生日，特地吃了一回面条。万里之遥，这件礼物仅是全家人的一点儿心意。

便终于觉得自己还活在世上，还被人惦念着，还有让人重视的权利。这一日就赫然地兴奋、振作起来。以后的日子无意就扬起了头，天空也云开雾散地明朗。因着生日对自己生命的提醒与珍爱，浑噩中有了初始的自信。恍然记起年龄，不过是二十几岁，人生尚遥远，不知将以什么奉献给未来每一年的这个日子，即使不为自己，也为了在这一日的痛苦挣扎和淋漓鲜血中生养我的母亲。

从那一天开始，我对于生命的来历有了恐惧和疑问。我不知自己究竟从哪里来，要到哪里去。我只知道我必是从某地来，也必得到某地去。我发现自己已长大成“人”，但却没有成为“我”——我把自己失落在何处？一个没有“我”的人生又何必用我来活？

我要从此确立我的节日，是为了一年一度替我自己招魂。

就这样匆匆忙忙磕磕绊绊地过了30年。

1980年春，我在文学讲习所学习。夏天的一日，所里组织学员去北戴河休假。临上车之前，忽然想起今天是自己的生日。30岁生日——三十而立，毕竟是个值得纪念的日子。狠狠心，特地去买了许多漂亮的酒心巧克力糖。上了车，忍了又忍，终于是忍不住，便把糖果迫不及待地分给大家。很郑重其事地宣布说今天是我的生日，愿大家同我一起分享。车厢里就热闹起来，可惜那时都还不会唱《祝你生日快乐》这首歌。有人说你生日旅行，看来这辈子总要来来去去了。

望着车窗外无垠的田野，以往的岁月也如急速后退的树木和房屋悄然逝去。我虽然无法再看见它们而它们却终是留存在大地上。30 年活得认真活得勤勉，没有很多欢乐却有些许收获。30 岁的生日给我安慰也给我命运的警示：正如这隆隆作响呼啸奔驰的列车，我已无法止步无可选择。我是否将注定载着一代人的希冀，去茫茫宇宙探寻人生的使命？

那个中午，同学们在海边的一家饭店聚餐。海很近了，只几步之遥，听海浪声声喧哗，撩拨人心；清凉的海风习习。带走了闷热都市的暑气与浮躁。那天我喝了许多祝贺的啤酒，我记得我并不快活但心里升起很多的愿望，我多想用我的全部生命去体验、去理解、去表现这个世界啊。

傍晚时我们一齐涌入大海。海天无垠，海水温暖又凉爽。脚底踩着柔软的沙滩，身体被海浪微微晃动着，视线可及遥远的天尽头。

那个瞬间我领悟到人生的短暂和自然的永恒，心里充满人生的幻灭感——每个人的生命都不可再生，一切的创造物在出生的同时就含着虚无和毁灭的悲剧意味。我将如何去超越、超脱自我，在这一个仅属于我一次的人生中不致因追求“生”的成功而异化了生命本身……生日之海的“洗礼”，如云缝之光，给我某种彻悟和永远的难忘。

有了恋爱之后，就有了一些男友而不再是妈妈一起与你过生日。年龄的数字一回回增大，却总是属虎。从一只小老虎变成中老虎最后终于会有一天变成老老虎。心里一向挺喜欢老虎的，人有虎性虎虎而有生气。果然就有各种姿态各种质料的玩具老虎工艺老虎，作为男朋友们赠我的生日礼物存入箱底。偶尔翻看，便唤起在那个早已流逝的年龄里，涉猎人生情爱的种种经历。

33岁的那个生日的前一天，我收到了一个寄自北京的邮包，邮包里有一个小小的木盒，木盒里是一个黑色的印盒，印盒里有一方棕黄色的普通大理石图章，刻着我的名字。覆在图章的顶端，立着一只精巧又稚拙的小老虎。印盒的盖内，覆着一张狭长的纸条，上面用钢笔写着4个字：生日快乐。

那一天我很快乐。其实我已有很多的图章，唯独这一个，它朴实无华却又别具特色，恰是我所期待因而也是最珍贵的。那时我们已决定结婚，不久后这位朋友便成了我的丈夫。

以后年年的生日总有鲜花。丈夫天生热爱小动物也爱植物，于是阳台上就种满了各种各样的花草。鲜花和爱伴随，似水流年，滋润和照亮日渐成熟的生命。生活中有鲜花和理解足矣。慢慢就悟出，写作时留着虎性，而做女人，猫为虎师，还是“猫”一样的温柔为好。

那一年眼看快过生日，恰在哈尔滨开会。往家打了电话，丈夫说他立即要去外地讲学，怕是等不到我回来过生日了。一想今年的鲜花无着，便十分扫兴。仍是赶着生日那天回到家里，果然空无一人。正沮丧懊恼，忽然眼前一亮：我的书桌上，一支雪白的马蹄莲插在花瓶中，鲜艳欲滴翘首以待——他没忘了我的生日礼物。欣喜旋即却又心里纳闷儿，不知为何往常的一束花变成了一支？到中午为自己弄吃的，打开冰箱门——嗬，整整一大束菖兰，鲜红的淡粉的橘黄的花瓣，晃得我睁不开眼。花束送来阵阵幽幽的清香，在暑热中散发着爽人的凉意。透明的花袋中夹着一张小纸条，写着：祝你生日快乐。

丈夫居然能想到冰箱保鲜，还特意在桌上单插一枝作为引子，可见煞费了一番苦心。惊讶之余，终是又一次被深深打动。我的节日不再孤独。它属于我们两个人。

7月是火热的季节。7月很忙碌也很疲倦。

也许是命运的褒奖，生日总有故事。

35 岁生日前后，远在德国访问。就在生日那一天，访问的日程安排是参观首都波恩的贝多芬故居。那幢白色的小楼就坐落在市区的一条大街，古老的建筑宁静而简朴，前门窗口开满鲜红的绣球花。我踮着脚尖轻轻走向大师生前谱写过不朽之作的古旧的钢琴，脚步踩响了他曾遗留的每一寸空间里的音符。我在二楼的窗前留了影，窗口低低回荡着大师庄严而深沉的乐曲。我听见命运诡秘的敲门声、听见田园温柔的低吟、听见英雄凯旋的号角、听见全世界欢乐的合奏……我听见他说：

“竟力为善，爱自由甚于一切，即使为了王座，也永勿欺妄真理。”

“凡是行为善良与高尚的人，定能因之而担当患难。”

“噢，人啊，你当自助！”

在地球的另一端度过自己的 35 岁生日，在正直与真诚的大师故居为自己招魂——我不能不与人生重新缔约。贝多芬以他的一生告诉后人如何生如何死，漫漫人生，我知道自己与命运的搏击永无休止。

就这样曲曲折折又坦坦荡荡地走到了 41 岁。

终于是“四十而不惑”了。疑惑的是，自己怎么竟然就可以 40 岁？惑也不惑，不惑就奔天命的年龄而去，便越发地让人疑惑。

40 岁生日之前一年，丈夫就出了远门。临走时说，在我生日的那天，无论他在哪里，都将为我祝福。因着他的这番心意，黯淡中也有了一线亮色。我想起有一年杭州的一位朋友曾寄给我一张生日的贺卡，她在上面亲手画了一只大大的蛋糕，还插着许多蜡烛。后来我们在蛋糕上划了几条斜线将它“切开”，就算是“画饼充饥”，然后开心地瓜分“吃”了。可见真情有时务一点儿虚，倒也满空灵怪浪漫的。

就准备自己一个人清清静静地过一个40岁生日。

临近生日的时候，偏就有朋友打电话来，说为我特意订了生日蛋糕，还在上面专门写了祝贺的词句。又有杭州的朋友来北京出差，带来了妈妈委托他送给我生日的鲜花。她们都说了一句同样意思的话：既然你丈夫不在家，我们就得替他担负这个义务。

我独自面对着这些礼物，猛然间泪眼朦胧。我忽而明白，40年的人生，支撑着我的柔弱生命之力的，是亲人、友人全部真挚的爱。

这爱可以驱使你走遍天涯海角，直至走到生命的尽头。

有了鲜花和蛋糕，一个人独享未免可惜。便突发奇想地行动起来——向我的5位单身女友发出生日聚会的邀请。既然是一个丈夫缺席的聚会，我便声明一律不许带男友和礼物。那天我们交谈许多女人的事，那一天我们都自由自在无拘无束。

40岁生日是我迄今为止经历过的最有趣味、最丰富多彩、甚至发生了某种奇迹和不可思议之事的节日。生日的前一天，我收到了寄自杭州家中的一盒磁带和儿子的贺卡。生日那天早晨我起床后的第一件事，便是打开音响来播放这盘磁带。从音箱中传来的第一声是我表弟和弟妹的，他们一前一后最后又一齐说：祝你生日快乐！那般郑重其事如同真正的电台播音员。然后是音乐，音乐以后就传出了我父亲的声音，他讲了许多话，那些话很深刻，令我感慨万千。然后又是音乐，音乐以后便是母亲讲话。后来就有我妹妹和妹夫，再以后又是音乐，音乐中有一种奇怪的和声，当我明白这是我妹妹刚出生4个月的儿子的哭声时，禁不住捧腹大笑。那个时刻我们全家人的声音充满了我的房间，我似乎又回到了童年时代，生活在纯真和友爱之中。虽然相隔千里，家人却与我同在。我呆呆地守着音响，听了一遍又一遍。这真是我表弟精心策划的一个杰作。我内心的感激之情伴随着乐曲在房间每个角落久久萦绕……

那天中午我接到了妈妈从杭州打来的长途电话。抓起电话我已是泣不成声。

很久以来我没有掉过眼泪了，而这时我真想大哭一场。40 岁的我已遍尝生活的酸甜苦辣，我走得太累，可我注定还得咬着牙走下去。

妈妈在电话里等了我很久，等待我的平静。她似乎是犹豫了一会儿，后来她终于告诉我，90 多岁高龄的奶奶，就在刚才，很安详地去世了。自然，奶奶无疾而终，应为喜丧。

这个噩耗使我难过，更令我惊讶。后来很多天我一直想着这件事，我不知道奶奶为什么要选择我生日这一天走。这也许只是一个巧合？也许蕴含着命运给你的某种难解的谜底。但在生命走向死亡的过程中，生比死更为艰难因而也较之于死更为永恒。在余下的生命中，你将如何活得更有价值更加坚韧？我质问自己，我茫然却也清醒。

然而，与这个祖母辞世的消息一同降临，比此事更为神秘或者不可思议的是：阳台上的君子兰，就在那天盛开了一丛金红色的花束。

那年冬天君子兰早已开过。往年也从未有在盛夏开花的先例。却就在我生日的前半个月左右，从叶片的侧翼，奇迹一般地抽出了一枝花苔，然后是花苞。等待它开花的日子，便梦见丈夫归来。他曾是那样悉心地照料过它们，苍翠的叶片上依然萦绕着他的气息。于是就偏偏等到我生日那天，君子兰倏忽展开了娇艳的橘红色花瓣，团团朵朵是聚成一簇凌空旋转的花环，高高擎起托举给我。无论怎样的理由，都不能使我信服这种“偶然”。我给自己唯一的解释是：这一定是我丈夫从异地特为我送来的生日鲜花，这是他给我的 40 岁生日礼物。

那一天，我好像又重新活了一次。我长成了“我”，而生命却刚刚开始。我不属于我自己，我的节日属于所有爱我寄希望于我的人。

可我竟然一直没有机会为妈妈过一次生日。妈妈的生日在初夏，这个时候我没有一次在家中。妈妈如此重视我的生日，但妈妈从不记得自己的生日。妈妈把生命付予了她所爱的人却没有回报——我只能像妈妈那样，将爱转付给我的孩子。每年每年，我都尽我所能为儿子过生日，他的年龄与我一起增长。生命在消逝也在新生。我们的脚步因循着一个又一个的圆，擦过圆周的边缘，向着不可知的远方延伸，这是否即是人类永远的希望？

丈夫与我分别了一年半以后，终于在一个冬日回到家中。他所做的第一件事，便是拿出了他在我 40 岁生日那天为我准备的一件礼物。那礼物很小，却是他亲手制作。他实现了自己的诺言。如今它就放在我的书桌上，成为我们之间的秘密和我心里永久的珍藏。

再过 3 天即是我的 41 岁生日。今年的生日我只想和他静静地在草地上坐会儿，默默祝愿天下的人们都有一个自己所期盼的节日。不要问人生的终点在哪里，一年一度，每一个生日都是一个里程碑。

…………………………………………………

1966年张抗抗16岁在杭州

059
为母的女人

什么时候开始都不晚

儿子出生在北大荒。单名一个放字。时过20多年，已经记不清当初为什么为他选择了这个字，那是上个世纪70年代一段十分沮丧和消沉的时期，也许活得过于压抑，就崇仰着“放生”或是鲜花“怒放”的那个“放”。

当然没有预料到，几年以后，当儿子上小学的时候，我们真的开始“思想解放”了，并迎来了“改革开放”的新时期。

生长在上个世纪80年代的放放，却依旧笼罩在岁月的阴影之中。还在他1岁的时候，我和他的父亲便离异了，他的户口办回杭州以后，就一直同爷爷奶奶生活在一起。我每年只能在回杭州探亲的日子里，带些衣物和玩具食品，去看望他与他玩耍。每一次见到他，总觉得他开口叫妈妈，实在叫得很勉强，例行公事似的，淡漠得可有可无。我知道自己缺乏“妈味儿”。儿子准是在心里把我当成他的老师了。

儿子从小就不爱笑，也不爱说话，更不爱与人交往。他的童年过得不快乐，一副抑抑郁郁的样子，心事重重，形孤影单。整天无所事事，学习成绩总是中等偏下，外婆外公磨破嘴唇也无法培养起他的学习兴趣与好奇心。而我远在北国，身为母亲却无法给予他更多的补偿——经常写一些不着边际的信给他。而儿子写给我的回信，每一封都大同小异，检讨加保证，惜墨如金却是空洞无物。为了让他了解外面的世界，暑假带他去哈尔滨、北戴河、北京长城颐和园，他睁大了眼睛东游西逛，仍是无动于衷。有一次我忍不住问他：你为什么从来不提问呢?难道你什么都知道了么？儿子皱一皱眉头回答：愚蠢的人才提问。此话令我瞠目结舌。我开始觉得儿子的心像是一粒封闭的蚕茧，不愿意轻易向人敞开。他似乎已经习惯了只同自己交谈的生活环境，一根孤独的单丝，在他心上缠绕起一间无窗的暗室。我担心他会患一种孤独心理症或是情感缺乏症。他的名字看来恰恰与我的期待相反。可是，究竟是知识还是情感，能咬破他密不透风的茧囊呢?

到了高中时期，儿子像许多年轻人一样，迷上了港台流行歌曲。突然就有那么一天，我们知道他竟然会唱好多好听的歌，有几首模仿得同磁带上的歌星不差上下。这一发现使我欣喜若狂，我想一个人只要找到自己喜欢做的事情，就会产生学习的动力，于是自己虽然不十分欣赏流行歌曲，也对他大加鼓励，又是买录音磁带又是找老师，为了帮他买到他酷爱的台湾歌星高凌风的磁带，拜托香港的朋友跑遍了香港街头的一家家商店。我说你若是喜欢唱歌，你就好好唱，真正的歌手从不模仿别人的歌，你应该从学习简谱开始，然后学五线谱，然后自己作词作曲，然后，只唱自己的歌。听到这里，儿子的眼神茫然无措，继而便暗无天日也。为了学习简谱，我和他之间发生过多次争执，他学得漫不经心一无长进，气得我曾狠狠把歌本甩在地上，而他却轻飘飘地说了一句很富哲理的话：我唱歌本是为了高兴，你让我学得这么苦，那我唱歌还有什么意思呢?噎得我哑口无言。自然，我所想象的从乐理入门的计划，后来很快彻底告吹，他依然我行我素、不厌其烦地听着录音磁带，然后跟着卡拉 OK 轻松地唱出：“我不是一个坏小孩……”

从儿子十七八岁到二十一二岁这段时间，我们母子间相处得十分艰难，儿子莫名其妙的反抗时有发生。他同许多年轻人一样，进入了被心理学家称为“青少年叛逆期”的阶段。他有了强烈的自立意识，希望摆脱家长的约束，自己去面对生活，但他又缺乏足够的自信和经验，缺少能力和基础知识，因此，挫折和压力使他烦躁，生性的善良和胆怯又令他迷惘。他试图把责任归咎于我，以便减轻自己的心理负担。终于有一天，在我失去了耐心，激烈批评他不够努力之后，他吐出了心里一直耿耿于怀的那句话：如果……如果不是因为父母在我那么小的时候就分手，我不会是这样……

我没有想到时隔那么多年，他心里依然留着那么难以弥合的伤痕。尽管他早已对母亲的重新选择表示过充分的理解，尽管他喜欢他的继父并与继父的关系一向很好，相处得甚至比与我更为融洽——以往他心底其实十分疏远着他的生父，但他的潜意识中却坚持认为父母离异是自己不快乐的根源，他无法解释和消除这种怨恨。

这句话很深地刺伤了我。我觉得委屈和失望。为了全力关心他爱护他，我们已经做了所能做的一切，他的继父甚至在没有亲生子女的情况下，作出了一个男人最大的牺牲，放弃了再要一个孩子的愿望。我们还能再为他做些什么呢?

但他毕竟坦率地说出了自己的想法。当他启开这扇锈锁多年、沉重的心门之缝时，他需要多大的勇气啊。

作为母亲我没有权利责怪他。一个20年攒下的心结，也许需要一生的时间去化解。即使水流被腐叶阻塞，淤泥最终还得靠水流自己去疏通。

以后日子里断断续续的谈话,使我们双方都变得心平气和。我们都在尽力学会互相原谅和尊重。解释已是多余，误会可以隐忍，但我唯一希望他能懂得：一个生命是父母之树的果实，然而果实落地抽芽发叶，却已是另一棵完全不同的树。当它有了自己的根时，它必得靠自己的力气生长壮大，它应该有属于自己的天空。

我想儿子是需要改换一下环境了。我得把他“放”出去，放单飞，让外面开放世界上流动的风，驱散他心上的阴云，鼓动起他的心帆。

恰好不久后就有了一个去日本学习语言的机会，两年后若是日语通过考试，可以再升入日本的大学。儿子得知这个消息，兴奋得毫不犹豫。他跃跃欲试地开始学习日语，然后勇敢地登上飞机东渡扶桑，开始了他求学的生涯。那年他22岁，正是我们老三届人上山下乡战天斗地的年龄。命运向他“发放”了一张只许向前不许后退的通行证，那是他人生的一次重大转折。

两年中来自日本的平安家书，报告着上学打工千篇一律的日子，仍是他幼时写信例行公事一般的习性，只是字行间多了一些你并不太关心的日中关系之类，而你作为父母极想知道的诸如饮食身体功课包括地震，却只字不提。听人说他捡拾了一台废弃的音响，无论多忙，每晚依然很潇洒很专注地欣赏着那些流行的磁带。两年中竟然安之若素地始终服务于一家快餐公司，打工挣钱交学费养活自己还略有节余。偶尔得知那日本老板似乎很与他平起平坐，常在工作结束后请他喝上一杯啤洒。后来儿子讲到这一点便眉飞色舞，他说他感到自己已是个成年人，就是在到了日本以后。

两年以后儿子突然表示不想再考大学，而要回国工作。他似乎认为自己的日语水平相当不错，无须再继续读书了。对此我当然无法苟同，我在心里牵念着儿子在异国的寂寞，确认他的归国是由于孤独而不是工作。东瀛那个地方多工作狂人，儿子再呆上几年弄不好染上点孤独症自闭症什么的可就悔之晚矣。开放的国界当然是来去自由，何况家呢。

回国后的儿子，从外表上看，仍是瘦弱纤细的，但以前总是闷闷低着的头，如今却高高地扬了起来，以前常萎靡不振的腰板如今挺得笔直，脸上开始有了一种自信的光泽，眼睛里多了些闪烁的问号。隐隐地觉得，他的内心已发生了我看不见的变化，他莫非真的就这样突然成熟了么？

作为旅游城市的杭州，亟需日语导游和接待人员。两个月以后，他在没有征求家人意见的情况下，自作主张报名去一家新开张的娱乐城应聘。他居然被录取了，然后很快升为领班。我知道这个消息时目瞪口呆，我想对他说，你哪儿不能去，干吗去娱乐城接待日本客人，我把你送到日本去可不是为了让你回来当领班的。但我什么也没有说。我得尊重他自己的选择，面对一个长大了的儿子，我只能“放”任自流了。

又过了几个月，他告诉我，他将要到一家杭州的日资企业去当翻译了。那家公司的老板就是他曾经多次在娱乐城接待过的客人。那老板发现他的日语讲得不错，人又诚实可靠，就以比他原先高一倍的工资，把他“挖”了过去。那是一家日本人独资经营的小型皮制品公司，他很快就由翻译兼任副经理，然后买了一大堆企业管理方面的书籍，开始自学并实践企业管理工作。

我终于不得不开始相信儿子已同去日本之前判若两人。他的日语口语水平看来确实还说得过去，因为日本老板用人首先讲的是效益。然而，我在欣喜之余却夹杂着缕缕不安——我得迫使自己承认，曾在很长一段时间里，我其实一直怀疑着他的努力程度，甚至怀疑他的能力，他在妈妈眼中始终是幼时那个得过且过的懒孩子。当我们过多地担忧并停留在孩子的弱点上时，他已悄悄迈过沟坎昂然起步。那么，他的人生价值标准和个性，究竟更多的是来自于家教还是来自于社会大环境呢?

忽然恍悟他学习日语的方法，没准就是得益于他最迷恋的流行歌曲。多年来他每日重复倾听、演唱着那些磁带，大概无形中训练了他的听力。这真是无心插柳、种瓜得豆的一种幽默了。

在这家日资公司的1年多里，儿子继续以惊人的速度变化发展着。他用来唱流行歌曲的嗓音，从每周的电话里传过来，显然变得从容沉稳、有条有理，像一个成年的男子，把我当成了他的同事，讨论着公司的事情。电话总是来得很迟，那是他早出晚归后所剩不多的业余时间，却总是滔滔不绝地说个没完。我想提醒他说：嗳，这可是长途呢，又不忍打断。于是倾听儿子的电话或是给儿子打电话，就成了我们生活中一项不可缺少的企盼。那个遥远的声音清晰而生动地回响在我耳边时，有一种温馨和怜爱的感觉一阵阵从我心底升起。很多年中我对他并无更多的奢望，我只是希望他成为一个独立自强的男子汉，一个诚实正直的普通人。如今岁月和时间终于使他长成一棵独立的小树，当我与他并肩而立之时，他不再是我的儿子，而是我们亲密的朋友。

然而，有意思的是，当我们开始为他感到欣慰的时候，他却开始对自己不满意了。一种来自对自己的不满，可以成为人生道路上又一次巨大的动力。

应该说，他在那家公司干得不坏，老板和工人都同他相处得十分融洽。但他终于发现了自己如果没有接受过系统的专业教育，现有的日语能力便无法适应日后更重要的工作。他需要学习现代管理知识，需要提高日语书写水平，需要到更广阔的天地去强化训练自己。他忽然觉得自己像是站在苍茫浩瀚的大海边上，只是刚刚有了一个目标，其实根本就还没有启程。

他作出了一个令我们全家都十分吃惊的决定：他决定放弃目前报酬还算优厚的工作，报考日本的经济专门学校，再次东渡日本艰苦求学。

惊奇之后更多的是欣喜——儿子终于从内心产生了学习上进的愿望。一个人只要大步上路，什么时候开始都不晚。

短短的3个月中，他独自办好了所有的手续，一路绿灯，顺利成行。

他离开公司前，工人们自动请他喝酒为他送行，说了许多以前被他管理着时候不曾说过的真心话，他说那一晚比第二天老板请他喝酒更开心。

春寒料峭的4月，我曾专程回杭州为他送行。一个晴朗的夜晚，我和他骑车到白堤去散步。在波光粼粼的湖边上，他沉默了好一会儿，突然说：妈妈，我以前说过的那些话，你都把它忘了吧，我想，那时我还是孩子……

我不知道他指的是什么。不，也许我应该知道。

其实……其实，我早就明白了，你是在离婚以后才真正成为我的妈妈的。

我会像你一样，靠自己去奋斗。也谢谢你后来又给了我一个好爸爸。

那天晚上的弯弯的月牙朦朦胧胧，我却从未见过那么明亮美丽的月色。

当我写完最后一句话的时候，儿子乘坐的飞机也许正降落在东京机场。这是他又一次“放飞”了，就让我这篇文章的题目，为他青春的日子祝福吧。

家教的“悖论”

曾经，教育似乎很崇高，也很单纯。

从家庭到社会，都只有一个标准——家里的好孩子，必定是学校的好学生；社会怎么教，家庭也就怎么教——共同拥有一种被框定的价值观念，然后产生共同的预期。

如此一贯几十年。那时做人，无论做得怎样假模假式、怎样别扭，可作为家长，倒是做得还蛮省心的。

如今轮到我们自己做父母，事情不知怎么就复杂起来了。

比如，那年为庆祝元旦，儿子所在的班级老师决定让大家自己动手学习包馄饨。同学们从自己家里分头带去锅碗瓢盆油盐酱醋肉馅馄饨皮，动完了手再一起分享集体的劳动成果。于是当家长的，除了给予充分的物质支持，少不了还得里里外外地叮嘱个来回：

“要勤快、有礼貌，千万别和同学抢着吃，多让着别人点儿，别贪心……”

那几十年的教育依然在血液里起作用，残留着种种时下滞销的谦让、克己等美德。

傍晚儿子垂头丧气地回来了。进门就直奔橱柜，抓起面包狼吞虎咽。看得你奇怪又纳闷，不得不问怎么回事，人家撇撇嘴，一副大受委屈的模样，说是没吃饱。再问为什么没吃饱，是不是不好吃？人家眨眨眼半天答不上，很是认真地想了一想，说：

“他们都拼命抢，抢到算数，我让别人，可别人不让我。”

当家长的就活活被噎住。你再是拥有理想和传统，你也不至于忍心对儿子说：他们不让是他们不对，饿就饿着点吧。那将来孩子到社会上还不是要饿死吗!说不定他还会反问你一句：大家都让，那馄饨给谁吃呢？再大一点，他会从字典里查“迂腐”这个词给你看。

那么难道你会激情洋溢地鼓励他说：“抢吧抢吧，竞争就是从这里开始。”

你只好什么也不说，咳嗽装糊涂地走开去，心想：见鬼，学校下次可别再包什么馄饨了。

却也有女友比我“现代”的，教育儿子不可在外与同学打架，结果儿子受了欺负，哭着回家，她便明确更正：你不可以打人，但如果别人打你，你一定要还手。儿子很兴奋：对，我明天就去报仇！我恨死他了。于是第二天儿子没有按时回家，后来有人送回来一个血糊糊的“伤员”，据说发生了一场“砖头战争”，双方旗鼓相当。

这回轮到女友哭哭啼啼，说不还手不是，可还手也不是；忍要吃亏，可勇敢要牺牲；懦弱是人格不健全，可仇恨野蛮更是人格缺陷。如要孩儿做谦谦君子，险恶的外界不容；如要孩儿强悍专横，又毕竟与教育的常理相违——这可真正难为教育者。

果然又有亲友来访，扯来扯去就魔方一般扯到这个话题。看来我的困惑很不孤独，今日之家教，已全方位多层次地受到了来历不明的折磨和挑战。

女儿学习好，当上了班长，爸爸说话：当班长可以，但记住不许向老师告状，不许向老师说一个同学的坏话，有问题自己想办法解决。爸爸最讨厌打小报告的人。

过了一段时间，女儿的班长被换掉了。问女儿是不是做了什么错事，女儿噘着嘴说，老师不喜欢我，她对同学说我不反映情况，不称职。

爸爸故做轻松地说：不当就不当吗，不当更好。

女儿的眼泪夺眶而出：不，我想当。同学都拥护我的，我有能力。

爸爸无言。爸爸十分苦恼，他只好向亲友诉说他的难题。他说如果他依照自己的独立人格和价值标准去影响他的女儿，那么女儿将来很难在社会上成功。

于是，我们陷入了一种左右为难、无所适从的尴尬境地。

我们几乎不知道该怎样做父母。

那好像已不仅仅只是一种难以调试的“度”，而是一种精神与现实的疏离、阻隔甚至分裂，是道德与欲求不可避免的冲撞，是一个世纪向另一个世纪转换的过程中，文化的混乱与重建。但当这种并非哲学意义上的“悖论”在我们的日常生活中出现之时，我们除了困惑和疑虑，谁又能否认，这其实也许正包含了一种进步呢?

所以我只能在被它缠绕的同时，试图去梳理它、整合它。我们都不得不接受一个多元价值体系的到来。安慰只在于：你最终将为你自己和你的孩子作出某种选择。区别只在于：你到底要什么。愿望的确定才有教育的确定。重要的是，它不可以同你的灵魂相悖。

家里的平等

如今具有现代意识的家庭，至少都承认家庭成员间的平等是幸福家庭的标志。

家长式的专制、粗暴和自私，正在家庭成员经济地位的平等中逐渐瓦解。

相互之间在生活中的帮助与照料体现出物质的平等，安慰与宽容体现着情感的平等，而信任与自尊则体现了精神的平等。

虽然有大家庭“平等”得过了分的人人不吃亏的平均主义，有夫妻间“平等”得互不干涉的自由主义，有父女、母子间“平等”得小皇帝小太阳至高无上，但我却要说，家人对平等的追求与实现，仍是个很难寻的梦。

我们已习惯给予孩子以关切和爱护，甚至节衣缩食、苛待自己而给他（她）们以满足；我们也习惯于呵斥、责怪他（她）们，为他们没有达成我们的意愿而失望和沮丧；我们常常为他（她）所犯的小小的过失而对他们挞伐不休，为了得到一个检讨一个保证而使双方都精疲力尽。

如果我们细心一些，或者不那么“驼鸟”一些，我们会发现，常常是当孩子打破了一只碗，或是丢失了一件东西的同时，我们也因为粗心而在工作中出过某个差错；常常是我们批评孩子懒惰或是某个难改的恶习时，我们也在悄悄地原谅着自己——打麻将、吸烟、酗酒……

没有人监督我们纠正我们。当我们成人之后，我们就从此自以为是；我们为人父母之后，更是为所欲为了。严格地说，在家庭中有一种关系其实是难以平等的，在我们，以及我们父母的父母的父母的潜意识里，这个阵地决不能放弃，那就是：大人的缺点。

关于大人们的缺点是一个秘密。所以家庭的平等也是有条件的——实际上我们都在自觉或不自觉地创造和执行着家庭中的双重标准——对孩子，对自己。

为什么人们在外面冠冕堂皇地说够了违心的话，回到家里时，却要痛责孩子涂改了期中考试的成绩单?孩子撒谎固然需要教育，可毕竟还属蒙昧无知，但家长迫于种种利益的需要而明知故犯，是否就可以原谅呢?

所以我心里便有一种酸楚的不平等之感，为孩子也为家长。无论这种不平等是因为外界的诱惑还是威胁，都蕴含了人性普遍的弱点。毕竟平等不是一种形式或装饰，如果一个家庭中始终是以双重标准维持着和睦与安宁，有一天孩子是否会有更为痛心的醒悟和反抗?

但愿我的忧虑多余，真爱孩子的父母想必不会爱自己的缺点罢。

两个钩子的大吊车

阳阳是一个真正的汽车大王。

在他刚满4周岁生日时，他已经拥有了几百辆汽车。

除了奔驰蓝鸟标致雪佛莱奥迪桑塔纳夏利各种牌子的轿车……还有救护车翻斗车大卡车洒水车水泥搅拌车集装箱运输车冷藏车……

最小的那一辆，小得就像大人的指甲盖那么一点点；最大的那一辆，差不多有柜子上的烤箱那么大了。

可惜那都是些玩具，只能在房间的地板上开来开去，弄得我们家里的每一寸土地都布满了“地雷”，几乎没有缝隙可以落脚。从早到晚，桌子下沙发上到处行驶着各种牌号的汽车，床上架有双层的高速公路，一辆辆小轿车排着长队等待通过，处处塞车，交通状况一片混乱。

虽然是玩具，但每一辆都是真正名牌汽车的仿真微缩模型，于是我们家简直就成了某个汽车推销商的销售网点，免费展览全世界的名牌汽车。

假如带阳阳上街，偶尔地坐上一回出租车，阳阳就神气得有些忘乎所以。一路上用翘翘的手指点着马路上来来往往的汽车，一辆一辆地叫出它们各自的牌子，绝对不会有错。每次都把司机逗得肃然起敬，心悦诚服地将他视为同行。有一回还差点免收汽车迷的车费。

阳阳的大名叫做陈冬筱，是我妹妹的儿子，他管我叫大姨妈。

他的妈妈给住在北京的大姨妈打电话时，他经常抢过电话插嘴。

有一次，阳阳忽然在电话里对大姨妈说：你不要再给我买汽车了啊。

大姨妈觉得很奇怪，就问那是为什么?

阳阳说：我已经有很多汽车了，我不喜欢一样的汽车。

那买什么呢？大姨妈说，难道买一头玩具熊吗?

阳阳想了想，郑重其事地说：你给我买一部两个钩子的大吊车，好不好?

大姨妈愣了一下，问：什么是两个钩子的大吊车？

在那以前，大姨妈从未听说过两个钩子的大吊车。她对于吊车这类东西是很陌生的。哪怕是一个钩子的吊车，她似乎也没见过。

阳阳说：两个钩子就是两个钩子，不是3个钩子，也不是1个钩子。那两个钩子是生在汽车背脊那个地方的，摇一摇，就吊起东西来了，能吊很重的东西呢，只有大吊车才有钩子的啊……

大姨妈听得一头雾水，只好又问：你在哪儿看过这种大吊车啊？

阳阳回答说：在上海！

大姨妈想起，阳阳最近确是刚刚同他的妈妈到上海去了一趟回来，便对着话筒说：让你妈妈来同我讲话。她问阳阳的妈妈，既然在上海有这种两个钩子的大吊车卖，当时给他买下来，不就省了这麻烦了吗？

阳阳的妈妈有点摸不着头脑。她说：上海？可我根本没看见这种两个钩子的大吊车呀。

阳阳在一边大声嚷嚷说：我看见了！在上海，上海有北京就有！

于是寻找这种背脊上有两个钩子的大吊车，在很长一段时间里，竟变成了我上街购物的重要内容和动力。与其说我希望满足阳阳对于一种新的玩具汽车的欲望，莫不如说，是我自己对这种两个钩子的大吊车产生了好奇。

“请问，有两个钩子的大吊车吗？”——在一个又一个玩具柜台面前，我总是兴奋而又有些不好意思地问。那段时间我对汽车已经有了过敏反应，一见玩具就条件反射。

摇头。白眼。漠视。偶尔有热心的售货员，倒反过来向我请教这是一种什么样子的新型玩具，是不是新进口的外国新产品，等等。白费口舌，只得自己低头贴着玩具柜台一家家耐心寻访，然而，不仅根本没有两个钩子的大吊车，就连一个钩子的大吊车，也没有踪影。

就好像世界上的玩具商，根本还没有制造出这种两个钩子的大吊车。

我在失望和沮丧中，恍然顿悟，这种所谓的两个钩子的大吊车，必定是阳阳这个小坏蛋自己想象和虚构出来的了。

我给阳阳的妈妈打电话说：我根本不知道那两个钩子的大吊车是什么样子的，让你儿子把它给我画出来。

大吊车的图样很快就寄来了。一辆两个钩子的大吊车堂皇地立于白纸中央，形状像一只蓝白相间的风筝，只是顶部竖立的那两根金黄色的辫子，朝天翘立，怒发冲冠。除了他自己以外，大概没人能看明白那是个什么东西。

若是按图索骥，我即便找到月亮上去，恐怕也是徒劳。

我对于购买这种两个钩子的大吊车已不抱希望。谁能知道那个 4 岁的汽车迷汽车大王，是否在同我们开一个关于发明新型汽车的玩笑呢？

就在我几乎快要把两个钩子的大吊车彻底忘记的时候，忽然有一日，就在我住处不远的一家新开的小商店里，有什么东西从我面前匆匆掠过。一辆壮硕的汽车，从柜台凌乱的货架上，猛地开足马力，朝我冲了过来。

我定了定神，用眼睛慌慌地将它接住。没错，真的啊，真的是一辆两个钩子的大吊车——白色的车头，蓝色的货斗，背脊上向上翘着两根并列的金黄色起落杆，杆的顶尖部坠着两根精巧的黑色弯钩，用线绳系着，晃悠晃悠的好可爱。在起重臂的两端，有两只小小的把手，轻轻一摇，那钩子便悠悠上升，再摇，又缓缓下落。

正是我寻遍无着、踏破铁鞋的两个钩子的大吊车啊！

是新来的货么？我问。回答是：店里就试着进了两辆，刚开包。

顾不得问价，付了钱，抱着车就跑，唯恐它会自己开走。回到家便打电话。这回轮到妹妹吃惊，说你还真当一回事呀，他怕是已经忘干净了呢。旁边有声音大叫，说没忘记，我说上海有北京也一定有吧。大姨妈你要快点把它带来杭州给我……

放下电话，对着这辆让我牵念数月的玩具吊车久久出神。它曾经活跃于我们的想象与疑问之中，我寻找它似乎只是为了证明它是否真的存在，当它终于出现时，一个孩子的戏言突然变得如此庄重和诚实。我知道自己内心的欢欣，更多的不是来自买到了两个钩子的大吊车这件事本身，而是由于实现阳阳那一个小小的愿望，却给予了我许多的真诚和信任。

两个钩子的大吊车体积太大，把它“运”回杭州，还真是件麻烦的事。

一直没找到朋友托带，它便静静地藏在我的衣柜里，权当车库。

阳阳已等得不耐烦了，每次电话都急急地催问。

被逼无奈，大姨妈就告诉他说：大吊车已经自己开到杭州去啦，但是公路上有许多汽车，它太小了，只好慢慢开，开到杭州要几个月呢。

阳阳在电话里笑起来，对这样的解释很满意。他很高兴两个钩子的大吊车是自己开回杭州去的。他的等待变得十分耐心。下一个星期他问我，大吊车现在开到了什么地方？我说大概是天津吧。后来他就开始自己来安排大吊车的行车路线 (他非常喜欢看天气预报，因此对城市的排列十分熟悉)。他不断地向全家报告，大吊车现在已开到了济南——青岛 (顺便旅游一下)，再就是武汉——南京，途中居然还拐到西安去了几天，后来不知为什么在上海停留了很长的时间（他说大吊车要回去看朋友，他一直认为大吊车是在上海出生的），我猜他是为了给我留出足够的时间到达，否则从上海一出发，终点站杭州就在眼前了。

眼看他的大吊车已驶上海，我急得火燃眉毛，终于物色到一位坐飞机的朋友，从空中起吊，超过阳阳那辆尚在公路上慢慢行驶的大吊车，先期抵达杭州。

那辆两个钩子的大吊车终于开进他的房间时，他说：开了这么多的路，一点都没坏啊。

我始终不明白，阳阳那鬼精灵，难道真的相信大吊车是从公路上开回杭州的么？还是他故意在配合和成全我的小小幽默？

后来的故事，如同我们预料的那样，他在长达几个星期的时间里，对其余那百十辆玩具汽车视而不见，整天就同那两个钩子呆在一起。他尝试用那两个钩子，不厌其烦地起吊他的小板凳和所有能够挂在那钩子上的重物——当然，两个钩子的大吊车命运可想而知，等到大姨妈春节回杭州探亲时，那辆大吊车上，已经连一个钩子都没有了。

面对残缺不全的大吊车，大姨妈仍然没有忘记去问阳阳：

——那次你去上海，是在哪儿发现两个钩子的大吊车的呢？

——在商场里的一只盒子上。他仰着头回答，妈妈买东西的时候，我自己看见的。

我恍然。他只有那么一点儿高，所以他看见了柜台底下的东西，而他妈妈没有看见。

五个孩子的星期天

素禧是台湾人，多年前去德国留学，嫁给了一个德国记者，夫妇俩生有两个孩子。大的男孩叫莫里茨，他刚出生半年，就被他的爸爸妈妈带到北京来了，今年近 9 岁，是一个英俊的“帅小伙”了；小的也是一个男孩，今年 4 岁，叫尤里安，鬼精灵的样子，很是招人喜爱。莫里茨和尤里安的父母在中国工作了 8 年，是我们的好朋友，我几乎是看着那两个小家伙，在北京一点点长大起来。莫里茨在北京的德语学校上学，同他的爸爸讲德语，同妈妈讲汉语，汉语的四声吐字清晰而准确，像一个小播音员。

他们最近就要回国去了。彼此依依不舍的，我们相约一起到郊外过个星期天。

7 月的一个星期天上午，素禧来电话说：如果你不介意，我想请另一个美国家庭的孩子们和我们一起去玩。那是莫里茨和尤里安的好朋友，他们就要分别了，我想让这些小伙伴们在一起。她们的父母你都是认识的，就是艾伦和翠翠……

我打断她说：当然，完全没有问题，小朋友多些才好玩呢。

素禧又说，我们征求了孩子的意见，他们还是想去玩水。以前我们常带他们去一个叫做云蒙峡的山沟，那里有石潭可以游泳，孩子还可以跳水……

星期天是属于孩子们的。我们也要尽量地把自己变成孩子。

于是，就有 3 个家庭总共 11 个成员，一起参加星期天的郊游。我们被安排在那个美国家庭的车上。那辆越野车宽敞些，可以坐7个人。

迎接我和我丈夫上车的，竟然是一阵尖锐而热烈的哭声，哭得惊天动地，车窗都好像被震得哐哐荡荡地摇晃。只见车厢的后排座上，右边是一个小小的女孩，也就2岁的样子，她被安全带固定在靠窗的儿童座位上，正在专心地吃着手指头；左边靠窗的角落上，缩着一个大约四五岁的小姑娘，梳着两根棕黄色的小细辫子，两只大眼睛里，正在扑扑地往下滚落着泪水，尖利的哭声从她喉咙里发出来，持续不断、愈来愈响亮，激奋地一浪高于一浪……

那是一个非常可爱的女孩，如果不是因为极度的愤怒和悲伤，把她小脸上的五官都扭曲了，她真的很漂亮。

越野车在女孩的尖叫声中开动。女孩的爸爸开着车，妈妈坐在前排座上。翠翠向我介绍说，大的那个叫艾丽娅，小的叫汉娜，她们还有一个哥哥叫加里森，和莫里茨一样大。加里森想和莫里茨坐在一个车上，我同意了，但是艾丽娅喜欢尤里安，她也想上那辆车，和尤里安坐在一起。可是那辆车太挤了，我告诉艾丽娅，回来的路上让她坐那辆车，她不高兴，就一直伤心地哭个不停。

翠翠讲完了，就转过身去望着前方，不再理会艾丽娅的哭闹，就连回一下头去安慰她的意思都没有。2岁的汉娜若无其事地看着姐姐，有点幸灾乐祸的样子。

艾丽娅仍然在哭着，不时用大眼睛悄悄环顾四周，希望能得到一点起码的同情。但她的爸爸只从反光镜里看她，和她的妈妈结成了“沉默同盟”。艾丽娅一路哭出去几十公里以后，哭声终于渐渐减弱，哼哼说要喝水，算是有所妥协的表示。

我挪到后排座上去，试着和她谈话 (她的妈妈翠翠也是台湾人，所以艾丽娅也会讲汉语)。我说：你想跟尤里安坐在一起，你是尤里安的姐姐么？

艾丽娅忽然止住了哭声，坚决地反驳我说：不，我不是尤里安的姐姐，尤里安没有姐姐！

我笑着问：那你为什么非要和尤里安坐一个汽车呢？

她大眼睛上的长睫毛忽闪忽闪的，毫不含糊地说：我是尤里安的女朋友呀！

原来是这样，我们终于理解了艾丽娅悲伤的原因。

汽车驶入云蒙峡，两边陡峭的山崖石壁间，有清泉奔流。山水汇集成一个个清澈的小潭，四周散落着巨石与沙滩，好一片天然的游泳池。汽车停在一棵大树下，大人们忙着往下搬卸食物和饮料，孩子们已雀跃直奔水边而去。问素禧是怎么发现这儿的，素禧说，找呀。为了让孩子们星期天有个野外活动的场所，我们在京城郊外转过许多地方，那些游客很少去的地方，虽然荒凉，但是孩子们喜欢，带他们出来玩，就一定要让他们真的能够玩起来，玩得痛快。

看来孩子们早已熟悉了这里，纷纷在水边把衣服脱得精光，两个大的男孩，已经麻利地换好了游泳裤。尤里安和艾丽娅只穿着短裤头，手牵着手，光着脚就往水里跑。水边的岩石棱角尖尖地硌脚，我对艾丽娅说：我抱你过去吧!艾丽娅拼命摇头，连声说：我大，你去抱汉娜，她小！尤里安摇摇晃晃地爬着一块大石头，我伸出手去拉他，他把我的手拂开，说：我自己走，我现在不需要帮助。我用手试水温，虽近中午，那山泉水依然冰凉，但孩子们都不怕冷。莫里茨在他爸爸的带领下，和加里森站在岩石上往下跳水，跳下去，游到岸边，再往岩石上爬。那块岩石又陡又滑，爬到上面，得小心翼翼地转过身子，才能往下跳，两个孩子好几次被别在那儿无法动弹，眼里虽有些惧怕的神色，却还是拿出一副男子汉的架势，面带微笑向我们招手。艾丽娅拿着一只杯子，在石潭边的浅水中寻找蝌蚪。蝌蚪一群一群的，但艾丽娅却怎么也抓不住它们，我走过去帮她抓，一抓一个，放在杯子里，艾丽娅却把杯子里的蝌蚪倒掉了，她说：我要自己抓！

我自己来——这是那一天中，我听到孩子们使用得最频繁的一句汉语。他们早已养成了独立自主的习惯，不喜欢依赖大人也不愿接受别人的帮助。

后来艾丽娅终于抓到了一只蝌蚪，她用手在沙滩上挖了一个浅浅的水坑，把蝌蚪养在水坑里，然后再去寻找新的蝌蚪。尤里安始终守卫在她的身边，然后把自己抓到的蝌蚪，兴高采烈地“献”给艾丽娅。艾丽娅唯独只接受尤里安的礼物，尤里安是一个享有“特权”的例外。

他们的爸爸妈妈们，在树下刚架起的折叠餐桌旁，与我们喝水聊天，只是时时用视线追踪着孩子们的身影，却不管束他们。到了中午，素禧和翠翠向孩子们发出吃饭的信号，玩在兴头上的孩子无一人响应，她们也无所谓，便自行开饭，并不强迫命令。饭吃到一半时，翠翠忽然惊呼一声说，汉娜呢?汉娜刚才还在那块石头后面，怎么一眨眼就不见了？大家急忙放下食物，四出寻找。找来找去，沿着山泉石滩往上游走了好远，才看见2岁的汉娜小姐，竟然泡在齐腰深的泉水中，用小手攀扶着两边的岩石，正连滚带爬地玩得高兴，她的平衡能力极强，脚底下的“河床”错综复杂，水流又急，她却没有摔倒。身上的小裤衩已不知去向，浑身赤条条，皮肤冻得通红，胳膊上腿上都被锋利的岩石划出一道道印痕，却独自一人固执地溯水而上，似乎要去山泉的源头看个究竟。周围空无一人，她竟全然没有害怕的概念，倒把她妈妈和我们吓了一大跳。我把她抱起来，觉得她像一条刚从水中打捞上来的鱼，湿淋淋滑溜溜，在我怀里冷得打哆嗦，她却仍然不停地挣扎着，用仅有的汉语单词说：不要!我对她妈妈说：汉娜是个典型的美国女孩。

莫里茨和加里森终于玩累了，奔向餐桌，三下五除二，就把午餐吃完了。午餐两家各带各的，然后大家共享，有三明治、葡萄酒、通心粉、香肠和西瓜。作为对孩子们的奖励，还有巧克力和冰激凌。

临走的时候，我们把水坑里的蝌蚪都放回溪涧里去了。妈妈们告诉他们，小蝌蚪只有在野外，才能变成青蛙。大家都赞同。

走到尤里安的汽车跟前，艾丽娅抬起头问她的妈妈：现在可以了吗？她妈妈点了点头，艾丽娅就欢天喜地地爬上了尤里安家的汽车。我们的越野车在中途超过那辆切诺基的时候，望见艾丽娅和尤里安坐在后排座上，两个人正亲热地开心地热烈地说着什么，我猜，他俩的交谈，也许是用汉语的。

阳阳“一、二、三”

8岁的男孩阳阳，真是到了“狗也嫌”的年龄。无论做什么事，总试图同大人的意见反一反。你让他做功课，他偏要画画；让他弹钢琴，他偏要玩汽车。他擅长软磨硬泡阳奉阴违、耍无赖等一系列对付爸爸妈妈、外公外婆、爷爷奶奶的战略战术，十有八九能够得逞。据说阳阳在学校里表现还是不错的，被同学们选为中队委员和三好学生，但一回到家，就像换了一个人。因此，关于阳阳的家教，就成为一个日益严重的问题，让全家人头痛。

阳阳的大姨妈，在杭州探亲的时候，也多次陷入家教的窘境，不知该如何来对付这个宝贝外甥。常常是连哄带骗，威胁利诱，各种手段无所不用其极，累得满头大汗，却仍是收效甚微。她心想自己只不过在家小住几日，就已被这个小家伙弄得头昏脑胀，那么他的妈妈，天天同他如此软硬兼施地周旋，不是要累得半死么？

几天留心观察下来，发现阳阳妈妈平时讲得头头是道的那些家教理论，其实在她儿子身上，根本就很少付诸实施。她管教阳阳的办法，除了“一声吼”“就出手”以外，和阳阳的大姨妈也大同小异，只因阳阳是她儿子，她具有“打持久战”的心理准备和耐力。

不过，阳阳妈妈还是留了一手，她有一绝招，不到关键时刻，不轻易运用，一旦出口，确实非常灵验，创下了屡战屡胜的光辉记录。

这一招其实也简单，一共只有 3 个字。比如说，当早晨全家人赶着去上班上学，而阳阳偏偏磨磨蹭蹭地赖着不肯走。这是分秒必争的时候，再不走就迟到了。那时，阳阳的妈妈就对阳阳喊道："走不走？再不走，我喊一、二、三啦！"——就好像宇宙超人来临，他妈妈刚刚喊出个"一"字，阳咱就已经站在门外了。再比如，阳阳如果赖在地上不起来，阳阳如果不肯睡觉，总之，一般都是同时间有关系的事情，阳阳的妈妈甚至没有等到喊出"二"字，阳阳就已经用最快的速度，抢在"三"字出口以前，把刚才的错误统统改正。阳阳绝对不能让"三"字超过自己，"三"字像一个坏蛋，阳阳的任务就是把它消灭掉。

大姨妈看得有点发傻，请教阳阳的妈妈这是什么道理?她在什么时候发明的专利?用在别的孩子身上是否有效？等等。阳阳妈妈笑嘻嘻说她也不知道是怎么一回事，又有点得意洋洋地声明说，这个办法只有她使用才灵验的。

今年春节，大姨妈邀请阳阳的外公外婆到北京来过年，顺便把阳阳也一起带来。其实，大姨妈对阳阳的来访，除了欢喜还有一点恐惧。大姨妈的儿子出国留学去了，大姨妈已经荒废了当妈妈的事业，这次阳阳来北京做客，大姨妈和大姨夫就成了阳阳的临时妈妈和爸爸，责任当然是很重大的。

果然阳阳到北京的大姨妈家没过 24 小时，就已经原形毕露，把杭州妈妈爸爸的千叮万嘱全都忘得一干二净。阳阳把画画的彩笔藏在被窝里睡觉，一觉醒来，蓝色的被罩被压扁的彩笔染成红一块绿一块，像一只山魈巨大的鬼脸；阳阳的玩具枪在邻居的汽车上划上了道道，他虽然不是故意的，大姨夫也得向人家道歉啊；阳阳弹钢琴的时候总是不停地抬头看钟，稀里马虎凑够了半小时，大姨妈一计算，其间他已经上卫生间尿过 3 次尿了；外婆说阳阳你该喝水了，阳阳说我要吃香蕉；外公说阳阳你吃饭前该洗洗手，阳阳说我要洗洗脸；大姨夫说我们来下象棋吧，阳阳说我要玩电子游戏机；大姨妈说阳阳你快把日记写好，我们全家去看童话剧《青鸟》，阳阳说我不写我不想写，昨天不是已经写过了！

大姨妈终于生气了。大姨妈说，你要是不写日记，就不要去看《青鸟》。

阳阳回答说：不看就不看好了！

大姨妈有点尴尬了。因为戏票早已买回来了，全家人 5 张票加起来，票价也很可观呢，若真是“不看就不看好了”，实在有点可惜。音乐童话剧，很难碰得上的，再说也不能单单把阳阳一个人留在家里啊。大姨妈下不了台，只好由外婆来打圆场，阳阳的日记没有写，还是去看了《青鸟》。阳阳又得逞了，阳阳有些暗暗得意。

又过了几天，阳阳不肯吃早饭，外公说你不吃早饭，今天就不要去龙庆峡看冰灯了。阳阳已经尝到了上一次的甜头，很坚决地说：不去就不去好了！

结果当然还是去了。因为阳阳的寒假有限，所以在北京的每一天日程都排得满满的，今天不去看冰灯，就再也没有别的时间了。大人们总不能因为一个小孩而打乱自己的计划。大姨夫不高兴，悄悄对大姨妈说，我看这样教育不行，自食其言，应当豁出来，真的“不去就不去好了”，让他失望一次，下回就记住了。大姨妈认为大姨夫说得对，但真要说到做到，代价也是很大的呢。大姨夫说那就从我做起——车到了龙庆峡，看冰灯还要走一段山路，路过一片冰湖，有许多孩子在滑冰橇。阳阳欢喜雀跃，牵着大姨夫的手说，等下你也带我到冰上去玩好不好？大姨夫毫不犹豫地说好。等到看完冰灯出来，大人都觉得累了，阳阳却是兴高采烈，追着大姨夫要去冰上玩儿。大姨夫不说话，有点想赖账的意思。阳阳委屈地大声叫道：“刚才你答应的啊！”大姨夫不便当场否认以免自食其言，又记得刚才出门前“那就从我做起”的承诺，只得打起精神，乖乖领着阳阳到冰湖上去，从这一头一直走到那一头，玩得筋疲力尽地回来，阳阳才善罢甘休。

如此几天下来，阳阳已经大体掌握了临时爸爸妈妈的教育水平，开始有恃无恐地和 4 个大人斗智。他一时听话一时不听话，完全随心所欲，没有规律和道理可循。大人讲得口干舌燥，认为已经把该说的都耐心说了，该懂的他都已懂得，他明明点头答应，做了保证，可没过 3 分钟又故态复萌，你对他说的所有道理都是白费口舌。大姨夫很理论地安慰大姨妈说，8 岁的孩子，脑子里的自控系统还没有发育完全，所以不能和正常思维一视同仁，这就叫做“不可理喻”。

但是“不可理喻”不等于“不必理喻”，这么一个活蹦乱跳的小生命在全家人眼前晃来晃去，让大姨妈时时感觉到家教的紧迫和压力。大姨妈主张从此以后应当严加管教，大姨夫反对说，孩子管得太狠，长大了唯唯诺诺、规规矩矩，性格萎靡，缺少创造性——不可!大姨妈反驳说，孩子若是过于放任自流，骄纵溺爱，长大了缺乏意志力和责任心，为所欲为，弄不好会走上犯罪道路——更不可!

争论没有结果，任何理论都因人而宜。谁都懂得严厉和宽松、鼓励和惩罚，应当相辅相成，但这两者的“度”和“分寸”的掌握，这其间的技术性和艺术性，却是家教普遍的难题。就连做了一辈子教育工作的外婆也不置可否。

阳阳在北京快乐又烦恼的十几天，就在那些没有答案的教育实践中过去了。临走前一天，阳阳突然不肯洗澡，拒绝不需要任何理由。第二天就要上飞机，大姨妈只能尽可能耐心地劝说阳阳洗澡。可是任凭全家人说洗澡怎么惬意怎么舒服，说到了没有暖气的杭州家里再洗澡很容易感冒，感冒了就不能参加开学典礼、见不到老师同学等一大堆充足的理由，阳阳就是不理不睬。卫生间的热水已经打开，很快就要吃晚饭了，大姨妈觉得自己实在是“黔驴技穷”了。她一筹莫展，垂头丧气，在极度的无奈中，突然灵机一动，大喊一声：

“你到底洗不洗？我喊一、二、三了啊!”

奇迹发生了。阳阳忽地跳了起来，慌慌张张、手忙脚乱地开始脱毛衣，他是那么着急，急得让毛衣领子把脖子都卡住了，小脸憋得通红。接着他又开始飞快地脱裤子和袜子，那个速度是大姨妈前所未见的。没等大姨妈喊到“二”字，他就脱得光光，头也不回地冲到洗澡间里去了。

阳阳当然是把“三”字消灭了。无论在杭州还是在北京，阳阳都不能让自己落在“三”的后头。虽然，大姨妈的“一”和“二”之间，相隔了整整3分钟。

听着洗澡间里欢快的流水声，阳阳的外公外婆和大姨夫都愣住了。

大姨妈说：“没想到，一、二、三原来在北京也灵啊，他把我当成妈妈了?”

大姨夫说：“这里头一定有个道理。可惜我不懂儿童教育心理学……”

外公说：“寓教于乐，我知道。”

外婆有点神秘地笑笑说：“不止这个呢，大家都去想一想好了……”

阳阳回杭州有两个月了，大姨妈到现在还没想明白，只好请读者来帮忙了。

有生肖图案的碗

“啪——”一记清脆的瓷碎声响，饭碗已连菜带饭，四分五裂迸撒一地。紧接着是家长的吼声、鸡毛掸子挥舞的响动和孩子委屈伤心的哭嚎。

饭碗的碎片最后在大人的叫骂声中，被扫入簸箕。隔一天，新的瓷碗在大人的抱怨声中被放上餐桌。然而，没过3天，新碗却又粉身碎骨……

关于破碗和新碗的无限循环往复，是许多家庭习以为常的功课。在我们幼时、在邻居家表舅家，打破饭碗，是孩子们经常受罚的重要原因。

那时候，还没有现在那种精美的塑料餐具制品。瓷器落地，一碎一个准。

所以才会有一种野花叫做“打破碗碗花”。

也许全世界的爸爸和妈妈们，心里都在冥思苦想着同一个问题：怎样才能使孩子们在长大的过程中，少打破几个碗呢？

在我童年时，有一个表舅家里，总共有7个孩子，每个孩子之间的年龄相差2岁到3岁左右。每年春节，妈妈带着我到他们家里去吃饭，席间总会遇上一次“饭碗事件”。今年是这个，明年是那个，不是老三端着碗在门槛上拌了一下，就是老四一只手没扶住打了滑。一旦碗碎菜翻，未等家长发话，那孩子便抢先大哭，哭得惊天动地，大有主动认错和悔改之意。孩子一哭，表舅便忙不迭过来安抚，一边替孩子擦泪，嘴里嘟哝着说一声“碎碎（岁岁）平安”，也就完事大吉。舅妈会仔细察看孩子的手指，留意有没有被瓷片伤着皮肉，倒像是在慰问鼓励似的。在我的印象中，他们从来没有为打破饭碗的过失，大声责骂过孩子。

以7个孩子每年轮流打破一个饭碗的速度计算，他们家餐具的损坏率，既大刀阔斧又细水长流，大概是他们家政管理中一笔不小的开支。有一次妈妈忍不住向舅妈建议说，不如干脆都换成搪瓷碗好了，贵是贵一点，毕竟耐用。

舅妈摇头，说洋铁碗给孩子用，一日到夜磕磕碰碰，虽是不碎，但碰掉了漆，坑坑斑斑的，时间一长生了锈，对孩子的健康也不利。

所以我们每次去做客，桌上总是又有了新的碗，然后过不久就无影无踪。

记得有一年过节，舅妈笑嘻嘻地抱出了一摞漂亮的新碗，是做饭碗用的那种小白碗。每只小碗转圈有四个色彩鲜艳的生肖图案，或虎或鸡稚态可掬，很是招人喜爱。表哥表姐表弟表妹们欢欣鼓舞地呼拉涌过来，急着“认领”属于自己生肖的那只碗。最小的表弟3岁半，已经学会自己吃饭，他用两只手紧紧抱着自己那个有小狗图案的饭碗，盛上饭以后，还用一只手牢牢护住，我想摸一下他碗上的小狗，他就尖叫，含糊不清地嚷嚷说那碗是他的，打破了要我赔。7个孩子的生肖都不重复，7只碗正好分配得很公平。唯有大表哥一个人，面对着他那只有老鼠图案的碗，一副愁眉苦脸的样子。表舅妈属羊，12生肖碗中也有她的一个。可惜表舅属牛，恰好同表姐一个生肖，先就着表姐，表舅只好用一只没有生肖图案的普通碗，端起碗，表舅做出无可奈何的样子，使得孩子们幸灾乐祸地好得意。

还剩下4只碗，其中有一只是有小猪图案的碗，妈妈属猪，运气好，领到了有自己生肖的那个碗。最后麻烦的是我，我与表弟同属虎，只是我大他几个月，这样就与他的虎碗发生了“冲突”，舅妈让他今天暂时先“借”我用一回，他死活不肯，说来说去，他竟然急急地从盘子里夹了几块肉放在饭上，端着自己的碗，躲到楼上去吃了。我只得和表舅一样，用一只没有生肖图案的碗吃饭。在整个吃饭的过程中，我只觉得那些个表兄弟表姐妹始终用同情的目光望着我，一会儿看看我那只有一条蓝边的碗，再低头看看自己碗上的小兔子小马驹，三口两口便把饭很快地吃了下去，又双手捧起空碗举着说：我还要一碗！

妈妈诧异地对舅妈说：真想不到，你们用这个办法教育孩子，还蛮灵的嘛。

表舅回答：我想来想去，要让孩子们懂得爱惜东西，给他们讲道理，只是一个方面，更重要的是，要在他们心里培养出一种责任感，使他们觉得这样东西与自己的利益和荣誉有关系，不能轻易失去，那么他们就会自觉自愿地爱护它了……

话音未落，地上传来嘭的一声脆响——又一只碗，打破了。

是大表哥那只有老鼠图案的碗。瓷碗的碎片上，四只老鼠抱头逃窜……

表姐表妹尖声叫起来：是他自己故意打破的，我们看见了，是他自己……

大表哥涨红了脸，咬紧了嘴唇，并不分辩。

舅妈若无其事地说：喏，我晓得，你在除四害呢，是不是?好了，老鼠也粉身碎骨了，以后你就在那 4 只碗里头挑一只自己喜欢的，当心别再打破了啊!

尽管表舅关于生肖图案饭碗的整体设想，由于没有估计到大表哥缺乏对于老鼠的荣誉感，而曾遇到小小的挫折，但公平地说，这一计划基本上奏效。一年以后，我们再去表舅家做客时，那些有生肖图案的碗，除了老鼠以外，都还健在。那天饭后在厨房里，我看见小表弟踮着脚尖对保姆说：你洗碗的时候小心一点呀，不要把我的狗碗敲破了。表弟对于自己的属性一向十分热爱，吃点心的时候，有谁说：快去把你的狗碗拿来！他就“蹬蹬”跑到厨房里去，对保姆喊道：快拿我的狗碗来！在我的印象中，那 11 只有生肖图案的碗里，狗碗是保留时间最长的一只，我最后一次看见它的时候，它的尾巴都秃了，两只耳朵也短了一截，碗边上有了锯齿的小口。那年表弟已经 12 岁，那只碗被他用了 8

年多，可以算是一个奇迹。寿命第二长的，是大表哥在赶走了老鼠后，自己挑选的那只有小龙图案的碗，多年后壮烈牺牲于一次猫的入侵。

当然，对于今天的独生子女家庭来说，我们已不可能也不再需要模仿或是借鉴当年那 12 种生肖碗的教育形式了，商场的柜台里出售着琳琅满目的各式永久性餐具，人们不仅不怕打破泥坯饭碗，就连金的铁的饭碗，也都在选择或是抛弃之列。

然而，那些有生肖图案的碗，还是给我们留下了一种家庭教育方法的启示。人们常说寓教于乐，常说在孩子的课程里应有知识性和趣味性的结合。到了上个世纪 90 年代，我们也许还可以开掘出新的层面，即在教育的切入口处，寻找责任心、道德感和每个生命个体之间的必然联系，捕捉行为同正当利益驱动的内在契合点。两者达成默契时，会有水到渠成、事半功倍之效。

091
行走的女人

1969年张抗抗19岁，去北大荒前夕

因为你没有责备我

在杭州经历了一场“自行车车祸”之后，我觉得，其实世上的许多事情，处理的方法不同，结果也会很不一样的。

2002年10月，因母亲突发脑溢血，我接到家里电话的当天，立即飞回杭州。所幸母亲抢救及时，在浙二医院脑外科手术后，第四天即苏醒过来，但仍留在重症监护室治疗。作为患者家属，我们全家亲友24小时轮流在重症监护室外守候。我因值了一次夜班后即患感冒，便改为每天一大早去替换值夜班的亲友，然后到中午妹妹再来换我回家吃午饭。

那天中午我离开医院已近一点钟，只能“打的”回家。因住处的位置恰好在单行线一侧，出租车若是一直开到家门口，就得绕一个大圈儿。于是我就近在家对面的马路边上下了车，打算穿过斑马线，然后再穿过一条慢车道（自行车道），就可以到达公寓大门口了。

斑马线上空是高架桥，桥下竖立着一排巨大的水泥立柱。我疾步穿过马路后，下了慢车道。（此行合乎行人交通规则）但在我的前面另有一个行人，部分地挡住了我的视线。我刚走上慢车道没几步，一抬头，只见右侧冲来一辆电动自行车，速度很快。我立即意识到应该赶紧避开，刚停下脚步，却为时已晚，那辆自行车猛地冲过来，他显然已经看见了我但却刹不住车，车子的惯性将我一下子撞翻在地。我听见车子倒地很重的响声，身体与那辆自行车一同甩出去，摔倒在路面上。那个瞬间我脑子里一片空白。我努力地想要站起来，用了很大的力气，最后好像是那个骑车人把我搀扶起来的。总之，当我终于艰难地站起来的时候，我发现四围已经围满了各式各样的人——端着饭碗正吃午饭的街边杂货店的伙计，顾客、行人、从远处飞奔而来的闲人……把我们和自行车团团围在其中。我愣愣地看着他们好一会儿，才明白那都是些看热闹的人：自行车撞翻了人！被撞的人和撞人的人——双方肯定马上就要开始破口大骂了，关于责任和赔偿的唇枪舌剑，一场精彩的恶战在即！

可我惊魂未定，一句话也说不出来。只是在心里怪自己倒霉，怎么说摔倒就摔倒了呢？

后来我终于看清那个骑车人是个小伙子，中等个头，他把翻倒的电动自行车扶起，一脸羞愧地走过来，低头对我说了声对不起，然后轻声问道：撞坏了没有呢？

我说没有没有撞坏，你看我不是已经站起来了吗？没事没事……刚说完这句话，我开始感觉到了疼痛。疼痛是从右腿上传来的，是那种被剜去了一大块肉似的钻心的痛。我不由得低头去看自己的右腿，厚厚的细条绒长裤完好无缺，而疼痛是从长裤里面发出来的。

你看一看吧，看看伤着没有……他说。四周的众人都热心地附和：看一看的好……

于是我不得不当众将裤腿捋起来寻找伤口，当时的情形颇为尴尬。时近深秋，长裤里面还有一条棉毛裤，捋起来很费劲。总算把棉毛裤捋到了膝盖左右，顿时，小腿上一道渗血的剐痕清晰可见：剐痕足有一尺多长，上面的皮都已被剐掉了，“见光”后迅速变得通红……

我茫然地看着自己小腿上的伤口，一时手足无措。

众人七嘴八舌地发表意见：去医院！你应该带她去医院检查的！

骑车人嘟哝说，当然是要去医院的，就是不晓得该把这辆电动自行车存放在哪里。

我心想我刚从医院回来，怎么又要去医院呢？我真的不想去医院，去医院实在是太麻烦了。我的肚子咕咕地叫唤，我很饿，只想回家吃午饭。但我裸露在阳光下的小腿，确实又痛起来了，谁知道会不会骨折呢？我试着走了几步，居然能走，一瘸一拐的，好像只是因为伤口疼痛的缘故。我用杭州话对骑车人说：你看，我能走路嘛，大概是不要紧的。算了算了。

看热闹的众人一时哑然无声。大概在他们管过的闲事案例中，从来没有碰到过这么一个傻女人，竟然主动对肇事者说算了算了。人群中立即有声音喊道：不能算了，你把他放走了，万一有点儿啥事情，你再到哪里去寻他？周围那些富有正义感的观众们，七嘴八舌一片援助之声。

我仍然拿不定主意是否应当去医院。何况，我的注意力开始转移到了我的长裤上，根本没注意到那个骑车人已经不见了。我开始反复查看自己的长裤，琢磨着为什么裤子没坏，而里面的皮肉却撞坏了？最起码也得先把外裤撕破，然后才能撕到我的腿吧？自行车倒地的一刹那，巨大的冲击力，究竟是怎样穿透裤面，在不损坏布料的情况下，直接剐去我腿上的肉呢？这个问题使我十分好奇与困惑。当时我满脑子都在探讨这个问题，根本顾不上其它。我就那样傻乎乎地站在那里，研究着自己莫名其妙的裤子和小腿，眼睁睁看着伤口越来越红肿……

看热闹的人们终于对这样一个奇怪的女人失去了兴趣，再说，骑车人已不知去向，这场纷争也无法继续下去了。人群纷纷散去，马路边上只剩下了我一个人。我捡起散落在地上的杂物，正准备往家走，那个骑车人满头大汗地跑过来，他说总算已经找到了存放自行车的地方，现在就可以陪我去医院了。他说着就伸手拦下了出租车。我也觉得自己似乎再没有什么理由拒绝去医院了。上了车，司机问去哪里，我想反正我每天都得去浙二医院守候母亲，还不如就去浙二医院，即使有什么问题，自己看病与看护病人都方便。

在车上，骑车人满脸歉意地向我解释说，他的电动车车速太快了，他只注意到走在我前面的那个人，那人挡住了他的视线，等他看到我的时候，已经来不及刹车了。

我说：我也太大意了，立交桥的柱子挡住了我的视线，我忘了再多看一眼了。

他说：我是骑车的，你是走路的，终归是我的责任多一点儿。

我说：我过马路总是心不在焉的，我老公一向都很为我担心……

他说：我那是一辆新车，刚买了没多少日子，开得不顺手，想不到还是闯祸了……

我想自己是遇到了一个诚恳的善良的人了。心里有些感动起来。肇事者和受害者彼此都主动承担责任、率先作自我批评——如此违反常规的情形，如今恐怕已不多见了吧？

不由对那人产生一点儿好感，随口问那骑车人从事什么职业，他说和朋友合开一个影楼，大部分业务是接拍一些广告。又问他家里的情况，他说妻子是个小学教师，岳母家在茅家埠乡下有房子，他有时去那里住，风景好空气也好，我说你福气挺好的，等于有乡间别墅啊。他笑笑说是，平时虽然挣钱不多，日子过得还算安稳。

就这样，我在刚刚离开浙二医院半个多小时以后，非常戏剧化地重新饿着肚子回到了这家医院。下车后，腿部肿胀，行走已有些困难。他去急诊室挂号，我忽然想起提包里有一张浙二医院的病历卡，前几天刚刚插空给自己看过病。就说：你拿这张病历卡去吧，就不用另外再买一份了。他挂了号回来，从他脸上的表情看，对患者的名字一无所知。然后一起上二楼，等候，终于见到医生，简单叙述“车祸”受伤缘由，医生无动于衷，开条让去交费。我忍不住提出了自己最关心的问题：会不会骨折？要不要拍片子？（在我看来，只要不骨折，皮肉之伤就无关紧要了。）年轻的男医师用一把医用镊子，在我的小腿胫骨上啪啪敲了敲，痛快地答复我说：这一根骨头很硬，一般情况下不会断，你放心好了。喏，再给你开点儿消炎药。

立刻放下心来，大大松口气，以为万事大吉。包扎完毕，急着要走。（肚子更饿了）骑车人说还得去交费拿药呢，你的腿不好走，我一个人去就可以了，你在这里等我，我取了药就回来。我正懒得走动，就说那也好，你去你去。就在二楼急诊外科门口候诊的椅子上等。等了一会儿，未见回来。又等一会儿，走廊上却走过来一位熟识的老医生。他见我狼狈不堪地坐在急诊室门外，一条裤腿高高挽起并有敷料橡皮膏覆盖，不由大为惊异。问我何事，我三言两语道出缘由，并说看来无碍，正在等那个肇事者给我去取药。老医生神色大变，叹口气说：你也是，这么相信人家？依我看，那个人是不会回来了。

我这才想到，一盒先锋霉素起码也得十几块钱，他假如不回来，我是没地方去找他的。刚才我怎么就没想到这个人有可能不回来呢？我的病历卡还在他手里呢。

这些念头仅是一闪而过。我对老医生笑笑说：不会的，他会回来的，我相信。

老医生将信将疑地看我一眼。说一句：你有什么事情可以来找我，便走开了。

老医生刚走，就见那个骑车人从楼梯口匆匆奔来，手里拎着一大包药。我想：医生怎么给开了这么多药啊？看来我病得不轻呢。等他走近我，我一眼看见那一大包塑料袋的药里，居然有几盒“六味地黄丸”，不由暗自吃惊：从没听说外伤还得服用“六味地黄丸”呀？把他手里的大袋子接过来仔细一看，里头还有好几种别的药，药名都似曾相识。我纳闷儿了一会儿，忽然想起自己那张病历卡里头，夹着一张处方笺，是前几天看病后，还没有抽出时间去排队划价交费的。我恍然大悟地问那个骑车人：嗳嗳，你怎么把我病历卡上的另一张药方上的药，都给买了？他刚一点头，我又好气又好笑地嚷道：谁让你买那些药啦？那些药跟你又没有关系的嘛！他低下头望着自己脚尖说：就算是我给你的赔偿吧，我真不知道怎么赔偿你……过几天你还得来医院换药，我会陪你来的，这期间你如果有什么意外我一定会管的……

遇上这么个人，算是我不幸中的一点儿运气。我想：反正也没有骨折，我才不会跟他纠缠不清呢，这件倒霉的事情，赶紧就到此为止吧。我把裤腿勉强放下，他搀着我下了楼，打车回家。到了公寓大门口，我说停车吧，我自己走进去就可以了。他却坚持非要送我到电梯口。到了电梯口，我又一次朝他挥挥手说你回去吧，我自己能走。（我真的不想让他知道我住在几层几号。）可他非要送我上电梯，说是不亲自把我交给家人，他就还没尽到责任。于是只好同他一起上楼，到家门口按了电铃。正想最后一次同他说再见，他递过来一张名片，说那上面有他的手机和办公室电话号码，我哪天去医院换药，提前给他打电话，他会到楼下来接我……等等。我接过名片，说好了好了你请回吧，没有“意外”我就不找你了……

进得家门，跟父亲简单复述事情经过后，就在厨房里狼吞虎咽地开始吃我盼望已久的午餐。刚端起饭碗，门铃响得急促，一开门，见又是那个骑车人，他手里拎着一大堆水果，放在地上转身就走了。我在他身后喊道：你别那么客气了，我不会找你麻烦的……我开始觉得这个人有点儿过分了，我根本就没让他赔偿，他干吗这么三番五次地用各种方法赔偿我呢？

腿上的疼痛到了夜里越发加剧，幸亏没有发烧。过了几日，我正在考虑去换药的事情，他又主动找来，说要陪我去。我说换过这次药之后，你就不用再管了好不好？这伤肯定得养一段时间，我自己能对付，不然你这样一趟趟跑也太辛苦了……

于是又一起去了浙二医院，很快换药完毕，我就直接到母亲的重症室去了。分手时我有些感慨地对他说了一句：电动车速度太快了，你以后骑车还是要小心一点儿喔。

他很认真地说：我会当心的。这次，给了我一个教训。

我本该走了，却又多说了一句：我觉得你这个人，蛮有责任感的，社会上要是像你这样的人多一点儿就好了……

他连连摇头，急忙分辨说：我也没有那么好。只是……只是因为……因为那天中午我把你撞翻之后，你站起来的时候，连一句责备我的话都没有说，所以我……

我一时无言。我已经忘了当时的情形。我想，自己当时完全是因为被撞蒙了。

这场“自行车车祸”已过去大半年。腿上的伤口其实伤得挺深，中间两寸长厚厚的结痂，趴在我腿上像一只大甲虫，足足过了三个月才掉。那三个月根本无法冲洗淋浴，只能把右腿架在浴缸边缘上洗澡，很像练功或是杂技的某种姿势。结痂脱落后，在我右小腿上留下了一条半尺长的瘢痕，我那以前还不算难看的小腿被彻底毁了，从此夏天再也不能穿短裙了。

但我心里并不记恨他。母亲病了我被撞，真应了祸不单行那句话。

此后我再也没有见过那个杭州的骑车人。写到这里，翻找出他的名片——这个年轻人叫沈晓程，杭州市孩儿巷海天摄影工作室的职业摄影师。

故乡在远方

我总觉得自己是一个流浪者。

几十年来，我漂泊无定，浪迹天涯。我走过田野，穿过城市，我到过许多许多地方。

我从哪里来？哪儿是我的故园我的家乡？

我不知道。

19岁那年我离开了杭州城。晴光潋滟、山色空濛的西子湖畔是我的出生地。离杭州100里水路的江南小镇洛舍是我的外婆家。

然而，我只是杭州的一个过客，我的祖籍在广东新会。我长到30岁时，才同我的父母一起回过广东老家。老家有翡翠般的小河、密密的甘蔗林和神秘幽静的榕树岛。夕阳西下时，我看见大翅长脖的白鹳、灰鹳急急盘旋回巢，巨大的榕树林上空遮天蔽日，鸟声盈盈，那就是闻名于世的小鸟天堂。新会县世为葵乡，小河碧绿的水波上，一串串细长的小船满载清香弥漫的葵叶，沉甸甸地贴水而行，悠悠远去……但老家于我，却已无故乡的感觉。没有一个人认识我，我也并不真正认识一个人，我甚至说不出一句完整地道的家乡方言。我和我早年离家的父亲，犹如被放逐的弃儿，在陌生的乡音里，茫然寻找辨别着这块土地残留给自己的根性。

梦中常常出现的是江南的荷池莲塘、春天嫩绿的桑树上透紫酸甜的桑葚儿、秋天金黄璀璨的柚子、冬天过年时挂满厅堂的酱肉粽子鱼干，还有一锅喷香喷香的煮芋艿……

暑假寒假，坐小火轮去洛舍镇外婆家。镇东头有一座大石桥，夏天时许多光屁股的孩子从桥墩上往河里跳水，那河连着烟波浩淼的洛舍洋。我曾经在桥下淘米，竹编的淘箩湿淋淋从水里拎起，珍珠般的白米上扑扑蹦跳着一条小鱼儿……

而外婆早已过世了。外婆走时就带走了故乡。其实外婆外公也不是地道的浙江人氏。听说外婆的祖上是江苏丹阳人，不知何年移来德清洛舍。又听说洛舍之名是由于早年此地曾有一支移民来自洛阳，洛阳人之舍，谓之洛舍。由此看来，外婆外公的祖籍也难以考证，我魂牵梦系的江南小镇，又何为我的故乡？

所以对于我从小出生长大的杭州城，便有了一种隐隐的隔膜和猜疑。自然，我喜欢西湖的柔和淡泊，喜欢植物园的绿草地和春天时香得醉人的含笑花，喜欢冬天时满山的翠竹和苍郁的香樟树……但它们只是我摇篮上的饰带和点缀，我欣赏它们、赞美它们，但它们不属于我。每次我回杭州探望父母，在嘈杂喧闹的街巷里，自己身上那种从遥远的异地带来的“生人味”，总使我觉得同这里的温馨和湿润格格不入……

我究竟来自何方？

更多的时候，我会凝神默想着那遥远的冰雪之地，想起笼罩在雾霭中的幽蓝色的小兴安岭群山。踏着没膝深的雪地进山去，灌木林里尚未封冻的山泉一路丁冬欢歌，偶有暖泉顺坡溢流，便把低洼地的塔头墩子水晶一般封存，可窥见冰层下碧玉般的青草。山里无风的日子，静谧的柞树林中轻轻慢慢地飘着小雪，落在头巾上，不化，一会儿就亮晶晶地披了一肩，是雪女王送你的礼物。如闭上眼睛，能听见雪花亲吻着树叶的声音，那是我21岁的生命中，第一次发现原来落雪有声，如桑蚕食叶、婴童吮乳，声声有情。

那时住帐篷，炉筒一夜夜燃着粗壮的木柈，隆隆如森林火车如林场的牵引拖拉机轰响，时时还夹着山脚下传来的咔咔冰嘣声……山林里的早晨宁静而妩媚，坡上的林梢一抹玫瑰红，淡紫色的炊烟缠绵缭绕，门前的白雪地上，又印上了夜里悄悄来过的不知名的小动物一条条丝带般的脚印儿，细细辨认，如花如柳梢亦如一个个问号，清晰又杂乱地蜿蜒于雪原，消失于密林深处……

那些神秘的森林居民给予我无比的亲切感，曾使我怀疑自己也是否会留在这里。

小小的脚印沉浮于无边的雪野之上，恰如我们漂泊动荡的青春年华。

我19岁便离开了我的出生地杭州城，走向遥远而寒冷的北大荒。

那时我曾日夜思念我的西湖，我的故乡在温暖的南方。

但现在我知道，我已没有了故乡。我们总是在走，一边走一边播撒着全世界都能生长的种子。我们随遇而安，落地生根；既来则安，四海为家。我们像一群新时代的游牧民族，一群永无归宿的浪漫移民。也许我走过了太多的地方，我已有了太多的第二故乡。

然而在城市闷热窒息的夏日里，我仍时时想起北方的原野，那融进了我们青春血汗的土地。那时的空气透明，风也透明。那里的一切粗犷而质朴。20年的日月就把我这样一个纤弱的江南女子，磨砺得柔韧而坚实起来。以后的日子，我也许还会继续流浪，在这极大又极小的世界上，寻觅着、创造着自己精神的家园。

……………………………………………………

德清外婆家

外婆早已不在了，但还是常回德清去。德清的洛舍镇，是母亲的故乡。

在我离开江南去了北方后，母亲的故乡至今时时在我的梦里浮现。那金色的油菜花和紫色的蚕豆花，还有冒着热气的肉馅糕……轮船突突地穿过高高的石拱桥，水浪拍打着岸边的泥土，一个码头又一个码头，回故乡的路如此漫长。

近年来再回德清，那种20世纪50年代运河里的夜航船早就没有了，就连60年代的小火轮也不见了。先是听说县城通了公路，后来，汽车路通到了东衡里。曾有一次，是坐船到东衡里，再坐汽车回杭州的，看得见镇子东头正在修筑的路基。亲戚们都说快了快了，你下次再来，从杭州一口气就到洛舍了。

果然，下一次，从杭州到洛舍，上了公路，一个多小时，真的不敢相信这么快就到了。犹如一只飞船，从河港的水面上刷地飞过去。就好像一道道河上的那一座座石桥，全都转过身连成了路。若不是街上镇里的熟面孔，差一点儿就怀疑自己是到了另一个地方呢。

这些年去洛舍，多一半是为了给外婆扫墓，或是陪母亲探望老家的亲友。二十多年以前外婆还活着的时候，我和妈妈几乎年年春节都要去洛舍过年。镇子里的亲友，都说是看着我长大的，这么多年不见仍是亲热，这一家那一家走走，喝一碗洛舍特有的烘青豆茶，余香久久不散；洛舍的饭菜是妈妈的最爱，南平、延平舅舅和爱群、小怡舅妈，每次都会烧出一桌美味的饭食，让我们大快朵颐。清蒸甲鱼、油爆河虾、红烧蟮段、千张包子、糯米肉丸，还有走遍中国也难以吃到的清汤鱼圆，令我即便回到北方嘴里仍留有鲜味。那一年春天，延平舅舅给我烧过一次豌豆咸肉菜饭，直到今天还是念念不忘。许多年过去了，如今洛舍的长街上商店林立，建起了一幢幢商品楼房，昔日宁静的小镇一片商业气氛，明显地热闹了许多。南平和延平舅舅各自都开了一家小商店，生活也比以前好了许多。最难忘的是洛舍的文化站，街边上一幢不起眼儿的小楼，却拥有电影院、娱乐室和藏书几千册的图书馆。站长孙则民先生，早年在杭州大学任职，1957年被打成右派，颠沛流离历尽坎坷，70年代末平反改正后回到洛舍担任文化站站长，对乡镇的文化建设有一整套完整的构想。在得到镇委的支持后，多方筹集资金，把自己的全部心血和精力都投身于文化站的建设。早在80年代中期，孙则民先生就是一个文化市场的先觉者，立足于群众性的文化娱乐活动，自我滚动自我发展，资金得到良性循环，由生存而拓展，营造出健康的社区文化氛围。在孙先生多年持之以恒的苦心经营下，洛舍文化站终于成为洛舍镇民不可缺少的文化场所，并当之无愧地获得了“全国特级文化站”这一来之不易的荣誉。

有一年春天，我从北京回杭州开会，“五一”期间，相约杭一中的同班老同学燕君和李梅，专程去陆家湾看望当年插队时的村书记陆呆大。(1969年春天，我曾在陆家湾下乡三个月，后来离开那里去了北大荒。)陆呆大年轻时就是一个专心“促生产”的实干家，在他的领导下，陆家湾大队在六七十年代就早早集体致富，每户的平均收入在全县都遥遥领先。我离开德清后，他从村书记提升为德清县主管农业的副县长，为人正派耿直。80年代末他从县委副书记的位置退下来后，回到陆家湾，在村边的水塘搞起了家庭养殖业，身板硬朗、精神矍铄。我们从杭州去看他，他早已提前把亲自养殖的鱼虾鸡鸭挑出来捉住杀了烧好，真心诚意地招待我们大吃一顿。那天中午他喝了一点儿酒，说起社会上的腐败现象，神情黯然十分痛心。如今一晃又有好几年没见到他了，真的好想念他。陆家湾依然山清水秀，当年的石板小道都改成了宽阔的汽车路，许多家都通了电话，村民安居乐业怡然自得。回洛舍镇的路上，经过烟波浩淼、水色苍茫的“洛舍漾”，远远地望见浅淡的湖中央齐整的鱼寮、白色的网箱浮标和悠悠的打鱼船，不觉心荡神怡。洛舍漾湖面开阔，水色清柔，近处高高的堤岸边是青青的桑树地，远处视线可达无垠的天际，恬淡的水波中传递着一种江南水乡的神秘，水天一色的辽阔却分明又是大家气派。所以洛舍漾是我最喜欢的一个地方。想起当年插队的时候，从镇上搭村民的小船回陆家湾，错上了一条洛舍漾“彼岸”那个县的小船，船上的农民一路上跟我们三个杭州女生调侃，非要我们嫁到他们那个村子去给他们的儿子当老婆，弄得我们又羞又恼，上了岸赶紧落荒而逃，如今已记不得最后是怎么回到陆家湾的……

德清历史上就是富庶之地、江南的鱼米之乡，风调雨顺自然条件得天独厚。近年来，为了使德清的经济文化发展再上一个台阶，县委、县政府各部门的业务干部，几乎每年都要进京一次，隆重会见各路神圣，广结良友。洛舍的前乡党委书记潘月山，曾亲自到北京我家登门拜访，希望我对故乡多加关注。他调离洛舍之前，又亲自陪同新任的洛舍镇党委书记陈佐平先生，再次到我家探望，把这一层“亲戚”关系交到下一任父母官手里，可见潘书记对洛舍的这份感情与责任。那一年，我曾应潘书记之邀，专程回洛舍“探亲”并参观了乡镇企业。木器加工厂和钢琴厂厂区优美的环境，给我留下很深的印象。其实在那之前，我早已知道洛舍钢琴厂艰难的创业史，还曾为“伯牙”牌钢琴写过一篇名为“高山流水听乡音”的文章。近年来钢琴厂在激烈的市场竞争中一度陷入困境，期间几易其名顽强拼搏。我回京后曾为其多方寻找合作伙伴，可惜终是未果，内心一直歉疚。

那一次离开洛舍后，顺道去了德清的新县城武康，我惊讶地发现，德清变成了一座漂亮而明亮的现代化新城。至今还记得那所教学设施一流的德清中学，优质的绿茵场、崭新的教学楼，与省城最好的中学相比也毫不逊色。还有宽阔整齐的街道、设备优良的德清县电视台、服务设施一应俱全的宾馆、可一览全城风光的银行高楼顶层……那已经完全不是我童年记忆中古老而陈旧的德清城了。德清像一个返老还童的婴儿，昔日的衰老已踪影全无，变得清新健康、充满了生气与活力。我知道为重建这座新城，需要筹措并付出巨额资金，而如此巨大的投资已成为德清人的重负。又是几年过去了，未知德清的二度创业是否顺利。但愿这笔用于建设的债务压力，能转化为德清经济发展的巨大动力。

一次一次、一年一年，每次“探亲”都目睹了故乡的变化。就像亲眼看着一匾壮实的春蚕，一层一层地蜕去陈旧的皮壳，一点一点地长大。然后结茧吐丝，一针针一梭梭织出一幅幅华美的锦缎，在杭嘉湖平原上如水巷闪烁飘逸、如彩虹抖擞飞翔。虽然，幼时记忆中洛舍镇上那湿漉漉的青石板路、临水架柱的老屋以及带有窄窄廊棚的“南海”小街，还有土地庙、镇子西头那座古老的拱形大石桥，都已随岁月的流逝而逐日消失。令我每次回洛舍，总有一种难言的酸涩与遗憾，在心头徘徊不去。曾经在心里暗暗希望着洛舍的老镇老街老宅，也能像南浔、西塘那样的江南古镇被妥善保存，成为颇负盛名的旅游之地。但我知道，那已经永远成为一种儿时的回忆，一个不可再现的梦。

老镇正在无可挽回地颓败与破落下去。而一个充满现代气息的德清、一个更为富裕的德清，正在拔地而起。愿这片丰饶的土地上，生长出同样壮硕的精神与文化之树。

算起来，外婆过世已经23年了。但外婆的灵魂依然飘荡在德清这片土地上空，守望着洛舍漾的青山绿水。外婆不在了，但母亲的故乡德清依旧让我牵挂。没有外婆的德清，它仍然是、永远是我的外婆家。

西施故里有感

4月去了浙江诸暨城，为讨论作家杨佩瑾的长篇小说《浣纱王后》。

清澈而丰盈的浣纱溪由古越国流淌至今。西岸是西施夷光的出生地苎箩村；对岸是郑旦的家乡鸬鹚湾。

山势俊秀，水色潋滟，碧绿的浦阳江边，当年西施浣纱的巨石依旧。

就在苎箩山下，依山傍势地建起了一座西施殿，楼台亭阁，古色古香。西施塑像女神一般端庄圣洁。还有车站、宾馆前伫立的西施，如纱似水，柔情飘逸。

两千年的西施姑娘依然散发着青春气息，与她故乡的土地一同成为永远。

曾为浣纱之女的村姑西施，在水边邂逅了四处寻访美女的越国重臣范蠡。范蠡与西施一见钟情。但范蠡复国雪耻的计谋在心，欲献西施于吴王夫差，以西施的绝色美貌迷惑吴王，以图有朝一日里应外合，共施灭吴兴越之大业。于是范蠡忍痛割爱，舍弃私情，对西施晓以大利，委以重任，尔后令西施奉呈越王勾践，并在越都绍兴美人宫，将西施、郑旦等诸多美女一一进行文化补习和间谍培训，3年后，西施色艺双全、琴棋书画无所不能。然后挥泪辞行、悲壮离别故乡，奔赴报国前线吴都姑苏。在吴国多年，以其美貌聪慧博得吴王的信任和喜爱，幸获王后之尊。但西施历经风险磨难，对故乡和范蠡的痴心不改，若干年后终于协助越王大败吴国，与她的恩师和知音范蠡重续姻缘，远避尘嚣而去……

史书是这样记载的，文学和民间的故事也一直是这样流传的。

立于史书上的西施，是一位深明大义、胸怀大志的巾帼英雄。

活在诸暨民间的西施，是一位救国救难的保护之神。

可是，那个原始而本真的西施，究竟是怎样的呢？有没有人问过西施，她是愿做浣纱的西施，还是做王妃的西施？

公元前的西施姑娘，带着山林溪泉的地气和野味，车辚马啸，从苎箩山一步步走向姑苏的馆娃宫。十几年风云激荡、天低云暗，然后风消云散、风清月朗。无论西施和范蠡最终隐居于烟波浩淼的太湖，还是魂殒越王勾践的权力刀剑下，西施真正的归宿只有她故乡的土地。在山清水秀的浣纱溪边，西施还原成一个无拘无束、自由自在的民女。她不再负有沉重的责任和使命；无须再委曲求全、夜半惊梦；她浣纱织布、粗茶淡饭平安度日；夫妻恩爱、生儿育女繁衍后代；她想哭就哭、想笑就笑、想唱就唱、想爱就爱，不想爱的，不爱就是了……

可惜那已是西施身后的梦了。少女西施梦断浣纱溪。

那个春日的傍晚，我徘徊于诸暨街头。从喷泉那边西施洁白的塑像上，似有迷离彷徨的眼神飘来；从晚霞映红的江水里，似有西施哀怨的叹息传来。我倾听她的呢喃絮语，方知古往今来，女人的心事，其实全然无法由男人书写的历史洞悉。

我们也许真的需要换一种思路，来为西施想一想了——

即使曾有吴王灭越的“会稽之耻”，但如若越国富庶强大，还用得着将西施作为贡品晋献给吴王吗？如果越国的君主雄才大略深谋远虑，复国大业何以依赖一个女人的拯救呢？范蠡把心爱的西施献给吴王时，在女人和真情、权力和荣誉的秤砣上，后者显然比前者占有了更重要的位置。那么西施难道没有理由对范蠡失望吗？面对一个没有能力保护自己、无法享用这份真情的男人，西施究竟为什么非得一如既往地爱慕下去呢？西施之爱范蠡，范蠡在她心中究竟是作为一个真正意义上的男人，还是最后残存的家同故土的象征而已？范蠡用国家民族的责任去说服、鼓动、诱惑西施的时候，西施实际上已经成为被王权利用、被政治奴役的工具，她必得付出自己一生的幸福作为代价。那么，西施真的是心甘情愿的吗？在西施的价值取向中，社稷的责任和女性的情感选择，哪个更为重要呢？西施作为中国历史上第一位女间谍，究竟出于自愿还是由于被迫？

所以当越国终于以阴谋诡计战胜了吴国，姑苏城破、夫差自尽之时，美丽的西施在那个惨烈的时刻，恍然明白自己真正爱的人，恰是朝夕相处多年的吴王夫差。她发现敢爱敢恨、才情并茂、活得坦然潇洒的吴王夫差，才是真正值得她爱的血肉之躯。当西施终于完成了她的使命、实现了她的目的时，她忽然发现那个目的原来竟然毫无意义。她随范蠡隐没于太湖，是因为她已无法重新选择和重新开始。

那是一个真正的悲剧。女人的悲剧。

还有没有另一种更接近历史真相的设想呢？也许还有一种被更多人忽略了的、更为残酷的结局：

聪颖灵慧的西施被派送吴国后，在十几年的政治风浪中，终于大彻大悟。她发现自己原来只是两国君主争夺霸业的工具，无论勾践还是夫差，即使范蠡，也都不可能将她作为一个真正的女人来爱。她周旋于越王勾践和吴王夫差之间，心底却已将两个男人彻底看透，视为一丘之貉。但她无法抗拒和反叛，因为她父母乡亲的命运，都掌握在越王的手里。勾践和范蠡必定是备有制裁西施的杀手锏的，她早已被王权牢牢把持。她不缺乏勇气但缺乏实际操作的实力。她不再爱范蠡，但也决不会爱上吴王。因为她一旦交出了自己的秘密，也就失去了吴王对她的宠信，那是一种更为悲惨的下场。吴王较之勾践，只不过是泥淖和陷阱之分，她只是权力斗争的牺牲品，稍有不慎，她就会被三个男人的巨掌同时碾成粉末。

其实，来自浣纱溪的西施，才是真正大智大慧的女人。既然在宫廷强大的男性统治中无法得到她期待的真爱，西施便爽性超越了爱情。她把所有的爱心给予了贫弱的家园，就这样被迫扮演了几千年来爱国者的楷模和典范。

有谁真正明白西施内心的痛楚和苦涩呢？

如若那是真的历史，还会有人理解和同情西施吗？

至少，那个黄昏，在西施故里诸暨的浣纱溪边，为了曾经困扰过我的那些疑问，我在心里与西施姑娘说了这些女人的悄悄话。

女儿湖隐喻

泸沽湖，在崇山峻岭之巅苍郁的松林缝隙中，悄然撩开了她的面纱。

我盼这一刻，等了很多年，从北方，几千公里，翻山越岭，为这个湖而来。人们说那是一个女人国中的女儿湖——我期待在这清澈的湖水中，隐匿着有关女性的奥秘。

远远望去，湖面呈银白色，宁静平滑，像是结了一层薄冰。太阳隐没于云层，冰面发出冷冷的光，感觉却是柔软的，纱裙一般铺撒开去，微微颤动，闪烁着不易察觉的波纹，像一个温柔的陷阱。这是一个矜持而含蓄的冰美人，千年万年地离群索居，只与高原雪山为伴。她本是不喜欢被打扰的，所以从不以微笑迎接远方的客人。

落水村，落落大方的水吗？村寨依山临水，高瓴厚墙的木楼，亦是落落大方。

水就在眼前，水就在脚下；进村的路，紧贴着湖岸，好像是从水里走进村子里去。我从未见过那样丰沛的一湖清水，满得从湖中漫到湖边，轻轻拍打着无需围堰的湖沿。我从未见过如此浅显的岸，湿润的泥土与湖水在同一平面上，岸与湖连成了一体。水波随意地撩拨着湖边的芦苇，路面有浅浅的水坑，水来了又退去，也是没有定规的；湖水荡漾着波动着，只是有节制地与湖岸调情亲热，却从不恣意汪洋泛滥溢淌；湖的四周是逶迤的山，冷峻的蓝灰色，臂膀一般环绕着、呵护着湖。山有一角伸入水中呈半岛状，湖心另有两座玲珑的小岛，将泸沽湖分隔成几个弯曲的水域，由此显出了湖的窈窕曲线——这是一个不受束缚的湖、一个不设防的湖、一个浑然天成、没有任何人工痕迹的湖、一个自由自在、冷暖自知的湖。

那晚下了一夜的雨，急骤而细密。落水村果然时时落水，却是说停就停了。天亮去湖边，湖水却不见涨溢，依然满满盈盈、温情脉脉的样子。雾气渐重，乳白如烟，弥漫开去，好似冷美人忽然变得热情奔放起来，整个湖成了升腾着热气的巨大温泉。阳光在云层中忽隐忽现，泄出一小块瓦蓝瓦蓝的天空，水天一色，女儿湖迅速换上了一条蓝色的缎袍，在风中飘起大摆的群裾。雾气在湖的上空聚集，变成了重重叠叠的浓云。云团白得发亮，天女散花似地一朵一朵抛洒下来，落在水中，铺满了一湖的白云，湖水膨胀而饱满。从湖边码头坐船去湖心小岛，头戴天大的白色绒帽，水中拖曳着雪花长裙；船在云海中悠悠行走，人在云层之上徜徉，竟有些飘飘然的眩晕；木桨落水处，船下的白云裂成了碎片，一片片沉入水底去了；船一过，云朵重新浮上来，悄然合拢天衣无缝，人又在云里。船工是高挑健美的摩梭姑娘，说是纳西族，身材脸庞更像藏民。有风吹来，湖面渐渐开朗，狮子山巨大的山影投在水中，黝黑而雄壮。金色的阳光浸润在水中，泸沽湖忽又变了颜色，波光粼粼的金灰色，冷色暖色交融辉映。原来，这是一个变幻莫测的湖、一个丰满质朴的湖、一个生动鲜活的湖。泸沽湖两昼夜，几度在湖边漫步，见她变脸无数，每一刻的景象都与前一时不同，分分钟的风光都不重复——恰似充满新鲜感的魅力女人。

风轻云淡，湖水归于平静。近岛的浅水处，忽见水面浮漾着星星点点的亮光，初始疑为云中的光斑，船近了，伸手可触，掌心传来温润的质感，薄如锡纸，滑若丝绸，柔软无骨。犹如走进了童话世界，一朵一朵洁白的小花，形似菡萏，樱花般大小，回眸浅浅一笑，像一个个水淋淋的白色妖姬，自湖中破水而出。那是真真切切的新鲜花朵啊，四瓣紧合，包拢成一个精致的银碗，荷灯般浮在水上，淡黄色的花芯散发着甘甜的水气，花蒂上滴答着清澈的水珠。自以为走过许多湖，却从未见过水上如此轻盈灵巧的小花。那个瞬间我怦然心动——这是女儿湖特有的花吗？女儿湖的精灵？

小花无叶，一朵朵浮萍似的漂在湖上，显得有些落寞孤独，像是“无父无夫”却支撑着大家庭的摩梭女人。穿过清澈的湖水，可见花蒂下连着一根长茎，细如未发芽吐叶的柳丝，柔软而韧性，弯出几个弧度，在水里随波漂来荡去，直往水底探伸。泸沽湖水如此透明，视线可及水下数尺——目光顺着花茎下潜，再下潜，见水底有一团模糊的暗影，定睛细察，竟然是一株半米高的植物，深绿色的阔叶，如同芭蕉一般在水中悄然伸展绽放。那个时刻我屏住了呼吸，我看见“荷灯”细长的根须，是从那一大丛植物的叶片中心抽伸出来的。绿叶像一个隐形底座，稳稳地托住了小花的细茎，并伸出宽阔的手掌，穿过冰凉的湖水，一直将她送到温暖的阳光中去。她浮出水面的那一刻，还是一粒珍珠般的苞蕾，一个来自泸沽湖深处的睡美人。然后在清风中渐渐苏醒，一瓣一瓣地抖开自己的衣裙，开始了水上轻盈的舞蹈。就像泸沽湖女人生命中蓬勃自由的爱——只是，人们在湖面上看不见男人的双手，所有的支撑和依托，挚爱与呵护，都像海菜花的叶片，藏匿隐身于水下了。

船工库姆骄傲地说：这叫做“菠叶海菜花”，只有丽江这边的高原湖里才有。这种花，一般只开在没有污染的水中，水清花白，若是水质差，花就会变黄……

船往回走，这才发现，近岸湖面上，竟然漂着一大片一大片“菠叶海菜花”。灰蓝色的湖面上，一朵朵洁白的小花跃出水面，若隐若现，若有若无；泸沽湖像一座巨大的水上舞台，白袍水妖踮着足尖从波涛上走来，随着水浪敲击的音乐而翩翩舞蹈。也许它更像一幅神秘的水上织锦，图案底版因天空和阳光的颜色不断地变幻。在岸边久久地伫立、凝视，心如水波轻微颤动，聆听大自然无言的教诲，渐渐开朗却又越发地茫然混沌。

最后一眼回望泸沽湖：蓝冰薄纱，静卧于群山之间；她已收起娇媚的云雨之态，一如初识之时，冰清玉洁、冷静平和。人世间，究竟哪一种生活方式，更接近自然本相和生命原色呢？女儿湖，像一个无岸无底的隐喻，等待女人用心灵去破解参悟。

恋爱中的老虎

所有去过哈尔滨东北虎园的人，也许都听说过“大美人”。大美人当然不是“人”，而是一只老虎，一只漂亮的母虎，编号37。“大美人”有太多的“传说”，比如它的生活习性、恋爱轶事、作为优秀母亲的“感人事迹”等等。但很少有人亲眼目睹“大美人”的芳容，就像世界上那些风华绝代的佳人，难得一见。

然而，就在我“三入虎穴”的那个上午，“大美人”竟然不邀自来，悄然出现在我的面前。那天阳光温柔，空气澄明，虎园中弥漫着湿润的青草气息。我们的车越过一道岗地，然后进入一片蒿草繁茂的洼地，水塘清澈、灌木葳蕤，司机说这一带就是“大美人”的活动地盘了。但他强调说你们准保看不到它，我天天来好几趟，总共也只见过它几次。话音刚落，他的眼睛瞪得大大——呵呵，快看，那就是“大美人”，它咋来了哩！

绿色的树林中，影影绰绰闪过一片移动的淡黄色，有点儿犹抱琵琶半遮面的意思。悄无声息地穿过一片茁壮的柳茆，一步步走向林间的开阔地。它出现在我面前的那个时刻，露出了匀称的体型和苗条的身材，它的毛色较其他那些深黄色的东北虎浅得多(而普通东北虎的皮毛已经浅于其他亚种的老虎)，呈现出一种柔和、洁净的淡黄色，躯干的黑纹也随之浅淡些，水墨写意似的在模糊中透着清晰。“大美人”惊现丛林，首先以其明亮而温馨的肤色征服观众，谁见了这头美虎，都会眼前簌然一亮。而后是它端庄的品貌、妩媚的神态——天生带着娇嗔的女性气质，却另有一种宠辱不惊、独领风骚的风度。

我8年前第一次来虎园，就听说过“大美人”的动人故事。随着第一场小雪飞舞，老虎们恋爱的季节到来，情窦初开的“大美人”，焦虑地在林中踱步低吟，传递出浓烈的求偶信息。它淡雅的毛色和优美的体态，迅速成为众多雄虎的追求对象。在虎园成为一座爱情乐园的那些日子，“大美人”无论走到哪里，身后都会跟随着一群崇拜者。它们体格健壮、雄心勃勃、激情喷发、充满着竞争与征服的欲念。但它们又是如此彬彬有礼，深知自己想要赢得美虎的芳心，不能强求，只能依靠自身的魅力和实力。它们竭力克制着体内沸腾的热血，按照虎界的规则，展开了一轮又一轮的平等竞争。若是“大美人”开始在空地上用餐，所有的追求者便都聚拢在它的周围，齐齐卧倒，众星拱月一般，围成个金黄色的大圆圈，将美妞围在中间，所有的虎眼都深情地凝视着它的一举一动，期待着它的美目能有幸瞥扫自己一眼。它们为了“大美人”，宁可放弃自己的美餐，不吃不喝，只盼有机会贴近它簇拥它。当“大美人”餐后起身，缓缓开始例行的散步，所有的雄虎都迅速起立，退回几步，让“大美人”先行一步，然后，小心翼翼地找到自己的位置，几乎排着队，忠实地尾随于它往前走去。“大美人”走到哪里，雄虎们也跟到哪里，并与美虎保持着适当的距离，不急不躁、更不会粗鲁地争雄称霸打闹斗殴。它们清楚地知道，若是急于求成，惹恼了美虎，便是适得其反前功尽弃。所以，但凡有胆量参与竞争的男子汉们，一个个都有君子兼大将风度；痴情忒甚者，也只是鼓足勇气用鼻子亲昵地蹭蹭美虎的美腿，讨好地等着美虎自己来作出判断，最终从它们之中挑选一位如意郎君。

想象一下啊，小风凛冽、清雪轻飏，一头娉婷的乳黄色美虎，孤傲地走在前面，身后是一长串儿含情脉脉、深黄洛黄金黄的花斑大虎，像一支服装统一步调一致的游行队伍、一支毛茸茸沉甸甸的金色船队，在寒风萧瑟的虎园里声势浩大地游走——那是何等壮观何等瑰丽的景象。那些日子，虎园由于爱情的照耀，变得金光灿烂金碧辉煌。爱情降临的时刻，虎园上空的吼声此起彼落，虎啸声声，起伏震颤，都在传递着爱的信息……那是甜蜜的呼唤与应和，是欢畅的咏叹与抒情。虎的交合可在几秒钟内完成，却是乐此不疲，一日数十次，直到双方筋疲力尽。“大美人”的选择如此挑剔，每一次约会，只可优胜劣汰，不会从一而终。一旦情投意合，雄虎与雌虎始终相伴相依，耳鬓厮磨寸步不离；彼此用舌头抚舔，梳理毛发；或用下颌触碰，在一起翻滚嬉戏。恋爱中的雌虎，会破例允许雄虎从它背后靠拢，一旦亲热完毕，雌虎便迅速翻脸，即刻挣离，重又恢复其独立的品性。而雄虎在那些日子，一直忠实地守卫在雌虎的身边，若是有突然闯入的第三者，一场搏斗与恶战在所难免。两只或几只老虎打架，会像人一样直立起身子，狠狠用前爪互相拍打抓挠对方……

我也许真同老虎有缘吗？此刻，“大美人”在远处绕了一个大圈，朝着汽车走来。它甚至一直走到了车窗玻璃下方，好奇地朝我张望。它的步态如此轻盈优雅，眼神如此温情湿润，那一刻我甚至忘记了它是一只老虎，忍不住想要伸手去抚摸它柔软细腻的脊背。呵呵，它悠悠独步，浑身洋溢着一种洁身自好、仪态万方的高贵之美。让人难以置信的是：“大美人”来到虎园定居之后，连续5年生儿育女；如今，它已拥有几十只虎崽的爱情结晶，是一位擅长产仔哺乳的英雄母亲。

“大美人”从容走远，像一片金色的船帆，隐没于绿水般的草丛中。传说中的“大美人”热爱沐浴，一有闲暇，它总是像猫咪一样，用前爪不停地清洗着自己的颜面。它从不涉足泥塘，不在泥坑中打滚；据说遇到一点儿脏物，它也会绕过去或是纵身跳过去。它在任何时候、任何地点出现的时候，浑身的毛发永远光亮清洁一尘不染。人说“大美人”真是一头洁身自好的美虎，清洁也是一种美。让人联想到爱情的纯度，在虎界，爱即是爱的自身。

夏天虽然不是恋爱的季节，但我在草尖上闻到了虎们残留的爱情气味：

我们在3—4岁性成熟，进入繁殖年龄。在我们祖先的情爱史上，每年到了恋爱的季节，虎们会在没有月光或是繁星满天的冬夜，独自行走几十公里，爬山蹬雪，走遍附近的山林，苦苦寻找短暂的情侣。雄虎的爱情呼唤尤其响亮，能传出2000多米远。但由于自然环境恶劣，食物短缺，野生东北虎很难遇上自己的心上人，雌虎一生中产不了几次虎崽。自从来到这个丰衣足食的虎园之后，最让我们兴奋的是，靓妹帅哥越来越多，使我们相亲的成功率大大增加。当然，我们每一只老虎都有终身编号、出生档案以及血缘亲子记录。我们必须讲究恋爱的科学性，严格避免近亲结婚。对于这一点，我们比你们人类明白。

雌虎：在我们虎国，对爱情的理解与人类有很大差别。我们不推崇彼此厮守终生相濡以沫的爱情观。除了恋爱时节，大多数时候我们总是独来独往，是一个阶段性的独身主义者。因为我们每一只老虎，无论雌雄都足够强大，不需要依赖对方。我们雌虎从来都自食其力，不会因物质的诱惑而违心委身于一只让人讨厌的雄虎。你们人类喜欢慷慨激昂地宣扬什么女权主义，如果到我们虎国来看看，你们才会明白什么叫女性的独立与自由——当雌虎与雄虎相遇之后，雌虎处于选择的主动一方，具有绝对的决定权。如果我们喜欢对方，就会温柔地接近雄虎、亲吻并触碰雄虎，一般来说，雄虎无法抗拒我们的魅力。假如出现了多个求爱者，我们会用欣赏的态度，观看它们之间的残酷角斗，最后选择那个获胜者为夫。在这个令人心神荡漾的季节，有些雌虎，始终只同一只雄虎亲热，并与它时刻相伴；有的天性浪漫的雌虎，则允许多个雄虎接近，一雌多雄，频繁更换伴侣，拥有众多的情人，蜜月之后便各奔东西。总之，我们老虎的爱情自由而开放，一般来说，都是“一妻多夫”制。一旦雌虎怀孕、产崽，雄虎从不担负任何责任，都由我们独自抚养幼虎、照料幼虎，直到幼虎两岁左右能够独立生活而离开我们。权利和义务的区别就是如此，正因为我们有独立的能力，所以不必依靠雄虎生存。排除了生存的需要，我们的爱情就是纯粹而绝对的爱情了。

雄虎：雌虎说的都是事实。虽说在虎国的爱情生活中，雌雄都有选择权，但雌虎表现得尤其强烈。那个季节里，我们每一只雄虎都变得温顺而耐心，像一个个穿着金色黑纹燕尾服的绅士。假如一只等级较高的雄虎，就算是某一块领地中的虎王吧，暂时"霸占"并厮守着一只它钟爱的雌虎，使其他的雄虎不敢靠近。但那只雌虎若是不喜欢虎王，它就会坚决地一次又一次地拒绝它，直到恋爱的季节结束，虎王也不可能与雌虎哪怕亲热一次。无所不能的人类，你们想一想，就凭我们雄虎的威严、"力拔山兮气盖世"的实力，我们若是想要强行迫使一只心仪的雌虎就范，难道会是困难的事情吗？但我们绝不干这种失礼无耻之事。在老虎王国中，从没有"强暴"这个词，从古至今，我们都是以殷勤和温情还有真诚，去打动雌虎的心。我们的"九牛二虎之力"只用于敌手和竞争对手，而不会伤害自己心爱的美虎。仅仅这一美德，就足够你们人类学习的了。可以认为，东北虎林园是一个恋人的天堂，在这里，爱情正在蓬勃生长。

细细品味虎们的对话，人类啊，当如何面对我们自己？

走过莺声地板

大殿深深，游人如织。人们屏息静气鱼贯而入，放轻放慢了脚步。长廊中宽大厚重的松木地板，生硬而冰凉。初时踩踏无声，忽觉有叽叽咕咕的声响，不知从何处传来。是屋檐下穿行的冷风呜咽吗？是庭院里的树枝撩拨着窗格吗？停下脚，那声音便悄然中止，飘散无踪；再起步，一声声金属般的叩击，重又尾随而来，像是一串琐碎的匙链，或是不合脚的鞋跟儿，每走一步，都牵动着自己的腰部和脚筋，如影随形。

然而，没有钥匙，更没有鞋子。所有的参观者，都已在大殿外脱鞋，只穿着袜子进入廊内行走。身上更没有任何累赘之物，只有柔软的袜子，无声地落在静谧的地板上。长廊上深褐色的地板漆已有些剥落，在白色的窗纸下显露出斑驳的木纹，像是烙刻的一道道年代印记。一双白色的袜子从眼前轻风般掠过，那诡秘的声音忽又幽幽地响起来……

日本京都元离宫二条城的“将军府”。

二条城“将军府”，即公元17世纪初，驻寨东京的幕府政权，德川家第一代将军德川家康，为保卫京都御所（皇宫），令日本西部的诸侯所修建，其中的“二之丸御殿”，作为德川家康从东京到京都拜访天皇时下榻的住所。后来第三代将军“德川家光”，又扩建了二条城的规模并装饰了其建筑内部，还修建了本丸御殿。到了1867年，第十五代将军“德川庆喜”，就在二之丸御殿内，将政权归还给天皇。1939年，天皇将其赐给京都市政府，1940年对外开放。1994年被确认为世界文化遗产和特别名胜地。

那是一所总面积27.5万平方米、建筑面积7千多平方米的建筑群。其中的二之丸御殿（内城宫殿），由远侍厅、式台厅、大厅、苏铁厅、黑书院和白书院6栋建筑连接组合，从东南往西北方向依次递进，计3千余平方米。巨大粗壮的赭褐色房梁屋檐斗拱立柱，气势恢宏，线条流畅，造型简洁，唐朝建筑遗风尚存；一色黑瓦白墙，庄严肃穆，墙体多以精致细巧的窗格、木条图案作为装饰，别有一种质朴清雅的意蕴。然而6栋建筑的斜线排列，却已打破了中国式庭院结构的方正秩序，“六进”之间以阔大宽敞的围廊相接，遮风挡雨、层层贯通又互相独立，可知日本对“外来文化”的巧妙吸收与改进。

由入口沿围廊依次巡游，内部共33个房间，须铺设800多张草席。最大的正厅有如剧院，空阔旷达。各厅的墙上，依其使用功能与特点，分别以松、柳、鹰、鹭、虎豹和山水画等当年府第门生的作品冠名，室内并无华丽的家具摆设，少有奢靡之气。

那吱吱的声音忽又响起。在寂静而阴森的走廊里，如同一个隐身人拨动的琴弦，在空气中微微颤栗，令人隐隐不安。再走，声音竟是愈发地清晰可辨，略施重力，便从自己以及旁人的脚下，长一声短一声地发散出来。那个时刻，忽觉整个回环的走廊就像是一个巨大的鸟笼，从笼子的底部，发出一阵阵细碎婉转的鸟叫声。

低下头细细倾听，终于明白，那声音是从厚厚的木地板下传来。好似地板下养着一群黄莺燕雀，喳喳地扑腾欢叫着，要从地板缝里钻出来。

这便是二条城将军府中著名的“莺声地板”。

是因为距今300多年的将军府，地板朽蚀榫卯松动，故而发出嘈嘈切切之声吗？是由于建筑物年代久远不堪重负，而低低呻吟叹息吗？

我也是第一次听说并亲眼见到莺声地板。但我没有想到，这颇有诗意的鸟叫声，竟是因防卫、以及防备内部谋反的功用而起。任何时候——凌晨、夜半、白昼，只要有人在廊中行走，但凡有活动的重力落在地板上，莺声地板自然而然就会发出报警之声。除了飞檐走壁凌空腾飞的神人，任何人的行迹都将被这机关算尽的地板即刻预告。平常的日子，莺声啁啾，不是刺耳的噪音，主人听着是欣悦的，以现在的说法，是人性化的设计。遇有凶险，地板的莺声宛转，眨眼间就变成了吓退刺客、擒获叛军的诱捕器。这声声温婉悦耳的鸟鸣，将几百年间宫廷里的刀光剑影，掩饰得何等充满情趣。

在长达260年的时间里，掌握着日本国实权的德川家族幕府政权，曾“挟天子以令诸侯”，权倾日本列岛。第三代将军德川家光曾在1639年发布“锁国令”，关闭了大部分海上贸易的港口。在“芦之湖”一侧箱根关隘资料馆内的复原沙盘模型上，可以见到当年由京都至东京的山区通道，严密防守谋叛的重重关卡。然而，至幕府第八代将军吉宗执政时期，幕藩体制仍是不可避免地进入了第一次崩溃过程。曾在德川幕藩稳定期，占有封建统治地位世界观、主张现实社会秩序是不可“变革”的“朱子学派”，开始全面丧失威力。迫使幕府逐步进行了三大改革：“享保改革”、“宽政改革”、“天保改革”，以期恢复自然经济来阻止商业资本的抬头。但幕府所采取的与时代趋势背道而驰的“复古”政策，仍加剧了德川封建社会的种种矛盾，饥馑与暴动相继而起。日本思想界也因此开始活跃，在百年间陆续历经了“徂徕学”“自然真营道”和“国学”“兰学”等纷争与实践之后，终于通过批判了长期束缚日本的“唐心”（即儒道），而提倡“真情实意”和人与人之间的“亲密无间之情”，而完成了“思想解放”的任务，在平静中缓慢地出现了巨大的变化。随着生产逐渐增长，城市消费日益丰富，水陆路交通的发展，商品的进一步流通，日本近代资本主义因素开始萌芽。

日本前总理大臣吉田茂先生在《激荡的百年史》一书中曾指出：德川时代的太平稳定，停滞和孤立的260年，给日本创造了“社会资本”，打下了近代国家的基础。“……日本于德川时代形成了统一的国家，有了通用的语言，这同样是一项重要的遗产。”武士阶级所形成的官吏制度，也造就了一批具有组织能力的人材，有利于把他们培养成富有使命感和冒险精神的领导者。

1853年，美国准将佩里率军舰开入幕府的咽喉浦贺港，强迫日本开放港口。1860年，日本为缔结日美通商条约，派使节乘美国军舰横渡太平洋，从此驶入了国际现代社会。

人们开始寻求另一种取代幕藩制度的政治力量。此时的德川幕府政权，已是风雨飘摇岌岌可危了。

在空旷的大厅前骤然停步，四周寂静无声。昔日森严壁垒的二条城御殿，如今早已繁华落尽，人去楼空。三百多年的历史硝烟刀光剑影、战车与枪炮的轰鸣声，都被淹没在日本列岛四周滔滔的海浪声中，风消云散。没有莺声从脚下传来，将军府显得如此平静祥和。隐约可见阴暗的大厅内当年武士藏伏的卫士房，交错的隔板橱架、壁龛和附书院，拱形的双层折上格天花板，以及色泽依然鲜亮的隔扇画。阵阵凉气袭来，一时思绪万千。

1867年，德川第十五代将军“德川庆喜”，由江户返回京都，就是在这个大厅的一厅，将大政奉还给天皇。这个大厅从此成为结束德川幕府政权265年历史的最后舞台。

那一日，德川家族的最后一代将军，以沉重的步履匆匆走过莺声宛鸣的长廊，地板在他脚下发出尖锐而沉闷的叩问，每一声叩击都随着血液的流动，震撼着这个来历不甚明晰的日本民族之魂。从此不再佩剑的将军，匍匐在地，被迫向天皇交出了家族近300年的世袭荣耀。他以自己的勇气和明智，完成了政权的和平交接，避免了日本国的内乱与流血。

德川幕府陈旧的帷幕终于徐徐落下。莺声渐止，车马稀落，京都古城随着莺声地板的沉寂而空落。天皇亲政之后，果断迁都东京，日本国由此拉开了明治维新的序幕。

昔日将军府的莺声地板，在以后很长一段时间里闲置无用，萧瑟无声。

与此同时，明治维新的步伐，却如汹涌澎湃的海浪，冲击刷新着这个海中岛国。

开放门户、撤藩置县、土地改革、停止武士俸禄、兴办民间企业、建立铁路电信邮、普及国民教育，富国强兵等一系列重大变革接踵而来。日本一般国民对此不仅没有抵触，反而采取了欣然引进西方文明的态度。在历史的重大转折关头，潜藏于后期稻作农耕文明深处，那种早期海洋民族强烈的好奇心与大胆进取精神，正在悄然复活。

随着明治时代绝对主义政权的建立，启蒙专制主义开化政策也开始盛行。曾经统领日本思想界多个世纪，被视为“国教”的中国儒学，首先受到了质疑和挑战。开明学者认为“仅用儒教作为日本道德的基础是不适当的”——儒道把获得利润视为不道德的行为而阻碍生产力发展；儒学者大多保守，使人倾向顽固，不能适应今天的进步；儒道过度遵从尊卑有序、忠孝节义、重男轻女、重视太古而轻视现代；儒道不是“以理为师”，而是“以人为师”，容易养成自以为是的毛病。这种种理论上的不够严密之处，须以“洋药”来加以补充。一时间，废除汉字、改喝牛奶以牛肉代替米饭咸菜、“东洋道德，西洋技术”的呼声遍布全国……

这是一个天性崇仰先进文明、对优秀文化宽宏大量的岛国。自遣隋使、遣唐使起始，日本人已经显示出主动汲取外来文化的传统性格。明治维新前后，日本国民又以当年醉心于中国文化的劲头，开始争相输入西方文明，自由民权运动在先进的士族知识分子以及广大民众中有了广泛的传播。日本思想史面临着生死攸关的抉择，争端纷起，论辩激烈，经过几十年的批判梳理整合，最终尘埃落定，儒教佛学以变异、折衷、修正后的“变貌”勉强存活。

继德川幕府顺从民意还政于天皇之后，也许可以认为，这是日本国第二次重大的改弦更张、自我更新。放弃——再放弃——一声惊世骇俗的“脱亚入欧”，终是置于死地而后生。

悠悠岁月，莺声地板只能在沉默中倾听，远处传来海岸线上翻天覆地的喧哗。纷至沓来的脚步，一次次从御殿的边缘擦肩而过。暮春时节，凄美的樱花纷纷飘零，洒落在丰盈的河面上，然后一瓣瓣一朵朵顺水汇入大海。

沿着正厅向前，叽叽喳喳的莺声又在脚下兴致盎然地重新鹊起。过黑书院和白书院，长廊曲折，拐了一个大弯，从黑书院的背后折回，往出口方向迂回返还。一路走去，脚脖上似有铁链捆绑，磨破了我的脚髁，链声叮叮作响，持续不断；抬脚的瞬间，响声暂消，反弹的刹那，却分明听到了嗡嗡嘤嘤的回声，从地板缝隙之下传来。

那回声被自己的听觉放大，竟震得耳膜生疼。

19世纪末，日本国会初立，宪法赋予了天皇以超出立宪君主国家惯例的巨大权限。国力渐强，万事复兴，日俄战争与日清战争的胜利，使天皇的威望几乎上升到神的位置。然而第一次世界大战爆发，国际格局发生变化，日本参战，继而进退维谷。战后经济秩序大乱，丝绸出口减少，地震与灾害，至明治驾崩，形势急转直下。为挽救国内的经济危机与资源匮乏，昭和六年，野心膨胀到极点的日本军国主义分子率关东军侵略中国东三省，继而征伐华北，血洗中原，直至妄图摧毁美军太平洋舰队，偷袭珍珠港，因而招致美军的闪电般严厉回击，日本本土遭受重创，最终成为第二次世界大战的战败国。

令人稍有不解的是，恰恰是在远征邻国的战火烽烟中，京都元离宫二条城，于1940年悄然对日本民众开放。那些日子，莺声地板上留下了无数男女老幼茫然而疲惫的脚印，没人知道今后的路在何方。

隐隐地，竟然听见了莺声的窃窃私语中，尚留有德川幕府封建时代残存的信息。

莺声啼血，莺声如泣。旧日莺歌燕舞的二条城，会被大势所趋的退潮席卷而去吗？

1945年，日本宣告战败。日本国丧失了战前将近一半的领土，经济陷于崩溃状态。养无食，居无屋，通货膨胀，满目废墟。日本国内外要求废除天皇制和要求天皇退位的呼声日益强烈。1946年，昭和天皇发表诏书，宣称天皇不是神，自此，天皇失去了君主制的绝对神权地位。战后的日本在美国占领军的压力下，解除军队武装、废除政治警察、解散财阀、制订宪法，进行了一场“不流血的革命”，从此开始“新政”并步入民主社会。万民一心励精图治，战后仅短短数十年，竟跻身于世界强国之列。

穿越了300年历史烽烟而延绵至今的莺声地板，在沉重而惨痛的打击挫败中，再次被“激活”了。从德川庆喜还政于天皇，到天皇还政于民；从主权属于天皇，到主权属于国民——放弃，又一次放弃，又一次改弦更张，又一次洗心革面。这是一条何等完整的回归曲线，一次何等巨大而深刻的变革，一次何等壮观的飞跃。大起大落、大悲大喜。

莺声地板在我脚下发出低微的震颤，犹如一声声自强的呼号与警铃。

这是一个求实的民族，勤勉而自信、谦卑而又狂妄、顽强却又暧昧。这更是一个善于学习的民族——也许正由于没有历史因袭的包袱与负担，他们从来都是光着脚走过莺声地板，不必担心鞋子会弄脏地板，更不怕地板上的尘土会弄脏了袜子。

走完阴沉的御殿长廊，眼前的清流园阳光明媚。许多游人聚拢在建筑物一侧，屈膝仰脸往地板的结构底部张望——我看见厚重的地板缝隙之间，精心镶嵌的一枚枚铜子与钉眼。时光流逝，那铜子依然发出黯淡的光泽，钉子上略有锈斑，仍是完好如初。按此设计，人一踩上地板，铜子就会上下动弹碰到钉子，而活动中的铜钉在摩擦中，即可发出黄莺鸣叫般的声音。

莺声地板由此得名。

也许“莺声地板”还有更多的弦外之音，只是我们听而不闻或是闭目塞听罢了。若是不悉心辨别，那一声声微弱的回音，很容易就隐失在我们自己的脚步声中了。

街道与女人

她喜欢城市。真心地由衷地喜欢——就像一只粘在蜂蜜上的蚂蚁。

她有什么理由不热爱这座城市呢？她曾经离开过但又回来了，她走得很远一直走到大洋彼岸，像一只信鸽兜了一个大圈子，最终还是落在了这片低矮灰色的平房瓦顶。然而她热爱的并不是那些浑浊暧昧的大杂院，而是因为那些像一堆堆破墩布、一根根脏拖把似的旧街道，正像涨潮中的礁石被海水迅速淹没。在原先拥挤肮脏的地盘上，眨眼间就耸立起了一座座光彩夺目的高楼大厦，喷泉花坛草坪，或是彩虹般从城市上空划过的高架桥立交桥……它们看上去更像是一个大型的魔术，令人在惊叹之余总在琢磨着它表演过程中可能出现过的破绽。有一段时间，她一看见路边墙上用墨汁写的那个大大的“拆”字就无端地兴奋。那个“拆”字用一个巨大的圆圈框着，给人以诡秘的魔术想象空间。

那个“拆”字消失之后，神速地取代它的将是又一栋矗立的高楼。她在夜色朦胧中开车经过高楼密集的东三环也许是北四环沿线，突然觉得那些水泥森林般耸然的高楼，像极了一根根膨胀坚挺的男性图腾柱。

有人说，都市是男性的象征。看看那些建筑物，每一座造型都是一个征服者。

她反问：究竟是什么激发着他们的雄性荷尔蒙，使他们的勃起得以持久？

试着走进去，走进任何一幢豪华的庄严的“××广场”或是“××花园”，你就会发现这个城市真正的秘密。它们隐藏在各种写字楼的各个角落，以图片文字模型样品说明书数字以及最新的策划方案展示会博览会的形式、以无从计数的经理董事会计师律师经纪人推销商广告人明星记者的身份，联手合谋着都市夜以继日的狂欢。

化妆品时装内衣首饰鞋帽、从洗衣机到电冰箱到微波炉小型电动熨斗水果削皮机豆浆机烧烤炉洗碗机……那些为企业商家带来微薄利润的日常用具家用电器，不再以革命的名义而是以女人的名义，被源源不断地制造出来；住房汽车从女人夜晚的梦想变成白天的现实；家具厨具洁具卧具玩具文具，也在家庭主妇饥渴与挑剔的追踪下迅速更新换代；就连写字楼的办公桌椅办公用品，也被设计成具有女性曲线的弧度，以女性的审美眼光作为借口部分实现了男人潜在的愿望。

因此，她怎么能够不热爱城市呢？在这里，女人所需要的一切，在百货商厦购物中心批发市场都应有尽有了。女人的痛苦只是牡丹卡上超支的款项数目。如今无数的年轻姑娘从乡村从小镇涌向城市，那些藏污纳垢的街巷，是女人独自谋生或是养家糊口的唯一去处。在家庭中，全职保姆或钟点工100%都是女人。宾馆酒店商场以及所有的娱乐场所为男人提供的服务，都必须通过女人的辛勤工作来加以兑现。

但在她看来，城市真正的奥妙不在雄起的大厦，而在一条条拥挤繁忙的街道。狭长幽秘的街道隐含了女人的全部欲望，夜晚的街道具备一切的女性特征，一盏盏路灯亮起来时，城市的灵魂随着女人飘逸的长裙闪闪烁烁。城市不仅能使女人的欲望得到实现，还能把女人潜在的欲望也一滴滴挤榨出来。

天快亮的时候，她开车经过空无一人的街道，她觉得自己的身体也是空的。她听见自己的汽车轮子轻灵地擦过街道平坦的路面，就像熟睡的城市在梦里发出均匀的鼾声。街道因她的介入被激活被惊醒；由于一辆车的驶过，陡然有了生气。她忽然发现马路两边的建筑物，已经被永远地固定在街道两侧——它们巍峨雄壮然而无法行走；但街道却是一条流动的河，每一天每一个小时都不会歇息。行走的车辆如同舰艇划开水面，每一道水波都漾起女性的曲线与柔情。

那些雄峙的高楼，若是没有街道的环绕，永远也不能成为一座城市。

那些街道的两侧，假如没有建筑物的围困，那也不能称其为街道，而只能叫做公路了。公路是一根脐带，把从城市里分娩出来的汽车，一辆辆送到更广大的人世间去。公路与街道的区别，在于街道造就了城市，而公路只是城市与外界的通道。

街道与大厦同在，大厦与街道同构。它们相依相偎形成了我们今天的城市。这听起来有些绕口，却是一个简单的事实。那些男人对如此富于女性意味的街道视而不见，是多么近视与偏执。她飞速地从二环驶入三环然后是四环，从一个略小的环形街道进入另一个更大的环形街道——这座城市正在延伸拓宽的街道中，被一天天放大。她的车轮是否也将由于街道的兴盛，而获得更多的空间呢？

1973年张抗抗23岁（知青时代）

131
爱美的女人

女人说话

“女人说话”这个题目引起我的注意，起始于多年前，有一次我偶尔听到了自己的录音讲话。面对空气中回荡的那个陌生的声音，我诧异地愣住了。我想：这难道是我在讲话吗？这怎么可能是我在讲话呢？难道我的声音原来竟是这样生硬、干涩？那语气和腔调，竟是那么自以为是、高昂激越？节奏和频率就像是在跳绳和百米冲刺，更像是在与人辩论，机关枪似的，哒哒扫射着，句子和句子之间能磨擦出火星星，几乎都快要冒烟了……

我第一次感觉到，这不像是一个女人在说话。

或者说，仅仅是一种女人的声音，那声音被保留着，却滤去了女人的温婉，剔除了女人的韵味，被加工制作成一种非男非女的中性人的语调。那样硬邦邦、直筒筒的话语方式所不断输出的怪异的音符，连我自己也觉得不堪入耳。

这一偶然的认识，使我惊异、难堪和颓丧。

那一刻我首先想起的是国营商店的有些女售货员。那些年的女售货员们，无论年轻年长，无一例外地，都使用如此腔调的口气与人说话——随时可出击的反驳、噎人呛人的讥讽、振振有词的自我辩解、“二踢脚”炸响般的呵斥和训导，是那些年里女人手中的“硬通货”。

那“硬通货”后来以极其迅速和猛烈的态势发展蔓延。到了“文革”后期，中国的女人们，几乎都变成了售货员。女人除了像售货员一样训斥她的“顾客”，几乎已经不会用别的方式说话了。

我忽然觉得自己陌生的声音，原来也似曾相识。在我们每天枯燥地重复的日子里，这种声音其实早已主宰了我们的生活。

甚至，一直延续至今。

偏偏女人又是极爱说话的，女人们几乎从一睁眼便开始说话。但其实我们对于自己的声音却听而不闻、浑然不觉。我们曾以为天下的女人都是这样说话的。我们根本不知道女人应该用什么方式来表达自己的话音，我们真的会认为这样的女人很可爱吗？

1988年在美国，曾遇到一位台湾作家，寒暄过后，他彬彬有礼却又敬而远之地问道：听说，大陆的女人好凶悍的啊……

惊诧之余，不得不窘然自问：从什么时候开始，大陆的妇女，给人如此的印象？

于是留心地看着听着感觉着周围港台妇女们的言谈举止。就像是打开一本被禁阅已久的词典，读到了诸如温软绵柔委婉羞涩还有善解人意聪慧贤淑等封存了半个世纪的汉语词组。即便用女人的眼光来看女人，挑剔中也看出了港台妇女既传统又现代的女性魅力，忽而就觉得我们自己，确是在哪儿有点不对头。

回国后，一下飞机，耳边重又充斥着高一阵低一阵的售货员语言，高分贝高频率，低质量低水平；若真是个售货员售票员接线员护士倒也罢了，人家上班挣钱回家还得买菜做饭带孩子，一天累得心烦意乱，冲着陌生人甩脸子吼几声也实在情有可原；若真是个女工保姆也不必过于计较，人家粗手大脚任劳任怨，对丈夫对邻居隔三差五制造出语言的暴风骤雨，街头巷尾吵骂叫嚷絮絮叨叨，只是出于习惯和娱乐需求而已；最惧怕的却是各色机构和单位里板着面孔的女性负责人，永远义正词严居高临下，或指示或批评或宣讲或报告，那铿锵作响、落地有声的话语磨砺着女人和男人的神经，是合法而无处起诉的事实噪音谋杀。

由此看来，即使是有文化的知识妇女，即使讲着极有文化的话语，话语间浸透的冷漠与蛮横，依然一个70年代的售货员。

异地的女人与此地的女人，反差如此巨大，是内地女人的悲哀。

语音和声调像一道无形无状的软笔，将当代中国历史各个时期的妇女，划出了清晰的界限。从世纪初叶开始的新文化运动、后来以各种名义进行的战争以及从革命发端时便伴随而来的永无休止的斗争——革命、战争和运动的硝烟，一年年侵蚀损坏了女人的嗓音；男女同工同酬的部分实现，也因此改变了女人与男性中心社会对话的语气。当女人说话的声调都被赋予了某种意识形态的含义，当一切女性的娇声嗲语都被归结为资产阶级和封建主义的恶习，女性温和而优美的声音从此消失在阶级斗争的狂涛巨浪中。

字典被持续反复地篡改和修正。在中国传统文化中，曾以弱者形象出现的女性话语方式，诸如“指桑骂槐”、“指鸡骂狗”、“拐弯抹角”、“挑拨离间”，都被强大的政治氛围快速地翻越跳跃过去，就连女人自己也已不屑再用这样鸡零狗碎的方法说话。女人依旧深受压迫，但女人与男人的平等已从说话开始。

于是女性在词语的魔术中频频更衣——“飒爽英姿”成为女性的最新时装。“武装”战胜了“红妆”，“劲松”取代了“骄杨”，夸夸其谈和出言不逊成为女人和男人共同的时尚；帽子和小鞋变做言语的利剑，被女人用得得心应手，可谓最具防护性和杀伤力的双刃武器；“厉害得像男人一样”是对女人的最高褒奖，在“泼辣”——这个衡量优秀女性的唯一标准之下，神州大地一时盛产“泼妇”……

“文革”十年，女人衔着铁姑娘的假嗓，唱出了所谓的时代最强音。巅峰处惊回首，已是女人的悬崖峭壁。

然而，绝路逢生时，这一代女人却已失音。

即便侥幸留着自己的嗓子，那构成女性话语的言词和调性，却也已成为空中飘零的碎片，无法拼接成富有弹性的语句了。

但今天的女人，确切说，是中年以上的女人，仍未觉察，也许仍不以为然。

我们也许曾试图控制或改变，但飘散在空气中的声音，却无法一次性回收。

我们真的就将沿着难以拉闸的惯性，继续把那种亦男亦女的中性人的话语，喂养给我们的孩子们吗？

心里隐秘的角落，越来越像一个风烛残年的老人，希望倾听年轻姑娘优柔娇媚的声音。那声音中有一种永恒的女性气息，如初春温煦的阳光，化解和消融着痛苦与仇恨。

终于有机会就这一话题的困惑，请教过一位女将军。那女将军出身于元帅之家，自幼却严于律己，崇武而习文。既然多年修炼到少将之尊，可谓是女中强人、巾帼女杰了。但听她说话，全不见叱吒风云的威严，却像一位宁静温和的女学生。几乎在任何场合，她说话时总是慢声细语、不急不躁、娓娓道来，亲切柔韧，如细雨润物，以柔克刚。

我说，那是为什么？

她笑笑说：大概因为我小时候太笨，每句话都得一想。

我说：我觉得，这也许同素质和修养有关，还有所处的环境？

她轻声说：是这样。其实，这是一种文化。

——女人说话，究其根本，是文化，是风采，是学问，也是艺术。

据说海外如今的选美标准，是“美貌加智慧”。有着美艳性感嘴唇的女人，必得当众开口说话。身体和精神若不是一个整体，那嘴唇就是身外之物。

自爱而自尊的女人，懂得用声音和话语塑造自己。

自信而自强的女人，能够以言语的魅力来征服男性。

即便不太美丽的女人，因知道怎样说话，也许会使人觉得美丽。

美丽的女人若是以丑陋的方式来说话，那美丽便形同虚设，自然流失了。

女人洗脸

是个人，天天都得洗脸，何况女人。早上起床，一旦洗了脸，那副隔夜面孔，顿时就焕然一新了。

但我洗了几十年，不仅至今未曾一劳永逸地洗干净，近年竟然听说，原来洗脸也是极有学问的，说得深奥些，是科学、美学和心理学。

南方人洗脸，喜欢从脸盆里拧起热毛巾，很优雅地在脸上来回揩擦，所以叫做“揩面”，可以一日多次不厌其烦，一张脸就揩得十分地光洁明亮；而北方人洗脸，却洗得十分地隆重——把水从脸盆里撩起来，在脸上撺弄撺弄，涂上肥皂，使劲搓抹，然后再撩水冲洗，两只手在脸盆里哗啦哗啦地乱响，如此这般彻底认真地洗上一阵，最后抓过毛巾把脸擦干，才算完事。北方的男人女人都这样洗脸，早晚各一次。但不知何故，北方的脸，皮肤大多干燥而粗糙。

我已在北方住了二十几年，早晚是洗，中午是揩，自以为南北两种洗脸法交替兼容，那面孔应当很争气。却完全事与愿违，不会说谎的镜子和人们的目光都告诉我，那张四十几岁的面孔已是不堪回首。洗来洗去，脸上没有留下水波，只留下了北国的风沙和干旱，留下伏案劳作的疲惫和困倦，留下眼角的皱褶和眼袋，还有昼出夜伏、时隐时现的黑斑……面部问题终于提到议事日程上来，使我开始为自己操心费心。似乎并非由于女人爱美的天性，在我意识的深处，更多的是出于对生命的挽留。不要问女士年龄，但年龄却写在脸上。年龄是生命的进程、是有效工作日的预测、是“剩余价值”的判断、是活力与爱心的证明。无论是自尊自信，还是对每一位与你相视相处的友人之尊重，都将通过你的面孔去传递去迎接。那么你有什么权利忽视自己苛待自己呢?

其实早几年就已经开始偶尔光顾“蒙妮坦”了，为了去洗脸。

西方曾有一位美艳出众的女人，对公众坦陈她的保养“秘方”时说：我并不太刻意化妆，尤其是浓妆。但我每天必做的事，是认真把脸洗干净。

可惜“蒙妮坦”远了些，仍是舍不下时间，不肯用减法去换“剩余价值”。

于是兴致勃勃地购买了一大堆护肤用品：洗面奶、喷雾蒸脸器、面膜，还有广告中各种天花乱坠起死回生的面霜。今天报上说用蜂蜜和珍珠粉，明天又有人说还是水果汁敷面更到位，后天再配制鸡蛋清加鲜牛奶，可惜只是三天打鱼两天晒网，一年半载过去，脸上并无起色，为此已对自己基本丧失信心。

有一日竟然就在出门不远的增光路上，发现了一家新开张的华成美容院。

近几年，京城的美容院已如雨后春笋，服务质量和价格却令人不敢问津。

试探着推门而入，只见厅堂整洁优雅，里间内设3张小床，干净舒适。两位眉清目秀的按摩小姐大大方方迎上来，微笑中决无半点俗媚之气。王经理像是一位知识妇女，50开外，和颜悦色的。她察看了我的面部皮肤后告诉我，定期做美容按摩，对面部皮肤护理有一定作用，但中年妇女的内分泌调养，却是皮肤保养的关键问题所在。她建议我坚持多吃些薏米和冬瓜之类祛湿的食物。

我一直悄悄打量她白皙光滑的面容。我想这家美容院老板的面孔，对于她的顾客，尤其是中年女人，大概是很有说服力的。

很快就对这家美容院发生了好感，后来便开始定期去那儿“洗脸”。

慢慢懂得，在自己家里洗脸，与在美容院“洗脸”，是完全不同的概念。在美容院洗脸，按摩小姐首先要用磨砂膏轻轻蹭去你脸上的死皮与老化的皮屑，清洗后再用离子发生器喷出的蒸汽蒸脸，同时用按摩膏细细按摩脸部的皮肤和各个穴位，以促使皮肤的血液循环，增强皮肤弹性。如果再用仪器将精华素（VE）导入按摩，效果会更好。然后才敷以水果或是中药软膜，新近还有各种高科技产品，什么活细胞眼膜、祛色素、精华素等，只是价格不菲。上了膜，在那小床上舒舒服服地躺上半小时，权当强制性休息了。

吴小姐或周小姐每个动作都细致入微，恰到好处。轻柔的音乐荡漾着，还有相互间亲切的闲聊，灵巧的手指抚平你脸上的皱纹也驱赶了心中的疲劳。最后是头部和肩部按摩，全套程序完毕，“洗脸”须花费1小时半至1小时50分钟。

忽然就觉得很值，因为女人不再吝惜对于自己的投资。

就这样在华成洗了近一年的“脸”，自己在家洗脸似乎就不能再叫做洗脸了。不敢说如今已洗得怎样容光焕发，起码，脸上有了轻松的感觉。

年初曾在别的城市美容院洗过脸，却是怎么洗怎么觉得别扭。

后来知道，那位王经理退休前是一位医生，老家上海人。医生来经营美容院，很是顺理成章。毕竟美容和养生是同一个系统工程，治标还得治本。

近日去华成，发现生意日渐红火，竟有不少的男人，也开始来“洗脸”了。

洗去都市的污浊和尘垢，女人的颜面还其天然洁净的本色。

许多年以后，年龄使女人不再美丽，但她将依然充满生命的活力。

女人会不会穿衣服

有女朋友对我说，作为女人，她一生最大的愿望就是漂亮。

其实许许多多女人都这样想，只是不敢于像她这样坦率承认罢了。

风姿绰约、妩媚动人，所到之处，无不被众人的惊叹和仰慕的目光所包围。虽不求沉鱼落雁，也乞盼因美貌而事事如意。天下女人异床而同梦，梦着自己的美丽。

但人生却不能完满不能随心所欲。多数的女人，包括本人在内，对镜而坐，总是惭愧和遗憾。与生俱来的丑与美，是父母一次成形的即兴创作，不容你参与设计。即便如今有了美容院和整容外科，也不可能脱胎换骨，弄得真真假假连自己都不认识。

所以一般来说，女人们天生就懂得关于那个美丽的梦的补救方法——有文化的女人以风度和气质相助，文化不多则配以眉眼动作或是声音，但无论如何，女人的美是和服饰紧密相关的，女人因一身合体的服装而增色而焕发而光彩照人，不太漂亮的女人变得引人注目，可爱的女人因此更有魅力。可爱则自我感觉和旁人的感觉都好，感觉好心情好则气顺，愉悦自己也愉悦别人。

于是就有了这句话：女人“会”不“会”穿衣服？

猛一听这句话有些逗乐。其实说到底，这是做女人的“艺术”

和“学问”。

一般的不“会”穿衣服，大多是对服饰没有兴趣的乱穿衣者，这类人暂且不论。比较不一般的是那些自认为“会”穿衣服而又整天跟着流行的时装、唯以时尚作标准、全方位时髦化的人——街上流行红裙她则着红裙，流行黄裙则着黄裙，城里时兴大花毛衣则大花毛衣，人家穿砂洗则非砂洗不可，今年兴宽松裙裤干脆大伙伸一条裤腿里……于是视线所及，一会儿红海洋翻腾，一会儿花蝴蝶遍地；明明肤色黑黄不适穿绿，却因众人皆绿而惟恐落伍；明明腿短粗腰肥壮不宜露腿，却偏要跟随满街的超短裙招摇过市，结果走来走去碰到一个同样的“你”。你很兴奋，觉得别人学你；别人也兴奋，认为你学她，相互模仿互相认同了归属感，心里很安全。走遍全国大小城市，蠕动的人流大同小异，虽告别了中国蓝褂进入世界服装潮流，却挣不脱大一统的文化阴影和文化心理。

去年夏天北京服装界宣布，今年没有流行色，那些喜欢标新立异的女人，才有了解放感。否则就常被“流行色”质问：你怎么穿这个色儿？你怎么穿这个式？还加一句评论：真土帽儿。那些自甘落伍的女人，钱挣得不比别人多，买了一条裙子，第二天看见街上有人穿了，便塞进箱底从此不再碰。何苦——就是要一个不重复。以后想要独一无二，就选购衣料让裁缝按自己设计的式样去做，个体的小作坊做工却太粗，无奈，要么舍得本钱去买非成批制作的精品，要么亲自动手。

女人会不会穿衣服，虽是仁者见仁，智者见智，各有各的喜好，但终归取决于有没有与众不同的构想。构想来自文化素养和对美、对自己的理解，而构想的实现则更多的依赖于时间。在服装的选择上，时间的投入实际上比金钱的支出重要得多。如果没有很多的钱，但还有一点儿时间的话，耐心的比较挑选可以找到适合你肤色、身材和气质的衣服。我从不认为价钱昂贵的服装就会为你带来美，也从不认为会穿衣服的女人就必须花很多钱，有时恰恰相反，有的服装含金量很高的女人，只是因为不懂得服饰与鞋袜、首饰、头饰、提包颜色及款式的搭配，尽管一身珠光宝气，却整个支离破碎，俗不可耐。如一开口说话，就更是大煞风景了。偶尔也有好好的纯情女子，一身颜色款式协调又大方的装束，却很是扎眼地戴着一副不相称的耳环，一不留神就把自己的风格给破坏了。

所以时髦和流行都不会给女人带来真正的价值，女人独特的魅力在于风格。

风格有时是色彩，用颜色表现出自己。素洁则淡雅，炽热则浓烈。一身黛青，一抹金黄，花色绚丽的连衣裙，浑身上下其他所有的饰物一概配以原色。

风格有时是款式，优雅妖艳落拓不羁温良贤淑小家碧玉大家闺秀，理想与追求尽在不言中。那一个自我设计的形状内涵很丰富。

如果一时既没有钱也没有时间，真会穿衣服的女人，就顺其天然。那时只能依靠所谓自我感觉这种东西——只要穿在身上自己舒服，只要是自己喜欢的，就好。衣服是得给别人看，但毕竟是穿在自己身上。不妨就发明一个新的穿法，也许时装就是这么偶尔灵感一下创造出来的。

女人学“会”穿衣服，才有女人的千姿百态。

和谐之美

一个开放的社会，女人谁不想把自己打扮得更漂亮些呢？女人穿衣，是凌驾于几乎一切热中事业或热中家庭的女人之上的最一致最至高无上的业余爱好。

然而，一个多元的社会，如今再也没有众口一词的美丽了。无论是以衣悦己还是以衣悦人，服饰的靓丽与否，在各种不同的环境天气心情场合下，因地而宜因人而宜，都已经失去了评判的绝对标准。

在讲究服饰的女子大军里，也许可将其分为两大类别：一种女人是被流行化了的。她们无论春夏秋冬，永远在不遗余力地追随时髦。她们将街上的风景搬入家庭和写字楼，每年都奋不顾身地跃入汹涌澎湃的服装潮流，直到把自己的收入变成许多泡沫。

另一种女人是个性化的。她们完全不在意街上的风景，关心的是自己和周围环境所构成的那一道风景。她们从不计较别人在穿什么，只问自己适合穿什么。任何喧嚣的时装广告都不能诱惑她们，她们按照自己的性格气质职业肤色和身材，选择并确认自己独特的品位，只要符合自己的个性和审美眼光，爱怎么穿就怎么穿，让自己成为自己。

当这社会审美的统一标准分解淡化，当这靓丽的标尺被交还到每个具体的女人手中，女人不再靠外界的群体认同，而是凭借自己的审美资质来把握自己。但在作出判断的时候，女人会忽然变得迟疑不决。我们常常拿不定主意，不知道自己究竟怎样穿、穿什么，才是美的和靓的。

这似乎成为今日女性穿衣所面对的难题。

在服饰的色彩、款式和面料几种因素的配置上，我一向以为，颜色是第一重要的。颜色是底板是基调是人与环境的关系，服装颜色的选择，是由每个人的肤色决定的，不同的肤色配上不同的服装颜色，其效果千差万别大相径庭。故此，北京服装界已有于西蔓女士专门设置的色彩工作室，将每个进行皮肤测试的女性，区分为“春夏秋冬”四种性质，就是为了帮助女性确认自己的肤色倾向，然后依照自己的“色性”，来选择颜色相宜的服装。同样颜色的面料，甲女穿着光彩照人，乙女可能暗淡无光。属于“冬天”系列的肤色，忌黑忌灰；“夏季”系列者，忌绿忌红。在服装的颜色上，务必记住一条：对于某个人来说，某些颜色的衣服可能是绝对不能穿的，但也必有一些颜色，是能使你容光焕发、分外靓丽的。

服装面料的颜色确定之后，才是款式和面料的质地。款式是第二要素，通常是最出个性的。款式所对应的是身材，一套新装究竟是扬长避短还是突出了身材的弱点，全在款式的选择上，万万不可掉以轻心。款式的确定还必须由服装的功能即使用场合来决定，任何一种款式在特定的情况下，只要穿得对头，都有可能是极其出色的，反之亦然。

面料的质地放在最后，无论什么样的衣料，不论贵贱，都可以做出好看的衣服，关键在于是否用得恰当。挺括的柔软的华丽的朴素的有坠感的和飘逸的……只要料子和款式功能相得益彰，即便是一块普通的棉布，也能熠熠生辉。偶尔逆其意而用，带着几分创新的心思，更有奇效。

所以我一直认为，任何“物”其实都没有绝对的好坏——只要它适合你，那就是好东西。平常的女人穿衣，其实大可不必为自己没钱购买时装发愁，穿衣真正的学问，讲究的不是好坏，而是对错。不怕穿得简朴，只怕穿错了场合、穿错了整体搭配。有时候，仅仅是穿错了一双鞋或是拿错了一个手袋用错了一条项链，你在这套服装上所耗费的苦心就前功尽弃了。

也许有见识的女人，不会让自己陷在服装城里。若是把时间多多用来培养自己的审美能力，懂得自己在什么情况下穿什么最美，女人穿衣就成为她们生活中的一种快乐享受了。

内外兼修

这些天，读到了张晓梅女士《修炼魅力女人》一书。引发我一些思绪。

“魅力”与“美丽”在电脑的各种中文输入系统中，多为同音词组。但是，“美丽”与“魅力”的词意所指向，却大相径庭。一般情况下，“美丽”多指外形，而“魅力”却是一种内在的品格、如影随形、含而不露；大多数时候，我们能够一眼看见谁谁光彩照人的“美丽”；而在任何情况下，我们虽然能感觉到某个人身上强烈散发出女性的“魅力”，却不能直接看见那些“魅力”究竟是什么。那种看不见说不出的“魅力”，其实才是真正的“美丽”。

也可以说，这些看不见的“美丽”，其实就是魅力啊。

美丽的女人，不一定就是有魅力的女人。

有魅力的女人，其实真不一定个个美丽。

“美丽”与“魅力”的根本差别，究竟在哪里呢？——也许，就是张晓梅的书，想要告诉和回答我们的。

她知道我们每个做女人的人，都关心着“美丽”与“魅力”这两个永恒的“课题”。而男人们理想中的女人，永远都是既美丽而又充满魅力。

美丽和魅力，真是我们女人心中永远的痛和梦。痛并梦着。

我想起了自己作品中对女性魅力的描述和理解。

一个竞争激烈的时代，审美趋势表现为张扬、外露、蓬勃、独立的特性；况且，人的本性喜新厌旧，都希望表现出“新异”来吸引公众的关注；再则，市场经济和商业时代，更需要不断制造新的热点。最重要的是，一个相对开放的社会，女性获得了较大的活动空间，有了审美选择的自由，女性首先要“扬弃”的就是以前的社会审美规范强加于女性的标准。而希望通过改变自己来影响周边环境，从而使自己得到更多的自由。

在我的长篇小说《作女》里，女主人公卓尔出场，T恤短裤乱发，“眼睛小了点儿，眉毛淡了点儿，鼻子塌了点儿，嘴巴扁了点儿，那五官拆开来看，哪个局部都有极大缺陷……”卓尔的女友陶桃“始终不太理解，这么多年，她怎么也看不出作为女人的卓尔，魅力究竟在哪里。”我从一开始就没把卓尔塑造成一个“美丽可爱”的形象，因为“作女”有时候就是有点儿让人讨厌的，恰恰因“讨厌”才引起我的思考和重视。

其实，我早已“扬弃”了所谓“完美女性”的理想。完美就是最大的不完美。事实上，世界上也不可能有完美的女性。我的长篇小说《情爱画廊》中的水虹，是个美丽聪慧的女人，但她“背叛”了丈夫，用传统的道德标准衡量，恐怕是最大的不完美。

现代审美标准正在发生变化，恰恰由于变化而产生美。个性比美貌更吸引人，说明年轻人的偶像不是盲目产生的，必然有其选择的必然性在内。这点很让我欣慰。青春是一个叛逆的年龄，青春拒绝“复制”。青春不“颠覆”传统，更待何时？当然，有时候表现为“修订”，有时候“剪切”，有时候“清除”，有时候则是“替代”了。审美标准的变化，犹如北方冷空气与南方暖湿气流相遇，必然电闪雷鸣甚至突降冰雹。

写出《修炼魅力女人》这部20多万字厚的书稿，是出自一位充满智慧和生活情趣、并具有丰富的人生阅历的成熟女性之笔。她以一个中国女人的“巧目盼兮”的眼光，和“冰雪聪明”的心灵，寻找和探索着这个时代中国女性之美——

漂亮的脸蛋、端庄的五官、标准的三围身材、秀发美腿、冰肌雪肤……美女之美，沉鱼落雁、羞花闭月，但古往今来，哪位美女能至极限能予穷尽？

除了美貌，还有服饰？首饰？发型？化妆？一俊可遮百丑？物质女人、消费女人，巨额资金打造的美女，只活在她的美丽中被人欣赏；岁月流逝，看着美丽的身体一天天衰老萎靡下去，没有比美丽的消逝更让人心碎；如此的美丽，是另一种残酷。

如果说美丽的女性是天生的，（暂且不算人造美女）那么，魅力女人，却凭藉后天修炼而成。行为举止、言谈话语、神情心态，才是女人的秘密武器？

若是心中有一份恒久悲悯的大爱；若是心里有一股坦荡善良的真气——我想，那应当是魅力女人最基本的底色罢。虚情和妖媚，或许有蛊惑一时的短暂魅力，终究是没有依托和支撑的。

《修炼魅力女人》——如果你仅仅理解为这是一本告诉你如何穿着打扮的书，那么你将继续远离“魅力”。如果你仅仅理解为这是一本告诉你如何赢得美丽并因此征服男性的书，那么你仍然缺乏“魅力”。拥有丰富知识却不解风情的女人没有魅力、叱咤风云而不懂得生活情调的女人没有魅力。魅力是女人的综合指数，是从女人的身体内部和心的深处自然而然涌动、喷发、流露出来的一种气韵。

魅力女人，将健康地老去、优雅地老去。甚至，她的心，永远不老，甚至越来越有魅力。

渴望充满魅力的女人们，我透露张晓梅的秘笈给你们：内外兼修。

149
飞翔的女人

1978年张抗抗28岁在大庆体验生活

女人聚会

日复一日的琐碎、烦杂，年复一年的疲惫、辛劳——尽管有丈夫的体贴和礼物，有孩子成长带来的欢乐，慰藉和爱抚着我们。但这些不该是全部，还有一种来自女人们的慰问，来犒劳我们自己。

去年秋天在华盛顿，郊外森林中的一所木屋，一些美国妇女这样对我说。

她们的聚会已经坚持了20年，每个星期天的早晨，6个中年女人，开车从城里，或是更远的小镇子，陆续赶到MARCIL的住处。每个人都带自制的各式甜品，作为这个星期天聚会的早餐，由大家分享。那所四面都是玻璃窗的褐色大房子，掩隐在茂密的树林中，无论从哪一面望出去，都是无边的绿色。清凉的微风从露台上吹过来，阳光在花瓣上闪烁。这个暂时把丈夫孩子忘在一边的早晨，真是妙不可言。

她们聚在一起，低声交谈，朗声大笑。用她们彼此懂得的语言，谈着自己即将变老的身体以及内心顽强的抵抗——锻炼、工作、阅读，等等。她们谈近日城里的妇女游行，关于堕胎和男女平等的工作报酬。她们会谈到自己的家庭问题，夫妻关系父母子女，等等，互相讨教解决的办法。有时她们还会谈起抑郁症和同性恋，谈起下一次的度假旅行和园子的花草。女人的话题实在是太多了，每一次只能有一个中心，却不仅仅是家长里短的那些。女人的时间太宝贵了，她们只能将星期天早餐的时间给予自己，来完成一周积攒的心愿。

是什么样强大的吸引，使得她们的聚会能够持续20年的近1000个星期天？

——倾诉与倾听。

我们需要倾诉，倾诉是一种减轻压力的好办法。然而，只有在心领神会的女人之间，才能承受彼此的倾诉。同性的倾诉越过了异性间的心理障碍而长驱直入，那一双双柔软的手，帮你卸下压在心上的包袱，女人忽然变得轻松。

我们需要倾听，倾听是一种充电器，倾听是一种复合维生素的补充。倾听别人的倾诉，女人才能学会宽容；倾听别人的经验，女人会从中发现自己与“她”的不同，而变得更加丰富。

那是另一种形式的自我救赎，是一种心灵的温暖和灌溉的互助。现代的独立女人也会孤独。但当异性的爱情如洪水迅疾撤退时，同性的友情却一年年细水长流。

当面前盘子里的甜品慢慢空下去的时候，女人们已变得容光焕发心满意足。她们的空盘子里被盛上了崭新的好心情，然后驱车归去——一次女人聚会所补充的能量，也许足以使她们坚持到下个星期天早晨。

后来，在西海岸的旧金山，我也曾遇到过一次女人聚会。那是几位来自台湾的美籍华裔女作家，於梨华、吴玲瑶、蔡玲、叶文可多人，每月一次读书会，茶点轮流做东，彼此交换好书，交流读书心得，谈天说地，很是畅快淋漓。

现代的都市女性们渴望成为独立的个体。多一些女人聚会，能教我们自己来解决自己的问题，不必有劳男士。

文竹之床

那是我一生中见过的最浪漫、最温馨的床榻。

当然是双人床。古铜色，结实而宽大，床栏四周镶有简洁的铜雕装饰，角上竖着四根铜柱和顶架，可用来悬挂纱幔或蚊帐，是几个世纪前流行的那种古典欧式铁床。

但床上没有蚊帐，只有一层层朦胧的绿雾，纱一般云一样，忽忽悠悠地飘逸，在空气中微微颤栗。定神细辨，那绿雾非纱非云，而是一根根细长柔曼的绿茎，在床栏上一圈一圈地缠绕过去，从木柱上攀升，一直延绵到床顶。绿茎上轻盈细碎的叶片，在蜿蜒旋转的绿茎上，一圈又一圈俏皮地舒展着，随意挥洒开去。于是，整个床都被覆盖在淡淡的绿阴下，床上的人，每日沐浴着一片绿云沉入梦乡。

在心里惊叹着，小心伸出手去，那真的是一棵活的文竹，蝉翼般翠嫩的叶片上，传来新鲜清凉的生命质感。我从未见过这般绿茎如藤，冠盖似云的文竹，它的枝条那么细弱，却深藏着经久的耐力和潜质，萦回缭绕，步步为营。它被静静地养在床边的一只花盆里，想必已有许多年了。平静漫长的岁月里，它定是被床的主人悉心呵护，才会长成这么一顶阔大的绿伞。

20年前我见到这只文竹之床，是在哈尔滨。床的女主人乔良老师，是省艺术学校的舞蹈教师。乔老师是达斡尔族，12岁考入歌舞团学艺，24岁开始搞舞蹈教学，丈夫宋晔在省歌舞团做舞台美术设计。记得那年我在养着那盆文竹的普通宿舍楼里见到她时，已近中年依旧清纯如水的乔老师，每一根乌黑的头发上都飘溢着幸福的气息。

拥有文竹之床的人当然是幸福的。那棵绿色的植物，用她和他彼此的生命汁液浇灌，日复一日，在他们爱情的絮语中生长，然后用温柔的藤叶，夜夜把他们轻轻裹挟在绿色的情网中。

后来的许多年，文竹之床一直留在我的记忆里。我心目中的爱情也从此依了那个样子——它应该是一棵活的树，每时每刻都有新的叶芽，一寸寸生长缠绕。

今年早春，在哈尔滨开省政协会，竟然意外重逢久别20年的乔良老师。年过六旬的乔老师身材挺拔轻盈仍不见老，乔老师退休后仍然在搞舞蹈教学，她编导的民族舞多次得过全国舞蹈比赛大奖。乔老师温和的眼神中依旧闪烁着少女般的纯真，却不知为什么，好像多了些许感伤和忧戚。

我终于问起了那棵文竹，那弥漫着诗情和爱意的文竹之床。

乔老师淡淡地说，文竹早已不在了。他过世之后，文竹就死了，和他一起走了。

我在心里责怪自己。她的丈夫病了多年，我竟然一直没有听说。而那样繁茂、茁壮的文竹，真的也会死吗？

那一夜，在宾馆房间幽暗的灯光下，我们躺在各自的床上，一直谈到深夜。乔老师晶莹的眼泪一次次从面颊上滚落，令我一次次想起当年她为文竹浇水的情形。她说起几十年里他们彼此的依恋，说起他几次手术后，还拖着未曾痊愈的病体，到剧场去看她编导的节目彩排，只为了能再帮她提一点儿小小的修改意见。说起他病重时，每天注射一支白蛋白，一天就须自付1000多元的药费，她倾其所有，抵押了房屋，昂贵的医药费所欠下的巨额债务，一直到丈夫去世几年后，才靠她在自己创办的舞蹈学校里教学所挣的钱陆续还清……丈夫走了以后，她一度去美国女儿那里住了一阵，却还是回了哈尔滨，因为他留在这里，她要回来陪伴他。

后来我说，乔老师，如今您就这么一个人生活，会不会觉得太孤独？

乔老师轻轻的叹息从黑暗中传来：不，我不孤独，因为我有自己喜欢的事做，还有他陪着我，在心里。所以我不孤独。只是偶尔的，会有一点点寂寞。

那个夜晚我第一次懂得了“孤独”和“寂寞”这两个词的区别。我同文字打交道那么多年，乔老师让我羞愧了。是的，她有时会有点儿寂寞，但她不孤独。

我们终于沉沉睡去。在宾馆的床上，单人床，没有文竹的床。但我清楚地记得自己梦见了多年前乔老师的那只大铁床。那棵文竹的茎已经长得像一株真正的毛竹一样粗壮，巨大的绿冠有如一片茂密的森林，无穷无尽地铺陈开去。婀娜的枝叶在微风细雨中摇摆，不停地变换着姿势。太阳出来的时候，我看清了那些枝叶原来是乔老师的纤弱的手臂，修长的小腿和光滑的手指，它们在音乐中舞动、颤栗、飞扬、升腾……床沿上坐着一个永远的观众，目光如炬，像舞台深处那一束莹玉般的追光，与她一同旋转跳跃。音乐终止的时候，他们重新还原为一棵静静的文竹，茎叶相拥，如一座山岩上永远的化石。

你若是见过文竹之床，你会相信爱情，尽管今天它已不再属于时尚。

文竹会死去，但它却以另一种方式在乔老师心里生长着。或者，它们早已化为乔老师的舞姿，继续展示着生命的美丽。

家与业

在男人走过的历史中，事业的那个“业”，有如运货或是捕鱼出航的船只，风里浪里颠簸，早晚会有满载而归的日子；即便途中遇到风险，可随处择地固锚暂歇一时。所以家庭的那个“家”，说是避风的港湾，有点儿勉强，倒像是热闹的汛期过后，封江前夕寒风中的一袭沙滩——永远伸开着温暖的臂湾，等待着疲惫不堪的大船小船，迎接它们上岸，在冬天惨淡的阳光里，重新修复船底的漏洞、刷漆、织补船帆和鱼网……

然而，在女人的生涯中，“家”与“业”的关系却似乎是另一种情形。

女人的事业是一只风筝，在空中飘荡着。看上去自由自在、无拘无束，那一片美丽的飘带，是鸟的翅膀，一飞冲天，直到在目力不可及的蓝天深处留下星星般的亮点儿。遇到风向和线绳偶尔产生合力的时刻，风筝得意地顺风翱翔，连女人也以为自己已经飞离了地面，春风将她带到远方的异地，有遍地的芳草和鲜花。

女人忘了，在风筝的背后，还有一根线牵着。牵线那一头的手，是她的家。

地面上的家，是早已生根的树。父母丈夫孩子还有杂乱的家什，哪一个都占着分量，单薄的风筝载不动那份沉重的家业。即使它浪漫地在空中飞扬，心里仍有一份牵肠挂肚的惦念。那根线在地面轻轻扯一扯，风筝的五脏六腑都会疼痛。若是要它回来，家中任何一个成员都有权摇起线圈收线，空中的风筝便开始晃荡摇摆了，就算心不思归，那抗拒也是坚持不了多久的，因为风筝的动力在那根线上。若是逆着线绳的作用力，把飞翔的梦寄托于风，咬着牙扯断了线绳的束缚，风筝的翅膀却还没有生成，那么这一场叛逆和挣扎的结果是断线的风筝终究不知让风吹往何处了。

忽然间生出这番感慨，也是事出有因。

近日出行，偶尔在郊外路边见一座偌大的庄园，赭红色的围墙，圈起10余亩地，门前有端正的字牌，写着“永吉老年公寓”。心生好奇，信步入内，呈E字形的平房套院的廊檐下，一间间标准客房清爽整洁。虽是冬季，院内挺拔的杨树林和休眠的花坛草坪仍然营造出一片静谧和安详，抬头可望见蓝蓝的天空。田野清新的冷风中，有成群的喜鹊飞过。

正门的厅墙上，有这所老年公寓的介绍文字和图片，得知公寓的“老板”，是一位来自吉林的女士，原是吉林一所私立学校的校长，去年到北京投资创业，择得这一风水宝地。不到一年的时间，以极高的效率建成这座老年公寓，并将其“老年人”定位在为高级知识分子服务的专门性养老院，并配有心血管病专家，全部的服务人员均来自护校毕业的专职护理员。10月间正式开业以来，颇受欢迎。

从来都赏识这种富有创造精神的女人，心中顿生敬意。一位利索干练的中年女子闻声出迎，一见便投缘。女人健谈，爽朗而坦率，将她的故事从头细细说来。外地女子初来乍到在京城甚至没有一个朋友，样样从头开始，创业的过程辛苦艰难，调查批地建房，一个坎儿一个坎儿闯，到如今终于是里里外外妥妥帖帖，接收的十几位老人吃住都满意，已把这里当成了自己的第二个家。

我说等你这一百个床位都满员时，就到了收获时节了。

女子的脸上刹时就阴沉下来。她说我等不到那样的好时候了，这公寓从年初就不收新客户了，我正在找买主，想把它卖了，有人出很高的价，打算买下来改作度假村，这不行，不是钱的事，是我创下的一份事业，为老年专家晚年养老做的一件事，如果找不到像我一样能扑上心去管理的人，即使转手脱身我的心也不安。

我惊讶，好不容易有了成果却要半途而废，为什么？

接下来的谈话大大出乎我的意料，甚至有些震惊。

——若不是万不得已，谁能舍得撂下自己做了一半的事？那是因为不得不回吉林去，因为孩子要上中学，孩子需要妈妈；因为丈夫要我回去，家里没有个女人，家也真是不像个家了。我在外头闯荡了那么多年，他也是熬到极限了。跟你直说吧，他已经给我下了最后通牒，再不回去，我这个家就没了……

仍是没缓过劲来，追问说，那你丈夫为什么就不能辞职到这儿来帮你干呢？孩子也可以带到北京来念书，一家人不是又在一起了吗？

女人苦笑说，他在当地也是个人物，有他放不下的一份事业，我没有权利要求他为我牺牲。所以，明摆着，只有牺牲我自己了。毕竟，我还想要这个家……

一时无语。无论是惋惜还是遗憾，表达都很困难。

临走握她的手，她的掌心有力却透着凉意。

我们不能没有家。在大多数女人看来，没有家的女人像是无根之木，有着无所依傍的凄惶。而有家的女人更像那只风筝，飞得再高再远，都被地面的线绳牵着，丝丝缕缕中纠缠着为人妻母挣不脱解不开的结。

可我们也不能没有“业”。没有独立事业的女人，就像没有“龙骨”支撑的纸片，连风筝都不是，只是一块残破的碎片，任由谁在上头写别人想写的字，谁想要拿去另作他用，定是由不得你的意志来主宰。风可撕裂它、雨可浸淫它，世间的尘埃吞没它，家务的琐碎销蚀它，即便是一张小小的纸块，也早已失却了它最初的本色与价值。

于是，为了成全“业”，我们放弃“家”；为了保全“家”，我们又牺牲“业”。我们在“家”与“业”之间不断地徘徊选择，疲于奔命，却终是无法以家为业，无法重拾旧时“家业”的概念。“家业”是一个陷阱，几千年中捕获了一代又一代的女人。

在女人的“家”和“业”之间，真是没有一条可兼容的通道吗？

无路可寻时，只能对女人说：不再做风筝了，咱们最好成为别的什么吧。

不再做风筝了如何？梦想自己是一架轻型直升机，拥有独立的引擎、动力和双翼。上天入地来去自由，无论是空中还是水上，盘旋滑翔都游刃有余。若是有了孩子，就把她（他）放在飞机的副驾驶座上。

其实不做直升机也没有关系，哪怕是一只没有线绳牵拴的小鸟呢。

曼哈顿袜姐

小S1980年移民到美国，算起来已经在纽约住了整20年。十几年前，她离开曼哈顿那家打工5年的店铺，带着她在好心的孙老板店里积攒的售货经验和一口流利的英语（还忙里偷闲地学会了一些法语），咬咬牙在曼哈顿通往新泽西、波士顿的火车站出口处，开了一家规模不小的袜店，那货架上陈列着上万个品种的袜子，琳琅满目的煞是好看。商店每天清晨7点半准时开门，是为上班的人预备的；到晚上9点打烊，是为下班的人着想。所以她的顾客总是川流不息，高峰时雇着好几位员工都忙不过来，生意一直红红火火，如今已像钉子一样楔在了纽约人的生活中。

小S不是老板娘，而是真正的老板。前几年还曾同时开着一家礼品店，“野心”很是不小，后来实在忙不过来，才把国内的弟弟找来接管，算是喘了口气。已经在美国一所大学毕业，现在联合国工作的女儿，下了班会来接替母亲，让她去健身房轻松一会儿。但更多的时候，小S“拳打脚踢”，从进货到销售，里里外外独自一人打理。

在美国卖袜子，不像在中国那么简单。美国这个移民国家，各色人等的需求和选择大不相同，把袜子的品种和类型搞得五花八门眼花缭乱。比如说，喜欢小动物的人，袜筒上得有小猫小狗的图案；放春假了，全家人都得穿上印着草帽啦冰淇淋啦牛呀马呀或是德克萨斯仙人掌的袜子，才能开开心心去郊外；有人过生日，最好送一双印着生日蛋糕的袜子；情人节那几天，要准备充足的货源，袜子上全是鲜艳的红嘴唇、紫色的玫瑰花或是纯洁的白云；体育爱好者，会买印有足球篮球网球拍游泳衣滑雪板图案的袜子；环境保护主义者，需要长颈鹿天鹅鲸鱼什么的；热爱和平的反战斗士，在货架上寻找袜筒上的LOVE字样；若是个同性恋者，男子也专买印有梳子指甲油眉笔剪子口红图案的袜子。到了最近几年，袜筒上流行手机电脑网络了，几天更换一种款式，穿着溜冰鞋都追不上袜子的速度。不同的节日，要有与各种节日内容气氛呼应的袜子来搭配，犹太人不过圣诞节，到了10月的犹太哈卡那节，袜子上就得有只小山羊，来表达他们的信仰。可见那看似平常的袜子，在美国人的生活中，非要穿出许多名堂来不可。

小S不怕这个。要想把袜子卖得好，就得成为一个袜子的行家。她卖了十几年袜子，已把美国的脚文化研究得十分透彻。女人的尼龙连裤袜，应当含有一种叫LYCRA的化学纤维，那是从石油中提取的，优质的纤维要在机器杠杆上反复打磨，才像皮筋一样富有弹性，她用眼用手，一看一摸心里就有底了，光是连裤袜就有十几个品种：收肚子的和不收肚子的、包脚的和不包脚的、有跟的和没跟的、宽腰的和窄腰的……曾有一位女顾客来买袜子——要2号，小S扫她一眼，说你该买3号的。女人很生气，说难道我有那么胖吗，NO！坚持拿了2号袜子，去更衣室换，一会儿工夫，拎着那只袜子出来了，苦着脸对小S说：嗨，你说得一点儿也不错，我确实得穿3号的。小S一看，那2号袜子已被她的脚撑破了。

每天早晨商店一开张，有关袜子的趣事就一个个自己蹦过来。赶早班急急忙忙来买袜子的人，多一半是由于出了“事故”：

——你瞧瞧小姐，我脚上的袜子，一只蓝一只灰，真是太奇怪了。我坐了地铁又坐巴士，想一路，才明白今天早晨起床时没有开灯。我如果穿着这样的袜子去上班，别人一定以为我昨晚没有回家。相信你能使我穿上相同颜色的袜子。

——你好，我真的不敢相信，走在路上，袜子怎么就破了。可是我的裤子必须要配这个颜色，你能帮我找到一双合适的袜子吗？

——你的袜子在脚趾这儿怎么都有接头呢？我需要一双没有接头的袜子。

凡是遇到这种麻烦的顾客，小S会不软不硬地调侃说：假如你以后知道了有制造这种袜子的厂家，请你一定不要忘记告诉我。

纽约闹市，人头攒动。一不留神，店里也会丢袜子，小S自己就把小偷抓住了，推到门外拉倒，懒得叫警察。偶尔的，也会遇到这样的美国警察，竟然对她说：我需要一些不付钱的袜子。

小S笑嘻嘻回敬他：我没有不付钱的袜子，那样你会坐牢的。

小S在美国，就靠着规规矩矩守法做生意，踏踏实实赚自己的辛苦钱。每天早晨一睁眼，跳起床洗把脸，顾不上化妆，打个的士就冲到店里，决不允许自己晚开门一分钟，决不会为了多睡5分钟而丢掉老顾客的信任。她一天的饭食都在店里凑合着用快餐对付，晚上10点多钟清完了账回到家，已经是筋疲力尽了。但靠着她以前练功的身体底子，坚持到如今，面容上没有留下风霜的痕迹，一头短发，一身便装，依然精干利索，看上去仍是容光焕发的样子。

我曾去过她的住处，漂亮的房子和家具，却乱得很难找到一处坐的地方，看得出女主人根本无心料理家事。她隔三差五地去健身房做运动，就是最大的享受了。但她说最苦的不是辛苦，而是连诉说辛苦的地方都没有。因为整个美国都很辛苦，美国不喜欢抱怨的人。

20年前她刚到美国时，没有钱不会英语，却不愿在叔叔家吃闲饭，自己出去打工，吃着米饭咸菜度日。一次在租住的房子里给女儿包一顿韭菜饺子，白人邻居来抗议，说那是死尸的气味，气得她用刚学会的英语和人吵架。当她用孙老板借给她的1万美金开店的时候，最大的理想就是自己什么时候能有1万块钱就好了。而如今一次性付款给自己和女儿各买了一处房子，貂皮大衣随便地扔在沙发上，无数各种款式的鞋塞满了柜子，她已没有任何金钱的压力和挣钱的动力，但她仍然如同15年前商店开张的第一天那样，不敢有丝毫的懈怠和疏忽。她说这样的辛苦不是为了钱，为了什么呢，说不清楚，袜店是她创下的一份家业，是她的智慧能力的体现，她用20年时间证明了自己的价值，当然要倍加珍惜。

20年前，在东北那个城市的一所艺术学校，我们曾同住一室。她常把自己办公室的钥匙借给我，让我晚上写作用。我的中篇小说《淡淡的晨雾》，就是在她的办公室里，用晚上的时间写完的。那时她刚离婚，带着一个3岁的小女孩，周围的闲言碎语，弄得她心烦。她去上课，把淘气的女儿关在宿舍里，女儿想出去玩，打不开门，搬来一只空痰盂，翻过来踩上去，自己去鼓捣门栓，一脚把痰盂踩漏了，她下课回来，抱着女儿一起大哭。小S有一副好身段一副亮嗓子（直到这次见她，那说话的嗓音依然脆朗）。本想在京剧专业上好好发展，没想到那个美国的叔叔，因在“文革”中给她父母一家人太多的“海外关系”牵连，中国改革开放后，一心想要补偿，决定选择一个孩子办移民，娘家人一致“推选”了她。她恋恋不舍地离开中国，还有几分惶恐不安。临走时，我曾送她一只红木小船，愿她一帆风顺。

我原以为当年那个漂亮的青年京剧教师小S，已经消失在纽约的茫茫人海之中。有时想起她时，也猜她多一半会嫁一个有钱的华商，过起了全职太太的生活。无论怎样推测，就是没有想到过，她会独自在曼哈顿奋力打拼，并至今单身一人。

犹豫着问她为什么一直不结婚呢？她爽爽地回答说，因为没有时间恋爱。一天一天地过去，卖的袜子都是成双成对的，却把自己孤单单剩下了。偶然遇到一个还算合适的人，却搞不大清楚，那人是真的喜欢她本人，还是喜欢她的财产，所以从不敢贸然把自己交出去。好在也早已习惯了一个人的日子，虽然袜店365天把人拴得没有自由，但自己的心里总还留有一份自由啊。

小S是从纽约的《世界日报》上，看到我讲演的消息，率领了她的女儿和弟弟，还有专程从新泽西开车赶来的孙先生，一同出现在华美协进社的讲演厅里的。我认出她的时候，她抱住了我，我的衣袖湿了。后来的几天里，她带我去看她的店，去看她的家，为了我而给她自己找了一大堆麻烦。有时我想，若是她这次不主动找我，我们此生很难再有联系了。看来，曼哈顿的袜姐小S，仍保留了她当年的那一份真挚善良，是个重情重义的人。

愿那些多彩的袜子，早晚得到一双合脚的好鞋子。

天涯独行

趁着到夏威夷大学讲演的机会，我插空为自己安排了一次旅游。从火奴鲁鲁岛飞往邻近的岛屿，在火山岛下了飞机，见一位年轻的女导游笑吟吟前来迎接，用汉语自我介绍说叫小Z。小Z黄皮肤黑眼睛，一头直发短短，不施粉黛，从里往外透着精明干练。开口说话，分明是北京口音。在这天涯海角的地方，见到大陆出来的人，彼此都惊讶又亲切。

小Z驾车，领着一车人游岛。先去黑沙滩，然后是四处仍在冒烟的火山公园、喷着热气的硫磺井，最后还要穿过一条长长的火山隧道（凿通了熔岩山体而成）以及刚刚冷却的新鲜火山，黑色的巨大板块翘裂着像是刚经历过一场地震。小Z一路轻松地同大家说笑，谈笑中就把这个岛的历史地理状况介绍了，又讲那个穿着白袍子带着小狗的火山女神的传说，还有在火山岛探险猎奇的故事，然后带大家到市场去买水果吃，教我们学习用当地方言向人致意。她的知识面广而丰富，看得出是费了心思一点点积攒下来的。谁有问题，她那种幽默的解答方式也让人叹服。我一直从旁留意着她，心想这一个30多岁的大陆女子，怎么会跑到如此偏远的小岛上来，并成为一个称职的导游呢？

如此吃吃玩玩，不知不觉一天就飞快溜过。按旅游团的规矩，最后一项必定是由导游开口收取固定的小费。但是一直到了飞机场，见她把返回火奴鲁鲁的客人送走，也没听她提到关于小费的任何一个字。我吃惊不小，顿时心生敬意，本来就对她有几分好奇，这下倒真有了了解她的愿望。恰好因我第二天还要由此去茂宜岛，这一晚将留在火山岛过夜。在她把我一个人送回海边宾馆的路上，我终于忍不住问她，怎么没见你收小费呢？不会是忘了吧？

她笑笑说，要钱真的是说不出口。我有工资，工作一天下来，我已经得到了应得的报酬。小费是额外的，你服务得好，不开口人家也自然会给。

又补充说，假如有人没付小费，我就想，旅行在外的人不容易，他一定比我更需要用钱啊。

车到宾馆门口，时间还早，我说你可以留下来喝茶吗，我很想同你聊聊天。她说家里有孩子，想早点儿赶回去，假如不见外，你莫不如跟我的车一起到我家看看，我们可以边看边聊啊。我欣然上了她的巴士，那车开得飞快，中途嘎地停在路边的麦当劳，她冲下车买了一大包食品，说是给丈夫孩子带的晚餐。然后又把旅游巴士开到她的老板家，在那里换成自己的面包车。

那“老板”是个中年女子，来自台湾，早年学艺术，后来到这岛上谋生，开了华语旅游公司，为人诚信。生意做得长久。她家门前的树别有一番风姿，种种奇花开得俏丽，看得出主人是爱生活的人。墙上挂着几幅她自己的绘画作品，客厅里摆放着几件雕塑，也是主人的作品，色调柔和。构思不俗。偌大个房子，只见女老板单身一人，她独自经营着这家公司，倒也悠然。

在老板家一边吃着台湾香喷喷的油煎鱼糕，小Z一边把当日的有关事宜报告完毕，就急急告辞。到家时已天黑，一幢宽敞的美式住宅，门前的围栏里散落着各种儿童玩具。一位高个儿的中年白人开门来迎，她向丈夫介绍了我，便直奔卧室去看望孩子，男孩女孩等不及妈妈下班，已互相依偎着在床上睡着了。小Z亲吻过孩子，旋风一般到厨房给我下了一碗中国面条，味道还真的很中国。吃着餐后冰镇的木瓜，小Z给我讲她自己的故事。

她大学里学的是通讯专业，毕业后在大陆一个城市工作了几年，结婚生子日子很平静。但她总觉得这样的安逸不是她所要的，她老是听见自己心里有一个声音，呼唤她到外面的世界去闯荡。正好有朋友在赛班岛，她去了，由于学过日语，在岛上的日本超市做售货员，干得不错。写信让国内的丈夫也出来，丈夫不肯，婚姻就有了问题。后来认识了美国人约翰，也就是现在的丈夫。两人相处了3年而后相爱，后来，她同原来的丈夫离了婚。同约翰结婚后，他们共同选择了夏威夷的火山岛，作为他们新生活的开始。约翰在医院工作，收入比较稳定，她做导游，每天都有新的客人，整天在大自然中转悠，也是她喜欢的。她买了汽车住房，还把国内的孩子接到了美国读书。应该说，一切都很美满。

然而，在这么遥远的太平洋中央小岛，总共只有100个华人的地方，她一个中国女人，每天面对着她的白人丈夫和混血孩子，她不感到孤独吗？

他们都是我的亲人，她回答我。一个心里有爱的人，大概不会觉得孤独。

那你会永远在这个小岛上住下去吗？

不知道。我常常觉得，什么都没有永远。这个小岛肯定不是终点，我也不知道自己将来会去哪里。我不喜欢一成不变的生活。你看，我每周有3个晚上去学电脑，还想学很多很多东西，我这个人总是不安分，不会安于现状的。

你丈夫能懂得或赞成你的想法吗？

不完全是。从这个意义上说，我始终是一个人在生活。但是，一个生活得充实的人，也不会觉得孤独。

谈得很晚了，小Z和丈夫一起开车把我送回宾馆去。在汽车里，我问约翰中国的太太和美国太太有什么不同，约翰说，美国太太总喜欢不断地提醒你，她为你做了什么什么，而中国太太很少计较这些。约翰已经学会了好几句中国话，看得出来，他很爱自己的妻子，但他却不能完全了解她。

车灯消失在黑暗的公路上。在我后来的印象中，小Z始终是独自驾着一辆越野面包车，充满活力地穿行在火山岛的烟雾和热气里。

女斗士

“女斗士奖”是1984年，亚洲太平洋妇女连线组织，授予美国洛杉矶郡蒙特利公园市前市长李琬若女士一项大奖的称号。

琬若女士在市长的任期上，曾使蒙特利公园市在全美500个参加模范城市的选拔中，脱颖而出，成为全美8个模范城市的其中之一，因此，她也是全加州唯一获得“模范城市奖”此项荣誉的女市长。

然而当我在北京饭店见到她的那一刻，同传媒的报导大相径庭的是，她完全不像那种锋芒毕露的“女斗士”，却是一个端庄时髦、风韵犹存的漂亮中年妇女。

琬若携同她的丈夫陈保和博士，此次来北京，是为琬若的个人传记作准备。经她的老同学，也是我的老朋友——美国的李又宁教授介绍，琬若千方百计找到了我，想听听我的意见。她与我谈了整整三天，使我对她有了一个大致的了解。

琬若在十几岁时，随父母离开天津去台湾求学，后到美国。几十年过去，她仍说一口标准的北方普通话，字正腔圆的，委婉动听。她喜欢穿颜色鲜艳的衣裙，佩戴华贵的首饰，每天的化妆都一丝不苟，长长的睫毛一根根卷翘着，使得她的颜面也总是鲜艳生动，漾着聪慧开朗、热诚甜蜜的笑容。

在北京的一周时间里，琬若访友、被访、宴客、谈话，除了夜间睡觉，睁眼后的分分秒秒填得没有一丝空隙，踏着旋转如风的节奏，已是地道的美国人习性。唯有在她以过人的精力不倦工作时，才能隐隐觅见她身后那个“女斗士”的踪影。

或许是因为大半生都在国外，时时要记住自己是个中国人，要为中国人争口气。她解释说。所以凡是一旦决定要做一件事，就必须要做得最好，做得与众不同。否则，我无论如何是不甘心的。

命运那一叶扁舟，在她童年和少女时代，曾一渡海峡、二渡太平洋，将她独自送上了新大陆的土地。倏忽四十余年，那女子已在异国落叶生根。

琬若毕业于台北第十二女子中学，1959年到美国留学，先后就读于加州州立大学及西雅图华盛顿大学，1964年取得华盛顿大学社会工作硕士学位，后定居加州。

一个个性热情善良又颇具才干的人，选择了社会工作专业，正是天高海阔。果然，她在长堤医院系统工作期间，因表现优异，连续擢升。至1970年，由于亚洲移民剧增，洛杉矶郡社会服务部独具慧眼，首创亚洲局，琬若被委任为第一任局长。1973年到1980年，又转任专案计划局局长、资源开发局局长。一个华裔女子被委任高级官员的职务，在全美社会服务系统，琬若实属第一人。她第一天走进那幢大楼时，门口的警卫还以为她是来找人的，听说她来上班，问她给谁当秘书？连美国人也不相信，这位外形娇小可爱的中国女人，会是数百位美国和亚裔职员的“上司”。

那些年中，年轻的琬若尽心竭力，为亚裔移民申请经费、举办英语和职业培训学校，事务缠身却是游刃有余，1973年她当选为洛杉矶十大杰出妇女，直至今天，她仍是获此荣誉的唯一东方女性。1975年，福特总统任命她为卫生教育福利部妇女权利义务委员会的委员。她在任期的四年中，遍访美国各州，悉心调研妇女问题，并在美国国会中，协助了妇女职业训练法案的通过实施。1977年，东洛杉矶社区联合会，因琬若出色的工作，颁赠与她一项女性成就奖。

卡特总统任命她为全国成人教育顾问委员会委员。1979年，她担任了华裔妇女组织的全美总主席。从此，对琬若女士的褒扬和重任便接踵而至。

琬若为自己是个中国人而自豪。旅美的华侨社会和报界更以琬若的成就为荣。

但琬若却不满足。太平洋东岸温暖的海风每日滋润着她的肌肤，激活着她的智慧，也使得她的头脑越发清醒锐敏。她觉得华人在美国政坛的力量太小了，大多数华人都仅仅热衷于钻研科学技术，或是“各人自扫门前雪”，对国家政策漠不关心，因此也无能为力。她想改变这种状况，她想以自己的才华，向美国社会挑战，从一个政策的执行者变成一个政策的制定者和参与人。

1982年，琬若在当地亚裔民众的鼎力支持下，以蒙特利公园市历史上所获选民的最高选票，当选为市议会的五位议员之一，任期4年。随即轮值为副市长，1983年11月，就职市长。

华人过海移民，百年血泪、百年辛酸。在异国求职谋生，争得立锥之地，已属不易，而琬若女士毅然参加竞选，开了华人参政风气之先，终于成为全美有史以来第一位华裔女市长，此举振聋发聩，远播海内外，使得华裔同胞惊喜交加。来自东方的纤纤小舟，在风雨中登陆后，直奔那国土的中心地带。她的自尊和自信，使她无法做一个仰人鼻息的边缘人。她要融入美国主流社会，发出华人团体自己的声音，为捍卫华裔民众的权利呼唤呐喊；要根据华人的利益制定自己的目标，参与并影响这个由人民代表直接立法和主宰行政的制度。然后在各党各派各民族各团体的公平竞争一角逐一甚至激烈的斗争中，求得平衡和进步。

女市长在任职的那几年中，兼备了女性的坚韧和男性的果敢，英姿飒爽、雷厉风行，为她居住的城市居民造福。

作为市长的琬若，在任期之内，向州政府请得了经费，为蒙特利市建筑了唯一的一所大会场；又整修了市内两条主要道路，改善了市容，并建立了全市的公共交通系统，使老人可以免费乘车；她多次呼吁，四处游说，终于将影响市容和市民健康的垃圾积物场搬迁，使得邻近的几个城市都能享有较高品质的空气和饮水。在保障华人的利益方面，她率先在市政府雇用华裔职员，以便利华人到政府办事；她还在市政府出版的《市政通讯》上，设立华文翻译；在图书馆大量增加亚洲语文的报刊书籍，并在图书馆内成立教授英文的组织，使新抵美国的各国新移民，都能得到免费学习英语的机会。1984年洛杉矶奥运会期间，她使蒙市成功地成为奥运会的赛场之一，并以市长的身份，欢迎了大陆赴美的奥运会代表团。

不过，既然有志在美国当市长，当然会遇到美国式的麻烦。蒙市是一个华裔和西班牙、墨西哥人以及白人和亚洲民族的混居地。20世纪80年代，华人移民大量涌入，由于华商置地建商场收购了白人的一家加油站，而引起了白人被“侵占”的强烈不安和不满，致使白人高竖标语驱逐华人；继而发生的市政府为当地英文报纸加设华文增页，导致报社遭人投掷燃烧弹事件；还有市府反对英文独尊，允许商店与设立中英文对照招牌的行动，都使反华之声愈演愈烈，不仅给华裔移民构成了威胁，也对市长形成了极大的压力。娇弱的女市长奋起反击，公开抗议有人蓄意挑起族裔争执，以法律控告白人的侵权和种族歧视行为。这场诉讼至1985年终以琬若胜诉而结束，但这美国历史上第一位华裔女市长，身为反移民运动首当其冲的箭靶，心上已是伤痕累累。

琬若在这场西部风暴中坚定无畏的大声疾呼和奔走反抗，为她赢得了“女斗士奖”。无论是作为市长，还是作为女人，琬若都当之无愧。

然而，这位在外部世界叱咤风云的女斗士，在自己的家庭中，却是一位温柔贤淑的妻子和母亲。琬若在20世纪60年代读硕士研究生时与陈保和博士相恋，本来相约等各自事业有成再考虑婚嫁，不料保和一次在路上不幸遇到车祸，昏迷不醒几乎瘫痪，琬若为了能全力照料保和，毅然决定提前结婚。她说自己连想都没想过，假如日后保和真的落下残疾，她将如何生活。也许她的真情感动了上苍，保和在她的精心护理下，渐渐渡过危机，完全康复痊愈，后来成为一位很有成就的太空专家，当然也是“女斗士”多年征战的坚强后盾。琬若至今珍藏着当年她与保和结婚时的照片，照片上的保和先生脑部绷带缠绕，颈部箍着钢架，俨然一位“太空人”的模样，只是两人笑得都很幸福。

琬若和保和育有一子一女。儿子在道格拉斯飞机公司任职，女儿是一位医生。

琬若一再强调说：女人要先有温暖的家，才会有成功的事业。

她从童年时漂洋过海，一直走到了地球的另一端。她一生都在不断地试图超越别人，但我想，她首先越过的那道障碍，是女人自己。

琬若临回美国的前一天，全国侨联负责人唐树备先生，在北京饭店宴请了琬若女士。唐先生20世纪80年代出使美国时，曾与琬若相熟。琬若告诉唐先生说，她已在1992年从洛杉矶社会福利部正式退休，如今在一家专营国际贸易的“汉全”公司出任董事长。为美国推荐亚洲贸易的机会，加州议会已提名她为加州世界贸易委员会的委员。她还接替了陈香梅和江月桂女士，出任美国三军妇女顾问。

唐先生感慨地对我说：琬若女士为海外华人参政打下了良好的基础，也为炎黄子孙树立了世界的公众形象，她的功劳和贡献是无形的，祖国感谢她。

一个美丽的女斗士的倩影，长久地留在我的印象中，那是中华女性的骄傲。

大雅古仪

古仪的这一本新画册，是她多年来的精品集锦。

一阵幽雅闲逸的江南雾气，从纸页上冉冉升起，又洇洇淡淡地弥散开去。水雾散尽的庭院檐下，婷婷玉立着一位抚萧的女子；雨后的芭蕉树前，一位抱琴低吟的夫人独自端坐。膝下的石阶与身后的叶片，仍留着湿漉漉的水迹。她们的裙衫和面庞因而显得有些模糊，在袅袅的乐声中若隐若现，平添了几分悠远的怀旧气息和东方情调。

我看到许多美丽的女人，从古代的熏风中娉婷走来。她们款款移步，穿过斑驳的历史长廊，每一扇窗棂映出的倩影都是一个历史断面：从巫山神话至清代的红楼梦境，由深宅大院而乡野荷塘。她们卸下楚地女神的布衣宽袍，换上东汉貂蝉的曳地长裙；千年后的月光下，锦缎旗袍以更为端庄的姿态出场，每一道搭襻和袖口滚边，都在诉说着女人的心事。太阳出来时，采桑撷莲的村姑们那一身蜡染的花布衫，让田野的风光都黯淡下去了。一群蜂蝶轻灵地缠绕着女人的发髻鬓角，似能听见嗡嗡嘤嘤欢快的闹忙声。

这是一部关于女人的画集。民族民俗民间的中国女人，在古仪笔下，画中的女人均被赋予了典雅与华贵的品性。也许，那些极端的女权主义者，也会因此发现“自己”内心的柔情，被画中女人温婉的外表中所透射的无邪之美所震惊。

古仪自幼习画，“文革”前考入中国美术学院附中，现为杭州画院副院长。

经过多年沉心潜气的修炼，中国画洒脱的水墨写意和精致的工笔技法，彼此已融合得天衣无缝。画风的整体印象，有如巨大的苍穹之下悬浮涌动的云层，被奇妙的阳光从背后一根根一线线勾勒出清晰的边际，或是被黑暗中掠过的闪电瞬息照亮。然而，无论是画中传统的大家闺秀还是娇艳怡人的风情女子，都悄然传递出浓重的文化气韵和别具个人风格的女性情致。

古仪用色，多是柔和沉着的中间色调，虚虚淡淡地化开去，看似不肯定不经意的随和，却自有一种难以捉摸的准确和精巧。暖色是温馨的，向外漫溢着优雅与祥和；冷色有梦幻的意蕴，藏着几分戏谑和迷思；冷暖相间的自然风月，则更多些安逸与寂静。画面若是留白，流动着的空气几近透明；悠长低回的箫笛声声，在朦胧的鹅黄朱红青灰银紫色上如烟缭绕，那样的含蓄收敛干净，是真正爽心悦目的颜色。观者的目光仅仅只停留于画上的色调，就已被置于大雅如诗的韵致和氛围中了。

古仪塑人，女子的造型个个生动并富于情趣。静坐者娴淑、伫立者飘逸。一颦一笑、一静一动，纤手细颈腰肢发髻都在浅吟低唱，群裾腕袖流云生风。古仪构图擅长以背景衬人，一个女子一道风景，那风景定是只为女子一人所设——洛神来自茫茫的洛水深处、采莲女的小船淹没在硕大的荷叶里、品茶的女子身后，墙上的茶壶与袅袅茶香融为一体、花格窗棂假山影壁的深深庭院，问春在何处……那些水墨隐淡的写意，似在若有若无之间；女人服饰上精美的花纹，却是一笔笔雕刻般的精工细作；更爱古仪所绘女人服饰或人物背景上的花卉，牡丹华贵、芙蓉俏丽、昙花冷傲、梅花高洁、杏花烂漫、海棠热烈……采尽人间百花，把世上最美丽的花朵，都移植到女人的衣衫上了。无论虚拟还是写实，滴墨点彩中都伸展着艺术的花蕊。

古仪画中的女子，面孔通常并不漂亮，大多带一点儿夸张的憨气，任是拈棋读书、观鱼赏春，神态中总有童稚的拙朴与天真，一个个清纯可爱，惹得观者一心想过画中女人那般悠然自得无忧无虑的人生。古仪塑人，美而不媚，审美品位就在这一字之差。

其实古仪最擅点睛。整幅的朦胧或是隐晦，只一点恰到好处的亮色，画面便豁然开朗了。女人的裙衫布衣上，只须在花蕊中缀一点浅浅的银粉，月光来了，雪花飘了，梨花开了，雾气散了，女人由矜持变得活泼、由沉稳变得洒脱。还有金色，本是忌讳的，用不妥便俗艳了，但古仪却是独辟蹊径，画中的裙袍衫裘腰带头饰，常用金色“绣”出，惜墨如金，镶嵌那么一星半点儿，女人忽然就闪烁起来，眉眼像是太阳从云中钻出，刹那间亮得晃眼，女人顿时变得神采奕然，更添了几分灵气。古仪奇巧的“点金术”，用重彩为女人点睛，美目盼兮——美目烁金。

作为一位热爱艺术的赏画者，纵观细读古仪画册，可知古仪的艺术素养来源丰富，博采中西画水墨水彩水粉之长，广纳风俗图案壁画布艺之精要，以女性画家独特的艺术造诣，抵达中国画唯美、纯美、空灵的精神境界。

这是21世纪的女性之诗——来自灵魂深处的女性自觉，勾画出如此自然天成的女性画卷。

曾经写过一篇名为《悦人与悦己》的随笔，谈到女性自觉首先表现为女性的“悦己”意识。在古仪的画中，我们欣喜地看到，几乎所有的女性人物形象，都是在女性眼光下“我看”——“看我”的记述，而非男性视角下带有观赏性的“被看”。古仪描绘的女性之美，没有夸饰矫情之感，而是从女人内心滴滴泉涌的自我珍惜与珍重；古仪创造的女性之美，呈现出一种“自赏”之美，怡然自得的性情之美、气质神态之美；那是画家心灵镜像中自我认识的审视与折射，也是内心情感的真实表露，体现了现代女性追求自由与自立的价值理念。

与“现实生活”的距离感以及疏离感，亦是古仪绘画创作的另一艺术特色。古仪笔下的女性来自远方、来自古代、来自历史、来自书卷。她们活在自己的世界里，玩味着那些被男性社会所漠视的细微情趣，与琐碎庸常的“日常生活”若即若离。画面的情境既是“过去时”也是“未来时”，这一个“未来”，是女人在画中才能实现的关于尊严的梦想。这样的女人心里是充满爱意的，不是被人“所用”，而是“爱人”和被人“所爱”的。于是，女人的浪漫心思和博大胸怀，不再被那狭小的庭院空间所束缚，它超越了时空的局限，让女性精神以拒绝俗世的姿态得以飞升。

黑格尔认为：“我们可以把那种和悦的静穆和福气，那种对自己的自足自乐情况的自我欣赏，作为理想的基本特征而摆在最高峰。理想的艺术形象就像一个有福气的神一样站在我们面前。”这段话可看做是对古仪创作的别样解读。古仪画中的女性形象多处静态，那是一种来自心灵的安宁，矜贵持重，闲适恬淡，任何多余的肢体语言都会破坏了画面上女人的无声之美。喧哗易而无声难，女人在画上默然无语，却从“无声”中传递出女人内心的欢喜欣悦——有力量承受生命所有的欢乐与苦痛，那样的女人才是有福的。

因此，古仪的绘画语言风格，可用王国维所说的“古雅”之风加以概括。大雅古仪，心仪纯美，天生一个风清月朗的西湖快乐女神，所以她笔下的山鬼也娇嗔、贵妃少霸气、昭君无怨恨。古仪以她对人世的宽容、对物欲的淡泊，对爱与美的虔诚，一笔一笔勾勒着自己的艺术宫殿。因而近年来多次在国际上获奖，作品被多家画廊和博物馆收藏。

和悦静穆、纯净和谐——是人生亦是艺术的境界。大雅古仪，风雅绝伦。

感受茅威涛

很多年，凡是遇上浙江小百花越剧团来京演出，总要设法去观赏。一是因为越剧之优美，可让人寄情怀乡；更多的，是为了去看茅威涛。

曾看过茅威涛主演的《西厢记》、《孔乙己》、《陆游与唐婉》。

每次，在台下，默默地欣赏茅威涛，或远或近。每一次见茅威涛，她都会变成另一个男人，一个被我所艳羡、也可能厌烦、怜悯的男人。大幕拉开之前，也许并不一定喜欢她扮演的那个剧中人，但每当大幕落下时，最终便欣然接受了她所塑造的那个人物，是由于被她的演技所感染所征服，剧中人在剧本之中的生命本是静止的，是表演艺术家以自己的声音将其唤醒，在自己的形体中使其复活，在惟妙惟肖的表演中将“他”在“我”的主体中显形。那么究竟是剧中人的幽灵附着于表演者身上，还是表演者将自己的灵魂交付与剧中人了呢？

一个优秀的表演艺术家，也许当是后者。

很多年中，就这样静静地期待着茅威涛的每一次盛装出场，期待着她“化身”的每一个新角色。无论是飘逸俊朗、风流倜傥的书生；耿直感伤、愤世嫉俗的失意文人；蒙昧愚钝、淳朴生动的小人物……百人千面，栩栩如生。茅威涛摇身而成张生，是潇洒落拓、缠绵悱恻的一个情种；茅威涛演陆游，重在表现陆游的“忧思”和“无奈”——报国无门与母命难违的复杂境遇，与错失爱侣的大悲大恸，浑然交合一体，令人悲怆怅然。茅威涛另塑孔乙己，则是新旧交替时代混沌愚昧、却又自私狡猾、可怜可悲的民众个体活生生的再现。茅威涛为演孔乙己不惜剃去满头青丝，以“光头”亮相以达到人物的真实感和艺术的严肃性，即此一项，可知她对外形塑造的严格、对艺术“纯度”的要求之苛刻和敬业精神了。

还在电视中见过茅威涛的专场演出，她所有的优秀保留节目，一场一折，都是最精华最精彩的，听得耳朵都酥了，看得眼睛都满了。那一晚的越剧飨宴，从茅威涛飞扬而又忧郁的眼神中，闪过两个字：“哀伤”；从茅威涛爽朗宽厚、带有磁性而更具魅力的唱腔中，传来两个字：“磊落”，从茅威涛每一个“华丽转身”的洒脱甩袖中，留下两个字：“大气”。

那是一种经年累月的艺术修炼，终至炉火纯青的境地。

那晚的电视专场结束后，还有电视主持人对她的采访，那是我唯一一次见到她卸装后的“真人”形象，她的魂灵重新回到了自己的躯体，端庄沉着，落落大方。我听到她用很好听的南方音通话阐释自己的艺术理念，她丝毫没有刻意地表现表演艺术家的“明星气派”，而是还原为一个善于思考的现代的知识女性。

源远流长的越剧“女小生”这一奇异的表演艺术特色，由于茅威涛等诸位优秀的艺术家而得以传承。也许，在由女性所塑造的那些刚柔相济、富于同情与哀悯、重情重义的男性角色身上，在那些身体线条流畅、音质淳厚动人、动作舒展洒脱的男装的女人身上，寄予了观众更为丰富的男性想象。“女小生”也许是一个曾经被误导的女性理想——女人可以成为男人、女人应该像男人那样？但事实上，在越剧艺术的发展过程中，男性却被逐渐地改造了，那些由女性塑造的男性舞台形象，在阳刚勇猛的传统习性之中，被赋予了更多的体贴与柔情。

由于茅威涛的存在，也许使得更多的人，不会轻易放弃观赏越剧。尽管“小百花”的演员整体都是如此优秀，但一个好演员的诞生，确实能够救活一个剧种。近年来茅威涛一直亲自担任着“浙江小百花越剧团”的团长，从剧目的选择、改良到音乐、唱腔、表演和舞美的重新设计，她都已经承担起了超越于一个演员的责任。

就那样远远地欣赏茅威涛。就像读一本好书，而无须结识书的作者那样，我至今没有在舞台之外见过茅威涛。我宁愿在心里保留着一点儿关于她的神秘与牵念。仅仅是倾听她回肠荡气的声音、感受她目光流盼中的深情诉说、回味她无言的背影，已足够。

守望西湖的青藤

那一株青藤，在七八年的时间里，曾移动了4回。

每搬迁一次，藤叶覆盖的面积，总比先前拓展膨胀了许多。然而叶片的纹路与肌理，却是越发地精致与鲜润了。

最初是湖滨三公园对面的街铺，一家只有几十平方米的小店，只能叫做茶屋吧。门面虽小，茶屋的氛围是温暖而亲切的，喝茶的客人就像似茶水一般流动起来。后来搬到了六公园湖畔居对侧之后，好似一株茂盛的青藤，一年一层楼地攀升上去，直到把整座三层楼都盘踞了，很有了茶楼的规模和模样；在杭州城里，说起青藤茶馆，如今怕是很少有人不晓得的。细细追究起来，“青藤”是20世纪90年代在西湖边发出的新芽，并不是河坊街的老字号，仅仅七八年间，长藤弯弯、青叶缠绕，架起一座浓荫蔽日的硕大茶棚，不说是个奇迹，至少也是带了些传奇色彩的。

尤其，店主是两个年轻的杭州女人。七八年前，差不多还是茶叶嫩尖一般新鲜的女孩儿啊，如何就能把一片片茶叶变成蜻蜓的绿翅膀，在西湖的暖风里飞起来？

后来那个不算小的三层空间，也容不下这对翅膀了。每一枝柔韧的青藤，都缭绕着女人的梦想在一圈一圈地盘旋。2003年秋天来临，西湖扩建改造工程完毕，“青藤茶馆”在四易其址之后，选择了元华广场二层，在一公园的西湖南线入口悄然开张。猛然扩大成5000平方米的面积，计有800多个座位。结果呢，茶客光临的高峰时，茶席仍然不够用。即使在杭州这样温柔富足的龙井茶乡，喝茶喝出如此蔚为壮观的景象，也令人啧啧称奇。

“青藤”究竟握有什么样的秘密武器，让杭州人把一杯清茶喝得上了瘾？

新“青藤茶馆”掩于婆娑翠竹丛中，依然有着女性的含蓄与秀气。沿木梯拾阶上得二层，眼里掠过青石小桥泉水游鱼，一步一景，脚步顿时就慢了下来；四处流连顾盼，眼神也不大够用。围廊隔断的分割与设置，一改先前繁复的传统风格，赋予了现代的空间概念，只觉得抬头低头通畅敞亮，叫人想起凉风微袭的山间茶园；数间小巧玲珑的江南小筑，均以西湖十景命名，影影绰绰地藏在曲径通幽处；古色古香的窗格门扇、造型简洁颜色古朴的茶桌茶椅，藤质木质，件件精心得不留痕迹；灯具也是极讲究的，柔和的光线若有若无，便有了月夜星空下品茗的感觉；壁上镶嵌的橱柜木格，收藏各色紫砂名壶和历代茶具，还有墙上精心装裱的名家字画，如此浓郁的文化气息，茶馆不再是茶馆，而是一所小型的茶艺博物馆了——边走边看，峰回路转，就有迷路的担忧了，果然又有阔大的厅堂在前，一面弧形的白墙落地，简约而朴素，内里透出现代的开放意识；宽阔的阳台设有露天茶座，西湖碧波就在眼前，似乎伸手可触。逢年过节，一边品茗一边观赏西湖上空的璀璨烟花，将是怎样的好心情。忽然觉得“青藤茶馆”更像是一座内涵丰富的文化广场，杯水之中，竟是天外有天的。

也巧，“馆主”沈宇清和毛晓宇，这两位杭州女人的名字里，都有一个宇宙的“宇”字，似乎注定了两人今生有缘，必得同心同道去开创新天地的。宇清灵秀、晓宇沉稳；宇清聪慧、晓宇大方；熟悉这一对“姐妹”的人，简称、昵称其为“毛毛”和“清清”以示区分。两个清清爽爽的江南女子，开了多年茶馆，言行中却看不出阿庆嫂般“女强人”的精明泼辣，只是轻声细语地说着平常的话语，如同一杯澄澈的清茶，散散淡淡波澜不惊。茶馆的画册底封上有两句诗曰：青染湖山供慧眼，藤萦茗话契禅心。恰似这两位开茶馆的女人，淡泊随缘，慧心禅意，原本看重的是茶品茶趣，不经意间，却把这悠闲之乐，做成了茶的事业。

很多年前毛毛和清清是一个单位的同事，时常相约去看湖。湖光潋滟、山色空蒙，让人相看不厌；是谁突发奇想地说，若是舀一勺湖水来饮，不用煮即是茶了。又说要是能变成一棵树呢，就能一辈子都守着这湖，天天同西湖做伴了……

那就开一家茶馆嘛。茶馆一定要开在西湖边上，晴湖雨湖雾湖夜湖都是一杯茶了。

于是女人在如花似玉的年龄，结伴种下了一株纤细柔弱的青藤。为什么是“青藤”呢？也许只因为青藤是一棵能够守望湖水的树，青藤的枝蔓像湖上袅袅行走的舟船、青藤叶片就像飞在空中的茶叶；还因为绍兴的“青藤书屋”曾给人奇异的文化想象……更是因为，今天的女人不再是花朵，两个独立的女人，原本就是两株并肩生长、蓬蓬勃勃、自由自在、生命力顽强坚韧的常青藤啊。

七八年间，茶馆虽然几经搬迁，那一根根柔韧的藤蔓，却始终立定脚跟沿着湖滨一线蜿蜒，执着地不愿离开。“除了西湖边，哪里我们都不去”——那是一个关于守望西湖的诺言，一生一世的守望，犹如千年的西湖，淡妆浓抹自有定力。女人的丈夫由爱“人”而及茶、由爱茶而及青藤屋，最后也变成了守望西湖的那两个女人身后的忠实守卫者。

一个听起来浪漫而动人的故事，落在杯中，是沉甸甸、续之不竭的一壶清茶。“青藤”连续多年被评为“杭城十佳温馨茶楼”，功夫终究是下在一个“茶”字上——茶叶的品质、茶具之精美、茶艺表演，还有独到的待客之道。杭城的人都知道“青藤”所用的茶叶均为货真价实的上等佳品，片片让人放心；“青藤”

沏茶所用之水，都是天然泉水；更值得称道的是“青藤”用以佐茶的各式茶点，真的可口入味，真的好吃，每一种制作都是不含糊的。此前几年中我曾多次去过六公园的青藤老店，每一次都是茶醉食足而归。那样琳琅满目的茶点之宴，铺就了一道丰盛的江南食品艺术长廊……

想当年“青藤”创业初始，两个女人曾亲手“研制”本家茶蛋茶干。女人的温情与心思，就这样点点滴滴地留下来了，也长久地留住了“青藤”的茶客们。“青藤”特制的茶具上，有“青藤”的店标——一缕清茶的丝丝热气，在空中轻盈升腾，恰似一根柔软韧性的青藤，有意无意地勾勒出了茶杯的形状。茶香袅袅，绵绵不息，更似“青藤”的流水与人气。

这一想也就恍然：“青藤”是把天下的茶客，都当做养育自己的沃土来侍奉的。所以“青藤茶馆”，每搬一次家，便愈发呈现兴旺之势，因为它把根上的土壤也一同带过去了。

西湖幸有“青藤”，南来北往的爱茶人，从此都与“青藤”一起来守望西湖。昨日的茶还未凉，今日喝茶的人又回来了。

在日本女诗人
财部鸟子家里做客

在东京的最后一日，按照日中文化交流协会的安排，由长野微小姐陪同我去清濑，会见日本著名女诗人财部鸟子女士。

手头恰好有一本从国内带来的《日本现代女性文学集》，其中收有财部鸟子的诗作《总看见死亡——写给作为难民死去的小妹妹》。作品后面有作者简介：财部鸟子，1933年出生，新泻人，生长于被日本占领的中国东北地区，1946年回国。出版有诗集《腐蚀与冻结》、《西游记》、《鸟有之人》等。曾获日本地球奖、现代诗茶花奖。我原本有些纳闷儿——自己从不写诗，为何安排我去与诗人“交流”？这才明白财部鸟子女士童年时代在中国东北生活了12年之久，我这个也曾有东北生活经历的女人，想必应当与她有话可说。

其实在前天东京会馆的招待会上，她专程从清濑前来，已经同她见过一面。她步态轻盈、身材匀称，丝毫不像70岁的老人。那天她对我将到她家做客表示欢迎，问我是否能吃寿司，说她和丈夫将请我去清濑一家最好的寿司店午餐。

清濑在东京郊外，坐地铁然后换计程车，已是东京郊外风光。车停在一条清静的小街上，上三楼，进门就见柜子上一瓶精心插好的花草——新鲜的枫叶雏菊，散发着秋天的气息与主人的心意。

她的丈夫是一位美术学院的院长，身着深灰色的日式和服，身材魁梧健壮，笑容可掬。几间屋子的地上都铺着日式凉席，素净而简朴的装饰，没有丝毫奢华之气。脱鞋，在客厅里盘腿而坐，顿时有一种家常的温馨。财部鸟子说茶几的布帘内安有电热丝，把脚伸进去便可取暖。试一试，真的很暖和。

我说我不会写诗，所以来拜访诗人有些惶恐。但我在“文革”中下乡的地方，正是你曾经生活过的佳木斯附近，我去的时候那个城市还有许多日式建筑。不知您幼年对佳木斯留有怎样的记忆，后来可曾再回去过？我去年刚刚去过佳木斯，很多新建筑，那个老公园还在……

诗人的言谈轻声细语，但我听见了她内心长长的叹息。她说童年的佳木斯很冷，她在专门的日本小学校上学，大人不许她们和中国孩子往来，放学时有中国孩子跟在她们身后吐吐沫，但也有中国孩子偷偷地跟她们玩耍。她不明白大人们为什么要离开日本到另一个国家来生活。在战争的轰炸、交战、撤离中，她全家陆续有十几个人死在中国，直到1946年终于从大连坐船，在海上漂了三个星期回到日本。幼年的孤独、寒冷、恐惧，也许是使她写诗的原因，后来就一直写下去了……

诗人的丈夫提醒她说，我们还是先去吃午饭吧，那个饭店老板等着我们呢。

那家寿司店也在一条小街上，门面很小，店里也就两张桌子，墙上有画、柜台后的陶艺、酒瓶和装饰倒是漂亮精致，不像是饭馆，倒像是一家待客的前厅。据说这家店已经有几十年历史，来客都是固定的老客户。菜很快就上来了，极其新鲜的生鱼片、生海螺片，生鱼鳍……极为可口的调料。生鱼片一入口，点头惊叹说真是好新鲜啊。还有天荸罗和生鱼卷米饭团（寿司)、酱汤，即便不喜欢日餐，也觉得好吃。老板个子高高，面相严肃，猛一眼看去，有种高仓健的硬汉气质。我把这个印象通过长野微告诉了他，他便高兴地一直陪在一边同我们说话。他说这些鱼都是今天一早去买来的，虽然开寿司店的老板都会选择新鲜的鱼，而他买鱼，却懂得识别新鲜中更新鲜的，所以他做的寿司也是最好的，肯定你在日本再也吃不到比这更好的寿司了。

吃过他做的寿司，几天后再吃别家的寿司，果然就再吃不出那般鲜嫩纯正的口味了。

吃着说着，说中国，知道我是中国的作家，又说艺术。他告诉我，他的父亲是一位很有名的画家，他的太太是他父亲的学生，平时有客来就照顾生意，闲了就画画，这墙上挂的就是他太太的画。抬眼看，那幅花草很像中国的水墨，素淡空灵的很耐看。越说越投缘，他转身进屋拿出一本2004年的挂历送我，上面全是他父亲的画作。遇到这样爽直热情的汉子，我也只能乖乖领受他的好意了。于是大家照相合影，我开玩笑说，回去告诉中国朋友，说高仓健如今在清濑开一家寿司店呢，有照片为证。他嘿嘿答道：可惜我笑了，高仓健是不笑的。我说没人见过笑着的高仓健，这照片很珍贵呢。说笑间，忽然觉得半个多世纪前那场残酷的战争已是何其遥远。普通的日本人民，大多如他们夫妇这般辛勤地工作，知足常乐，过着平静而安稳的日子。席间多次谈到艺术，财部鸟子的丈夫对我说，艺术的本质应该表现整个宇宙的精神，而不是一国一地。我亦十分赞同。

临走时“高仓健”递给我一双筷子，说这是他的名片。筷子封套上有名字和地址，上写“割烹——寿直”，“寿”与“直”中间有个字是日文的片假名，不识，至今无法读出他的全名。他夫人开车一直把我们送回财部鸟子家，午餐才算正式结束。

三楼侧室有一间财部鸟子的书房，窗外一株樱花树，枝叶探至三楼，可以想见樱花盛开的日子，诗人面对着云霞般灿烂的花朵，思绪怎样地飘然荡逸。墙上的镜框里镶嵌着一幅诗作，上部配以她丈夫创作的一幅小画，显得雅致古朴。财部鸟子切了苹果，在小小的方桌前，我们继续着诗与文学的话题。翻看了她的几本诗集，还有她与世界各地的多位诗人，一起创作的“联诗”。她说那次诗人的聚会很有意思，总题确定后，一人先写一段，别的诗人再往下续写，写不好不允许出门。在那些诗人的名字里，有熟悉的北岛先生。

重读财部鸟子的那一首《总看见死亡——写给作为难民死去的小妹妹》，最后一段是这样的："我突然睁开了眼睛。她不会回来。在留下哭声的梦境中，我不愿听见一声枪响。"我虽然没有读到她全部的诗作，但对于"和平"的祈愿，应该是她作品坚定的主旨。

曾问过她战后可曾回过童年生活的佳木斯，她说80年代初去过，幼时的房屋都还在，唤起她许多旧时的记忆。她写过一部中篇小说《天府》，讲述的就是那一段生活。后来她找出日文的文稿给我，我看见了"三江平原"、"松花江"这些熟悉的语词。我把这部文稿仔细地收好带回了中国，希望能有人将其译成中文，让中国读者从另一个角度，更为真实地了解那场侵略战争，在一个日本女孩心中留下的阴影。

临走时好奇地问起她这一笔名的来历（她的本名是金山雅子）她笑着说，金山是财，而她的生肖属鸡，就组成了这个笔名。她更愿意成为一只飞翔的小鸟，有属于自己的自由天空。

车行渐远，她和丈夫还站在路边目送着我们。上了地铁，才忽然想起她赠送我的一只日本民族的传统工艺"草木染"的布袋，竟然忘在她家没有拿走，觉得自己十分失礼。而她家远在郊区清濑，谁也没有时间再去取了，只好请求长野微打电话向她解释一下。没想到过了几天，长野微将那件礼物带到了大阪，说是财部鸟子将我遗落的东西，从邮局寄到了日中文化交流协会，请她们转交给我。为了安慰自己，我只好想象她真的变成了一只小鸟，栖息在云霞般的樱花树上，然后在树林间不知疲倦地飞来飞去。

东京五日，就这样在不停歇的交谈中度过。留在我印象中的东京，是一个在话语的波浪中起伏的城市；嘈嘈切切的语音淹没了街道的喧嚣，从高楼大厦间的缝隙里钻过。在那个洁净的城市里，飘落的言语甚至无法变成可辨的尘埃飞扬……

在第六日离开东京去箱根的路上，面对窗外深秋的秀色，一路默然。

好像说了很多，又好像什么也没说。像是该说的都已说了，又像是刚刚才开始。像是听明白了什么，又像是更不明白。在每一次交谈中，我们都跃跃欲试、企图一语中的，却又常常欲言又止、词不达意。任何表达总会有局限，任何倾听也会有贻误。言语渐渐模糊下去，而那些具体而形象的事物，却一次次从记忆中跳出来——比如精美的盘子、秋天的插花、透明如玉的生鱼片、茶几下的暖炉、中文书库般的办公室、微笑的眼神和路灯下的身影……却似乎传递出更多可供回味的意蕴。那是一种无需言语的对话和交谈，心灵瞬间的感动和感悟，不知不觉间，提问与应答已经完成。

汽车盘旋在箱根的清木原林海，神秘的富士山在天顶时隐时现。随后的几天中，我们将会开始同日本大自然、风物、古迹的对话。那是更为感性的交流。当语言成为个人意愿的所指时，也许它根本无法到达自己的目的地，仅仅只是一种靠拢和接近的尝试。它更无法穿越千年的文化屏障，在异地上空自由飞翔。而语言的能指却有着更为宽广的空间——他和她曾经说过的那些、你曾经说过的那些，谁也不知道将在什么时候，那些“言语”就像一粒粒被风吹来的草籽儿，一场春雨过后，它们会在各自的土地上悄悄发芽。

1982年张抗抗在大连海岸

189
读书的女人

读书的女人

那似乎是知识妇女梦中的情景——独自一人，只一个人，在房间里静静地读书，没有家务孩子琐事的种种干扰，嘈杂的市声和烦心的争吵都离她远去。她手里的书本就是她的整个世界，她只同自己的心灵对话。

读书的女人是安静的。她沉浸在文字编织的故事之海中，用眼睛做桨划开波浪，去寻找遥远的精神彼岸。她没有时间唠叨饶舌、没有时间拨弄是非，就连翻动书页都是轻轻的，像微风吹过草地。书本像一道隔墙，把外界的噪音都拦住了，但她的眼睛却能分辨书本上最细微的声音，并用眼泪作为应答。

读书的女人是辛苦的。她不是那幅画中17世纪的闲妇，21世纪的女人天天要赶着上班回家还有做不完的家务。她省下买时装买化妆品的钱用来买书，等丈夫孩子睡下了，从自己好梦的时间里抠出一块来读书。无论买书还是读书，付的都是血汗，时时透支，要用未来赊账。一个女人若是爱家也爱书，便是苦海无边了。

读书的女人是愚蠢的。她分不清书本和现实的区别，以为书中的故事都发生在她的生活中，常常把书中的人物当成了自己。读书的女人对别人的事情头头是道，动辄可引书上的警句来教导他人，但对自己的事情却是晕头转向云里雾里，用书本上的经验来对付现实往往错上加错。

但读书的女人终究是幸福的。理性的思考给予她属于自己的头脑，女人的神韵里就有了坦然和自信。知识为她过滤尘俗的痛苦，使她有力量抵御物质的诱惑，并超越虚浮的满足而变得强大丰富。

渴望读书，从浩瀚的书海中挑选出适合自己或是自己喜欢的书。在下着小雨的清晨和刮风的黄昏，在大雪纷扬的冬日和柳絮飘飞的春天，若是再有一杯冒着袅袅热气的清茶呢。常常憧憬着在开满樱花的树下、在绿草茵茵的河边、在海边的沙滩或是惊涛拍岸的礁石上，一个人抱着书，读到书我两忘。间或有蝴蝶或小鸟从头顶飞过，远处飘来淡淡的花香——那也就是关于浪漫的极致想象了。

实际上，几十年真实的读书情形，却毫无诗意可言。在童年暑假的凉席和寒假的被窝里，在连队宿舍的油灯和山林帐篷的蜡烛光下，在旅途中肮脏的火车站，在拥挤不堪的居所嘎嘎响的破椅上。没有书房的日子更激起疯狂读书的欲望，因为心灵的饥饿，到后来，就成为一种吞噬文字的生理需要和惯性了。

曾说过读书分为两类，一种是写作的实用性需要——浏览优秀的文学作品以寻找差距，了解当下新作品的动向和特色以作参考，创作中所遇到的专业性问题需要补充知识，包括理论书籍和各种字典辞典和典籍。但我更喜欢另一种阅读，那种看似与写作无关的阅读，自然科学哲学艺术以及传记。你读它根本不为什么而仅仅只是因为喜欢，它看上去对你毫无用处但却如森林氧吧和甘泉，改善你的呼吸和血液，改造你的知识结构与思维空间。它的渗透作用是长远而无形的，没有任何急功近利和立竿见影的打算。如果说前一种阅读是西医治疗，是当即见效的输液点滴；那么后一种阅读就是中医调理，是强身健体的滋养和补充。可惜我们总是有病才去求医，在迷宫般的书城中，我们曾错过了多少曲径通幽深藏不露的好书廊。

读书的女人如今拥有了属于自己的书房。她常常望着满满的书架发愁，她发现一个人一生中即便不做任何工作，把所有的时间都用来读书，也无法把世界上的好书读完。这个发现真是令人绝望。……………………………………

你对命运说："不!"

一个忠告：你对命运说"是"，一切就变得不那么苦。——《绿宝石的眼睛》

我在一天时间里，从日本到印度，又经西欧、东欧，再横越太平洋到美国，把个拥挤的地球，急匆匆走了一圈。

我没有乘坐航天飞机或运载火箭那种现代交通工具的机会。我只是用我的眼睛，从一排排变成了中国方块字的小说译稿上，兴致勃勃地走过去，像小时候跳格子，或是像坐火车时望着车厢连接处下疾驰而过的铁轨枕木。我发现世界上凡有火车的地方，车厢车头可以千奇百怪，但那作为铁路基础的枕木，其坚固的程度几乎无一相异。我环绕它，巡视它，无论在地球哪个遥远的角落，我都听见那个固执的声音对命运所作的回答。

那是一个由女人自己塑造的地球，这颗太阳系中惟一有生命居住的行星。我不认识天涯海角那些肤色、眼睛、头发各异的女作家，我只看见一颗颗女人的心。那是浸透了苦难的土地上长出来的果实，也许它酸涩，也许它泛淡，但我知道它们每一颗都饱含爱的浆汁。

女人从来用自己的心写作，一个男人说过。那也许是最自然的、最自由的写作动机与境界。心，是一湾温柔的湖、一泓清澈的潭、一片澎湃的海。当你远征去、凯旋归，当你踌躇满志，当你筋疲力尽，你都会不顾一切地投向它的怀抱，洗涤你落满伤痕、尘土的身体和灵魂。女人的心灵是一块奇妙的再生之地——生命、希望、力量和爱情。

她自己或许变成了一页页稿纸、一本本杂志，用那些被男人垄断了几千年的文学，在蓝汪汪的大洋里，拼出自己的陆地，拼出一个自己的五大洲。应该说没有女人是不会有“人间”的。那么没有女作家呢？很多个世纪以前，谁是第一块从海底升起的礁石？（班昭昭？蔡琰？）那个跛足的文学巨人瘸着一条腿走了许多年，终于走不动了。他说被历史锁在他脚脖上的女人，用千年的泪水锈蚀了它的铁鞋，露出苍白而健全的脚趾。她们说她们原来就是那另一只脚。

从此那一只脚落下的地方，就有了自己的脚印。她们不再按照男人的意志来解释、理解这个世界。她们本来就是为了创造而降生的。那些个易感的心灵，束缚得太久，归还得太迟了。她们生来是为了创造——创造真实的人类和人类的真实。她们要证明自己。

于是便有了我“坐地日行八万里”，遥瞰的一块新大陆——面前这6篇不同国籍的女人所写的作品。

其实也许算不了什么新大陆，无论是故事内容，还是写作技巧，或是语言、构思、人物，都没有我们期待的新玩艺儿，甚至也没有沾一点儿时髦的诸如新小说派、结构主义、魔幻现实的边边。它们是规规矩矩的良家女子，从生活的现实到现实的生活。平凡、琐碎得我几乎都失掉了兴趣。

在这个男人暂时被束之高阁的世界里，女作家们似乎永远在重复一个古老而陈旧的弱女子的故事。20世纪60年代、70年代、80年代。生存、婚姻、晚年。爱情、事业、独立、平等。

不幸的女人和女人的不幸——难道这就是女性文学、女性作家们永恒的主题？

那个跛足巨人走得多么沉重、多么迟缓、多么犹豫啊。

会写字的女人。用字母、字块辛辛苦苦垒起的大陆，又被永不平息的大潮所吞噬。

我记得自己说过，我愿意首先作为一个作家。然后才是女作家。

信子两手捧着茶盅，透过窗子眺望那过午的大洋彼岸。

那年在庐山参加笔会。一日，听说有人找，以为会和什么老朋友重逢。门口却站着一个面容憔悴的女人，30出头，神色恍惚。她抓住我的手，眼便湿了。坐下，无话。好一会儿，才知她专程从南昌追来，为了要同我谈些心里的话。心里的话多半不是什么快乐，周围的人，怕是没一个愿听，才专门要找作家。她有两个孩子，南昌有一个不准她看书交友的丈夫。自己在外地的工厂，回一次家，便要挨一次打。本来早可以“离”了，只是因为她多病，偏不能服用任何抗菌素，病倒了，无可救药。万一有三长两短，孩子留给谁去？想也不忍。广州有个十几年前的男友，主动来寻她，她偷偷去了广州，以为心里那十几年的债，可找着了主人，可是从广州回来，爱却不见了踪影。究竟离是不离？调是不调？爱是不爱？千头万绪，走投无路……我留她住了，要帮她出主意，却只是一个劲儿地问：“你跟你丈夫，到底过不过得下去？”她只是一个劲儿地含糊其辞：“那孩子呢……”一同下山到了南昌，以后又通了一阵信，她最终还是自己同自己纠缠不清。我便几乎要对她发火，既然过得下去就不要抱怨，要抱怨就快下决心。她再没有回信。我有一阵很内疚。那时我才明白，做了母亲的女人为着孩子是这样犹疑不决的，我实在不是一个完整又标准的女人。

客居美国的日本女作家米谷富美子的《远方来客》，就是这样细致入微地展现了一片女人的内心世界，细致得几乎不厌其烦。作者越是不厌其烦地描写主妇那种细碎、沉闷、辛苦的日常生活，平静记叙主妇对于自己同弱智的儿子、暴躁的丈夫之间的冲突以及对大洋彼岸的日本家乡的怀想，越是可见主妇无可解脱的困境。这种沉闷与琐碎没有惹恼克己宽容的女主人公，却终于惹恼了读者，使读者对这个本为自立而出走，远涉重洋同一个美国人结婚的女子，在一个自由的国度里建立了一个不平等的家庭产生隐隐的同情。女主人公信子患精神障碍症的儿子从教养所回家度假，从此成为她家庭的“客人”，而信子又将成为这位“客人”、成为这个家、这块国土永远的“远方来客”。在信子与儿子、信子与丈夫、丈夫与儿子之间，处处存在着难以克服的精神障碍，真是一个严肃而冷酷的嘲弄。在那个永远无法摆脱的矛盾中，信子作为母亲，或许是胜了；作为人，或许是输了；作为客，或许是麻木了。但作为一个真正的女人，她仍会坚韧地活下去，为着她永远的义务和希望。

日本海，太平洋；日本面孔，美国身材的儿子；现代美国生活方式，日本的感情、心理；美国人的节奏，日本人的心态——交错穿插，一幅颇为新奇的画面。在渐渐品出小说中跨海越洋的地域差、文化差、时差、物差的微妙时，我开始感到小说在构思上有独特的尝试。

猫明白它不会再找一个家了，便离开了那个地方。

我想起小时候上学去，总要在小巷子里路过一个小杂货铺，它专卖切好的甘蔗、老菱、荸荠什么的。一个瞎老太婆睁大着那双白茫茫的眼睛，一只手收钱，一只手摸摸索索地抓那些东西递给买主。常常有淘气的孩子把一个铜板或是圆铁片当硬币塞给她，一只手抢过东西就跑了。她不能去追，便使劲眨着白眼儿，把铜板朝着笑声处扔过去，骂一会儿，也就作罢。空下来，便拆一堆小山似的棉纱头……

我在江南水乡陆家湾插队的时候，外婆总是三天两头从镇上叫一只运货的小船，穿过两岸桑林密密的小港，到我住的村子里来给我送吃的。她有一只其大无比的绿搪瓷杯，里头装满了笋烧肉、煎鱼或是千层包子。后来我执意离开那地方去了黑龙江，她真的伤了心，有好几年时间不理我。我回家探亲，专门到舅舅住的灵隐上天竺去看她。她似乎忘了以前的事，还给我吃笋烧肉和鱼丸子。我每次走，她送我到楼梯口，我说声再见，她便低低地自语道："明年回来，不知见不见得到了……"一年又一年，她送我，便重复那句话。终于有一年秋天，我收到家里一封厚厚的信，打开了，里头是一块黑纱。我在哈尔滨整整戴了一个月。等我再回杭州，楼梯口再没有她的声音了。又一年清明，我和妈妈专程到乡下去给她上坟，其实我知道，她并不是我的亲外婆，妈妈是她从育婴堂里抱来的……

赫蒂死了，死在那所空荡荡的破房子里，两周以后才被发现。那只叫蒂贝的猫失去了保护人，最终也是与老妇相同的命运。赫蒂为了蒂贝而拒绝去养老院，在养老院里她本来可以活得久些(也许更短)。一个繁华的伦敦，对于赫蒂来说，是一个梦里的虚无。她惟一所有的，是那只捡来的猫。人类、家庭、子女早已背弃了她。这个世界上疼爱她、懂得她的，只有一只猫。

《老妇和猫》的作者莱辛什么也没有说，她只是记录了一个真实的故事，记得那么冷静、客观、公正。甚至没有同情、哀叹、指责。她似乎同那老妇一般平静地对待既来和已去的一切。那隐忍，或许是因为她的老妇连抱怨的资格也不具备；那默然，或许是因为她的老妇已经对周围的一切习以为常。作者用一种与社会同样冷酷的口吻来叙述老妇的遭遇，无疑是冷酷得入木三分。赫蒂一生中，从来并不觉得那么痛苦——她痛苦得不动声色、痛苦得自得其乐——如此畸形荒诞的人生，人是多么微不足道。而女人、老妇人，亦或更渺小。渺小的女人竟然还有那样执着的爱心，对一只猫，对这个冷酷的世界。呵呵，她真是那么渺小吗？

毕竟，它让你想起了许许多多往事。老人、孩子、朋友、自己……挣扎、沉浮、苦斗、生生死死……

“我仅仅是存在于概念和用来称呼看不见的物品的词语的世界上。只有黑暗是实在的，只有它在四分之一度音和半音中颤动。我的生活中只有那充满了各种音响的无边黑暗。如同现在——我们背后的这个夜莺歌唱的森林。”

这是一部十分成熟的作品。《绿宝石的眼睛》作者哈·阿乌德尔斯卡是擅长于广播剧创作的。难怪她会把一场几小时的对话处理得如此精彩，如此动人。仅仅是两个人物、一个地点，竟然有情绪的大起伏，大升降。这是一个充满了误会、争执、仇视等各种悬念，充满强烈的性格对照、回忆中的经历对照从而走向互相理解的令人信服的心理过程。几乎每一句对话、每一次转机、每一回思想交锋、每一次谅解和好，都是那样的准确和细腻，情感与思维丝丝入扣。作者具有一种强大的牵引能力，把她的读者乖乖带进了华沙郊外森林边的黑暗，然后再从树叶和夜莺的歌唱中将光明从远处唤来。夜幕撤去时，那两颗心都沐浴在晨光中，洗尽尘埃，绿宝石闪闪发光……应该说，这种以对话为主体的小说是很难写的，要在一个很局限的场景中完成两个人物大幅度的自我审视和心理演变，每一个对话层次都必须有丰富的底蕴。然而作者从容不迫地带领她的读者在黑暗中周旋，走向迷宫深处，却又豁然开朗。两个人物的事业、命运、婚姻家庭和处境，在她笔下不仅互相作了鲜明的参照，常常还反其意而用，令人瞠目沉吟，而后幡然大悟，其味无穷。

但我毕竟不是评论家，只有一点儿读后感，也是因我自己的创作而发。

那么珊珊呢？我认识她10年了，竟还没有写过一点儿关于她的什么。

总是本来更像小说的那些人的故事更难变成小说。

她与我同岁。前不久我住院时，她天天下班后骑车到医院来看我，给我熬了绿豆汤带来。然后同我讲她的周末游泳计划或是关于自我价值的苦恼，她认为值得写成小说——考试得100分便顿时狂妄自大，错一道题又沮丧得想自杀。自卑与自负的焦点始终未能调好……她说话累了，便站起来为同病房的病友倒水，她走出门去的时候，她们惊讶地发现她走路时一条腿有些困难。她进来了，谈笑风生地坐在那儿，我从她们的眼睛里看出，谁也不相信她是个残疾人，或许只是一只脚伤了筋。她坐到好晚才走，那些天她写论文太累，想给自己放松放松。她是另一个医院的医生。她走了，病友们便迫不及待地问："真的?""真的。""怎么得的呢？小儿麻痹?""不，我不知道。""不知道?"

我真的不知道她那条腿是怎么回事。10年来。她从未提起过它，就好像那只是因为鞋子不合脚似的，因此我也就从未建立起有一个残疾朋友的概念。有一年她到杭州，我居然领她爬上了宝椒山，为她拍照，选择最佳镜头，我说："蹲下。"她说："这里不好。"我回答说："蹲下。"她终于红了脸，说："我蹲不下。"我吓了一跳，脸顿时也红了，一路的歉意，决心把她照顾好。但到底还是没有记住。我只记住她影集里中学时代滑冰的照片上，苗条秀美的身材和脸庞……似乎是因为"文化大革命"，全家被扫地出门。也许在干校，也许在农村。马车、拖拉机？一场永远留在记忆深处的厄运……

"那她后来怎么考上了研究生呢?"她们还在钻牛角尖。

我知道她一连考了3年。其实她可以心安理得地在医院里当她的大夫，在家里自己的房间里当她的独养女。偏偏她有那么一个颇为开明的妈，对我说："我就让她考。女人，要靠自己。瞧我，18岁结婚，念了两个大学，也没念出头。一辈子当夫人，有啥意思……"

珊珊是独女，要换煤气、接站、买车票、挤车……于是就学会了骑车。

我终于注意到她的腿，也才注意到她的顽强和自立。可是以前我为什么总记不住她的腿呢？这倒是一个值得深思的问题。事实上，我从来没有同一个残疾的珊珊交谈，我的朋友在心灵上同我如此平等，在精神上她是一个健全的人。于是在这里，身体的残疾与否早已变得无足轻重，我们的忧患困惑休戚相关。我还记得我在一个下雪天的晚上去告诉她，我想出了一个小说题目叫《爱的权利》，我躲在她的小屋里改完了我的中篇《淡淡的晨雾》……她给予我的总好像比我给予她的多些、多些。她一向是在追求自己的灵魂完善的，这对于她比一切都更重要。

《绿宝石的眼睛》中的马雷克的苦恼，似乎已经涉及到以上这样一个思想层次。他总是同自己过不去，愤世嫉俗、怀才不遇。我想这个人物对于中国的青年读者同样很有意义。遗憾的是，作者对这种痛苦的挖掘浅尝辄止了。自从认识珊珊以后，我渐渐悟到：以一个残疾人对于生存的顽强抗争精神，去感染、启发一个陷于精神苦闷中的健康人实在是缺乏思想力量的。如果他们不能在同一个精神世界中思索，面对共同的人生课题，那么心灵的交流和对话很可能是浅近、表层的。所以，伊娜的绿宝石眼睛所能照亮的黑暗也就非常有限了。

女人写女人。既可从当代女作家的小说中窥探当代女人的生活，也可从女作家笔下的当代女人生活，来发现女作家自己。这一组小说如果说有什么特别给我留下印象的东西，那就是我又一次听见了那个熟悉的声音，听见她们不幸又不屈地对命运说“不”——也许我们会因此变得更苦，但我们只能如此。

我最后读的是那个剧本《女强人》。

也许它比以上的作品更富现代感，我一口气读完了它。读完之后便有长久的怅惘，进而转为疑虑。一个闪念十分无情地从脑际掠过：这个作品会出于一个女作家之手？

我才想起来去寻题目下作者的名字——阿尔布卓夫。我相信这决不会是女作家。女作家笔下的女强人决不会是这样一个玛雅。我决不想标榜自己也属于女强人之列，因为我根本缺乏那种男性的魄力。但我开始怀疑高莽先生饿着肚子亲自来找我约稿，会不会是他一个小小的错误——他牢记我是女作家，却忘记了我是一个女人。一个女人大概不会像阿尔布卓夫先生那样看待玛雅。尽管这是一部有分量的作品，揭示了现代社会中妇女解放与自然、社会要求的深刻矛盾。在戏剧形式上也有新的试验和创造；尽管我并不认为玛雅的生活合乎人性，我却在玛雅扭曲的人性中看到了代表着一部分社会舆论和习惯势力的伴音与艰难挣扎以求自立的女人之间的分歧。这种基本立足点的差异使我无法对这一剧本有更多的赞美。对此我只能表示抱歉了。

几千年来，男人们可以理直气壮地说："鱼，我所欲也；熊掌，亦我所欲也。"荣誉和幸福、事业和爱情，对于成功的男子永远是一个良性循环。而女人——为什么雄心勃勃、富有心计的玛雅得到了莫斯科郊外的科学工作者别墅，却要付出高于男人几倍、几乎失去全部女人的欢乐的代价？为什么？玛雅又为什么会变得不像女人？玛雅之所以失去自我，是女人的悲哀，还是社会的悲哀？仅仅问一个为什么就够了。

玛雅说过："我不会在任何东西面前退却。我还要为这个姑娘复仇——向所有的人！我一步也不后退，不不！"而面对着为新时代的知识妇女的真正解放做出牺牲的"女强人"，一些铁石心肠的男人会冷冷地笑着说："活该！"一些温和的男人也许会摸摸你的头发，说："回来吧，还是回来的好。"

为着《女强人》的大幕落下之后，留给男人和女人们更多的甚至是反面的思考，我们将由衷地感谢阿尔布卓夫先生。

我回到了自己的国土和自己的位置。

我相信我们的女作家在读到以上的作品之后，会有一种耐人寻味的微笑。如果我们能够有更多的自由来描写我们这个时代女人的生活，我们用黑色的方块字垒成的陆地会更加坚实丰富。如果我们能够越过女人自身的心理障碍，我们的作品将会更多地漂洋过海！

我们将永远对命运说："不！"

以思想悦己

若是读过张爱玲那篇《谈女人》的散文，似乎所有关于女性话题的讨论，都显得有些多余了。

将近半个世纪过去，女人安静地匍匐在张爱玲的书本里养息。纸页虽已发黄，但女人的脸上却连一丝皱纹都没有。想必那女人的魂灵，已被真正懂得女人的女人勾勒了下来，所以这世界尽管颠来倒去，书里的女人却永远不老。

张爱玲擅长用小说写女人的故事，小说中的女人，都被她双刃的刻刀，在笔下雕刻得入木三分。她偶尔撩开了故事的帘子，走出来直接戏说女人，那女人就成了她手里的绝活，玲珑剔透、淋漓尽致。

这篇散文的语言是直白而朴素的，像是不经意脱口而出的玩笑，带着女人自嘲的口吻。不知是应把女人“当成不负责任的小东西”，还是把女人看得“太严重”。然而那双殷殷注视着女人的眼睛，眨眼间便把女人的美德与恶习，透心透肺地看了个彻底。文章被作者一句句充满智慧的隽语、一条条警醒锐敏的格言，丝丝缕缕地穿缀起来，却绝不声张，娓娓的喃喃的，似女人喝茶，从容地与人闲聊着，慢声细语地说着些极平常的话语。

旁人闻着杯里散出些不平常的香气，将那茶端过来喝一口，才知那原来是一坛陈年好酒。

《谈女人》原来是张爱玲读一位无名氏所作的英文小册子《猫》以及观看奥尼尔的戏剧《大神布朗》之后，一时兴起随手写下的读后观感。但几十年后再被别人来读，又读出些经久不衰的意思。

无论是男人还是女人，走进张爱玲的作品，或嗔或笑，有人觉得痛快淋漓，有人惶惶不安——因为女人从中看见一个真实的自己，而男人，则从中看见那个“女人的劣根性是男人一手造成的”。所以她说：“完美的女人比男人更完美”，“而一个恶毒的女人就恶得无孔不入”。又调侃说：“女人的确是小性儿，矫情，作伪，眼光如豆，狐媚子（正经女人虽然痛恨荡妇，其实若有机会扮个妖妇的角色的话，没有一个不跃跃欲试的），聪明的女人对于这些批评并不加辩护……”

如女人敢于对女人说出关于女人的真话，那个女人才是真正的女人。

文学艺术长久的生命和魅力，依然在于信守和表现你自己所感悟的真理。

张爱玲看来不是一个女权主义者。她对于女性自身的认识，更尊从世界的原生态和生命的自然本质，如江河入海，循着地形地势的天然流向，绝不奢望将其纳入主观和人为的轨道。有好说好、有坏说坏、好好坏坏、任由女人自己去体味评说。言语间不乏诙谐而又辛辣的批评，充盈着哀其不幸、怜其不争的挚爱之心，比起那些激烈鼓吹女性统治世界、一味赞美女性却无助于克服女性弱点的种种“主义”，倒更有实事求是、返本归原的一份真诚善意。

所以张爱玲推崇《大神布朗》中的地母娘娘，她说：“超人是男性的，神却带有女性的成分……神是广大的同情、慈悲、了解、安息。”如同女人永远伟大的母爱，精神里面“有一点儿地母的根芽”，带着“光荣燃烧的生命的皇冠”，“像大地的偶像，眼睛凝视着莽莽乾坤”。

许多年过去了。我们今天的女人有了经济的独立、婚姻恋爱的自由选择、改换了服装和生活方式，但女人却还是那个女人——“有美的身体，以身体悦人；有美的思想，以思想悦人，其实也没有多大的分别。”

同半个世纪前的张爱玲略有一点儿小小的分歧，在于那最后一句。

现代女性的自我意识觉醒后，大约已不满足于以身体和思想悦人。女人在情爱中，须以身体悦己；面对世界，则以思想悦己。聪颖的女人不再专为男人展示她的可爱，智慧的头脑将首先使自己获得欢愉，那欣悦才有地母般的根芽。

克里斯蒂的惊险迷宫

那是一座惊险与浪漫构筑的迷宫。若是你一不小心闯进去，也许会茶饭不思、寝食难安；心旌神摇，魂牵梦绕。即便你有幸走了出来，仍然会久久难忘迷宫里一个个神秘又可爱的人物……

那是一座用纸张油墨和铅字垒成的迷宫，半个世纪以来，它在全世界已有百余种文字，重印达200余次，总销量仅次于《圣经》。后来，那座迷宫又被搬上了银幕和电视，到了90年代，当然还应加上那张覆盖全球的英特网……

中国的读者，早在70年代，就从电影院的大门口，迈入了那座迷宫。我们乘坐着《东方快车》，历经了《尼罗河上的惨案》，亲眼目睹了《阳光下的罪恶》；我们曾被那个高傲自信的比利时大侦探波洛的智慧与魅力所倾倒，也为那个高雅机智的乡村女侦探马普尔小姐所迷醉。从福尔摩斯以来，波洛成为最受欢迎的侦探小说主角；我们曾如痴如醉地在那座迷宫中游荡，它为我们开启了无数扇面对多种可能和无限复杂的人性世界的窗户。

早在29年前，我们其实就已熟知英国女作家阿加莎·克里斯蒂的作品了。从她那里，我们几乎第一次知道了什么是推理小说。可惜那时仅仅只有电影和四五种英文译本。我们期待有一天能读到克里斯蒂的全部作品，那该是何等开心、何等过瘾的乐事啊！

如今，它终于出现在书店里了——那座囊括了克里斯蒂的全部作品、由整整80种侦探小说构成的庞大而巍峨的迷宫，终于对中国读者一览无余地拉开了所有的窗帷。

好小说也许永远不会来得太晚。半个世纪以前的火车轮船飞机球场医院工厂花园和别墅里发生的故事，竟然依旧栩栩如生，那些或贪婪狭隘自私粗鲁或天真单纯幽默善良的人物，已成为不朽的艺术形象，时至今日仍是光彩照人。每一部小说都是那座迷宫里一个别出心裁的房间，每部小说的写法都有独特的妙处。在图书泛滥、信息爆炸的当下，克里斯蒂的作品在书架上的位置仍然是不可替代的；在当代汗牛充栋的侦探小说群中，能够如此完满激情、如此令人困惑、如此炉火纯青地调动侦探小说的多种元素来完成如此众多的作品，除了克里斯蒂以外，几乎无人可及。

浏览克里斯蒂的作品，我们会发现，她能在全球拥有如此众多的读者，并非是一个偶然。她的作品摈弃了以往侦探小说中黑白分明的是非概念和套路，很少求助于爱情婚恋的从动性，更不采用明显的侦查线索，而是擅于作出扑朔迷离、波澜起伏的巧妙布局，造成诸多假象。然后在最后关头才揭示出异乎寻常、令人拍案叫绝的结果，而这一令人惊讶不已的结局，往往既在意料之外又在情理之中。

她的作品情节跌宕曲折，疑阵处处迷雾四起，结构别具匠心，叙述脉络清晰，语言精巧，耐人寻味，尤其注重显示侦探的智慧和冷静的逻辑推理分析，在紧张而愉快的阅读中，使读者得到智力的测试和挑战。

如果说大多数侦探小说，都具有对暴力和色情过分渲染的特性，甚至为了招徕读者，而将犯罪动机和过程描述得淋漓尽致。那么克里斯蒂的小说是一个例外——在她的作品中，犯罪行为往往并不是出于卑劣的动机，而是有着复杂的社会和人性的背景和原因。克里斯蒂的作品超脱了西方流行的那种缺乏社会意义的犯罪实录小说，在惊险离奇的故事中，体现出正义与邪恶的艰苦较量。

阅读是一种参与，当我与克里斯蒂小说中的人物共同破案，那种形似娱乐的过程中，我们的心智与良知，也在惊悸和战栗中得到提升。

也许这正是克里斯蒂作品灵魂的光芒所在。

克里斯蒂1976年以86岁的高龄辞世，但克里斯蒂的书至今不老。好作品永远不会被读者看旧和看厌，但愿克里斯蒂经久不衰的迷宫能让我们变得更聪明些。

《珂赛特》读后……

英文版《珂赛特》是雨果名著《悲惨世界》的续集，1996年由中国作家出版社翻译出版。作者劳拉·卡尔帕金，美国女作家，华盛顿大学驻校作家。

当今世上的续集已经太多，而非原著作者本人创作的续集，更容易给人一种狗尾续貂或是假冒伪劣的担忧和怀疑。

运气似乎不错，长达700多页的《珂赛特》尚值得一读，只是需要时间和耐心。门一般的封面确是有点儿沉重，推开它费些气力，但一旦走进去，一个多世纪以前的雨果留下的人物和故事，依然活着并散发出它长久不衰的魅力和吸引力。

如果说《悲惨世界》是以冉阿让一生的命运作为主线贯穿整部作品，那么续集所表现的社会背景，则要比原著显得更壮阔更复杂更激昂，因而具有了史诗的意味。故事穿越了1832年巴黎市民起义的街垒战、1848年的革命风暴以及1851年的雾月政变和第二帝国的兴衰，像是那一段历史长廊中的几根粗壮而结实的支柱，将繁复的石料、木椽和瓦片一一粘合，形成一种气势磅礴的大结构关系，书中始终跃动着一股波澜起伏的强大的气韵，撼人心魄。

《珂赛特》的叙述方式和语言风格，虽然承袭了19世纪那种至善纯美的氛围，但较之雨果当年强烈的浪漫主义色彩，以中文阅读的感受来说，该书似乎显得冷静而沉稳，因而也更带有理性的成分。

雨果当年把珂赛特交到她的爱人马吕斯手中时，一定不会想到珂赛特在一百多年之后竟会重新复活，并将爱情和理想之炬，灿烂而又悲壮地传送下去。珂赛特是全书最具光彩的人物，她是驰骋在风暴与浪尖上的白帆，是爱与美的精灵。30年的时间跨度将她从一个美丽纯洁的少女，变成一个坚定的革命者和一个孱弱丑陋的老妇，但她仍然是那个冉阿让视为生命的珂赛特，她的一切的行为和情感，都能在《悲惨世界》中找到依据和渊源。百年前的珂赛特与百年后的珂赛特，超越了时间的阻隔得以永生，这是衡量一部续集的成败得失，最见功力的玄妙之眼了。

尾声更是颇有回味的——珂赛特的丈夫马吕斯宽恕了叛逆的儿子让吕克，因为冉阿让——一个他曾经诬害过的人，教会了他懂得宽恕和仁慈。尽管冉阿让在续集的第一卷中已故去，但冉阿让诚实与正直的品格不死，只要这个悲惨的世界还存在愚昧和困苦，冉阿让的精神就将延续下去。只有真正具有生命力的世界名著，才能为续集提供如此广阔的思想艺术空间；而优秀的续集，可为名著锦上添花。

在图书市场日渐商业化的时代，《珂赛特》独特的个性魅力，在于它思想的力量。它的视线穿越了一个世纪前风云激荡的历史迷雾，而将最后的目光落在至今仍然压抑和摧残着人们的那些社会痼疾。知识分子的良知没有国籍和国界，作家劳拉·卡尔帕金在《珂赛特》中思考和关注的，是一个人类文明永远无法回避的话题。

用书中珂赛特和马吕斯自己的语言说，他们是一个“永远的反对者”。

反对封建君主制、反对强权政治、反对任何扼杀新闻和出版言论自由的党派和团体、反对复辟帝制和一切谄媚妥协告密卑劣的行为。不论在何种情势下，与他们终极目标相悖的，即是他们所要反对的。反对是一种责任一种使命一种原则。为了他们所反对的，即便倾其所有，付出极其昂贵的代价，反对者也不可被反对摧毁。为此，珂赛特放弃了婚后舒适的生活，用冉阿让留给她的所有财产，创办并维持了激进报纸《光明日报》。而后风云突变，共和被推翻，报纸被查封，马吕斯一次次被捕坐牢，珂赛特从上流社会沉入社会底层，仍在“地下”坚持斗争，写作并散发小册子，继续宣传共和的理想，最后珂赛特和她的支持者们冒着生命危险救马吕斯出狱，珂赛特甚至替人代笔写信养活重病的马吕斯，并和她的女儿芳汀成为自食其力、独立谋生的劳动者……

珂赛特已是一无所有。但她“失去了家庭，却保留着自由。她失去财产，但保留着诚实的品质”，她和马吕斯毕其一生心血和精力所追求的，是自由、平等、博爱的崇高社会理想，是一个大写的人的尊严和价值。在多年险恶的环境中，支撑着珂赛特的力量不仅来自于爱情，而是来自于她内心深处对于社会公正的渴望。

也许在20世纪的读者看来，百年前巴黎的街垒战，那种流血牺牲的反抗方式已多少显得幼稚和陈旧，但反抗本身，仍然是并将永远是一种值得敬仰的行为。尽管社会的进步始终在革命和改良之间徘徊或踌躇，时至当代，循序渐进的改良更显出它事半功倍的优势，但革命依旧神圣，革命已超越了它原本的含义，成为一种“反对”的精神载体。那些存在于文学作品的知识分子革命者形象，作为一种独立人格的象征，在茫茫的悲惨世界中，是不可多得的亮色。

梁山“好汉”与女人

说来惭愧，中国古典四大名著的其他3部，少年和青年时期，都曾认真读过。为读《西游记》，弄得茶饭不思。唯独《水浒》，不知为什么，始终没有耐心从头到尾看一遍。也许因为印象中的《水浒》，篇篇都讲的打杀和流血，很难使一个女孩对它发生兴趣；也许是因为《水浒》中一百零八将的事，在民间流传太广，它们就像一棵棵的树，栽种在街头巷尾，随处可见，日日为百姓们的饭后茶余遮阴蔽日，就连不识字的人也会侃侃而谈。我脑中关于《水浒》的一鳞半爪知识，大多都是道听途说得来。听得太耳熟，没了新鲜感，况且凭直觉，也并不特别喜欢。

到了“文革”，1975年我在上海修改知青小说，正赶上社会重评《水浒》，《水浒》陡然大热。出版社连夜大量印刷横排本的《水浒》，好提供给广大群众作批判用。但人多书少，一时供不应求，人们似乎并非是为投降派所吸引，而是那四大名著经历了“文革”破四旧，家家都已荡然无存。出版社的编辑们考虑到我属于新生事物，优先赠给我一套。当时确也兴奋，将其带回杭州家中保存，却不知为何，后来仍是没有读过一次。对宋江只反贪官不反皇帝的半截子革命者形象，当然是稀里糊涂、不甚了了。

所以这一回播放《水浒》电视连续剧，便狠下了一番决心，定要把《水浒》看到底不可，搞得天天晚上像是在补习功课似的。

且不谈改编与原著的差异得失。只因《水浒》中表现出来的女性观，本能地引发出作为女人的一些感慨，就谈谈《水浒》中梁山好汉和女人的关系。

《水浒》中的女人大致可分为两类：一类是与梁山好汉同打江山共患难的好女人，如孙二娘、顾大嫂和扈三娘。这类女人作风正派，决不乱搞男女关系，而且颇有男子气概，具有铁石心肠，忠义烈胆，能杀能打。但这类女人即便再是身手不凡，武艺高强，也必须在男人领导之下从事造反工作。孙二娘和顾大嫂，对外人心狠手辣，但对丈夫言听计从，在家仍是贤内助的。就连那个色艺双全的扈三娘，也万不能让她彻底战胜男人，而必然败于男人手下，再把她打发给一个她根本看不上的矮脚虎为妻，最后改为以辅佐夫婿为己任，不同生却共死一处终了。这类好女人本身都没有故事，上了梁山以后，便沦为梁山的后勤总管，仍然回到厨房，再也无大作为，仅仅是军营里用作摆设的精致茶盏，反正在梁山不会发生性搔扰的丑闻。

另一类，便是直接或间接地将男人们一个个造就成梁山好汉的坏女人。

坏女人之坏，首先在于不守妇道，三不从四不德，嫁鸡惹狗，大搞婚外恋，最后诬陷、敲诈、杀夫再被“正义”所杀。一个潘金莲不够，又一个阎婆惜也还不解恨，再加一个乱至佛门的潘巧云，3个女人的心思、行为与下场竟是如出一辙，人物的性格逻辑十分模式化，可见这是原作者亟需反复强调的一个重大妇女问题。就连卢俊义遇上了飞来横祸，原先的贤妻也是连人带物，说背叛就背叛了的。王婆虽已无法身体力行，却在暗中教唆，是坏女人的罪魁祸首。好好一个男人，平白无故总被女人所害，害上梁山当了贼寇，责任当然要由女人承担。女人是梁山的一块心病，凡是上不了梁山的女人，都是邪恶和祸水的化身。那几位好汉其实没有一个是被官府逼上梁山，而是被坏女人逼上梁山的。女人之“坏”，甚于官府，更甚于朝廷。在梁山那样男人的世界里，女性仍然是一种命定的劫数。

所以林冲的夫人受辱，是必须悬梁自尽方可雪耻的，那是《水浒》的女人们的榜样。李师师由于早年误入青楼，虽不算在好女人之列，但由于同情造反，肯为自己心仪的燕青兄弟，去向皇上求情，她那些历史污点，暂且就不作计较了。

想必《水浒》的原作者，定有潜在的憎女情结，所以梁山的好汉们，无论上山前还是上山后，都以坐怀不乱、不近女色为荣，只有把女人视做微尘草芥，方能显出英雄本色。说梁山好汉只反贪官不反皇帝，还应再加一条，梁山好汉只反女人不反皇帝。若说好汉们歧视女性，有点儿太现代，但梁山务必是一块欲望的禁地与净土，好汉们才不至于为女人而误了救国救民的大业。

英雄末路。那个时代梁山的英雄们，因为拒绝女性而成为英雄，但是否也可以认为，英雄的造就并非只是英雄的牺牲，还有女性的牺牲。

今天试图用影视和戏剧重新诠释《水浒》，但无论怎样地煞费苦心，原著中的封建糟粕，非但难以掩饰剔除，反倒越发显得伪善起来。《水浒》原著中的女人命运，来路和去处都是按当时的主观意志设定，这使得它在无意中，成为一部关于女性历史的精妙教学参考书。

柔性的战争

战争在女性笔端被重构，那种炮火下的冷酷与残忍，自然不会有本质的改变。但体验战争的视角、思考战争以及描述战争的方式，却具有别样的风采。

宗璞在病中苦耕，历时7年，长篇小说《南渡记》的续集《东藏记》终于面世。计划中尚有《西征记》、《北归记》，是总书名为《野葫芦引》的多卷长篇系列。

此前还未有这样一部完整的大书，将抗日战争中的知识分子，里里外外地刻画得如此透彻。尽管大学南迁之后，在日军的轰炸和追击下，仍然没有一处可放下一张平静的书桌，人和书籍始终都在不停地颠沛流离、东躲西藏，直到无处逃遁。战争虽然能够消灭无数肉体和生灵，但暴力却无法征服一个民族的文化与精神。知识和教育在炮火硝烟中延续传承，才使得这片土地上拥有一代代不屈的灵魂。

小说人物以明仑大学历史系教授孟樾、夫人吕素初和女儿孟离已、孟灵己等一家人为轴心，放射至孟樾教授的亲朋好友同事邻居周围近百人，写出从京城南下的一群知识分子，在抗日战争中的个人遭遇、情感经历以及心灵成长的历史。孟樾一家在战火的胁迫、物质的匮乏和教业学业的艰难中，始终坚守的仍是知识分子的良知、气节、正义和真诚。即便在那样恶劣的环境下，他们从未放弃争取自由和民主的另一种“战争”，那是真正“藏”在人内心深处，不会被战火湮灭的理想。在《东藏记》的历史氛围中，当原先幽静的书香家园被战争所摧毁时，故乡和老屋并非是家园的全部象征。知识分子真正的家园，它的代表符码是书桌和书本，是温情与良知。孟樾一家带着他们的书本，在流浪中创造着心灵家园。乡村与河流，天空与自然，赋予了他们新的“家园意识”，那是永远不会坍塌的精神城堡。

很久没有读到如此纯净的文字了，所有的人物和故事，都是用宗璞独有的才情来讲述的。她从容洗练的语言，把苦难中的一切繁复都化为透明和单纯。以宗璞深厚的文化教养，她对世事的理解，从来是宽宥的，她的文字无须剑拔弩张的激烈与刻薄，更无须喧哗与矫情，只任其自然而然地流淌，从不虚张声势，却能不动声色地把故事讲得入味，似有一种看不见的磁性在吸引你，让你随行。她从不把话说满说绝，从那种委婉含蓄却绝非世故圆滑的表述方式中，可见其内心对人世的切切爱意，具有真正的大家风范。

宗璞的语言是柔性的，被一种母性的仁慈与博大的情怀包容。书中众多的女性人物，无论是至情还是至善、是古怪还是任性，都传递出20世纪30年代知识女性的新鲜美好与青春气息。警报与饥饿，在女性温暖的双手抚慰下变得能够忍受；女性的柔情化解了恐惧与忧烦，消融着耻辱与绝望，使得西南偏远的穷乡僻壤，都笼罩着温馨的家园气氛；炮弹下的鲜血和死亡，也被覆盖着凄迷的美感——所以，宗璞笔下的战争，是柔性的战争。

宗璞以平和的心态和优雅的笔调，描述了知识和书本对战争的抵抗。山岙里不堪一击的书桌课本，和天上狂轰滥炸的钢铁炮弹，形成了极大的反差。然而，宗璞正是从这里发现了被战争所激发的另一种美——人的抵抗与不屈，男人和女人共同的坚韧和顽强。正是由于文化在战争中的不可毁灭性，战争才会焕发出另一种光彩——战争在另一种意义下的审美性，这也许至今都是被人们忽略的。

宗璞以她优美温婉的语言风格，确立了《东藏记》与众不同的艺术魅力。众多的人物命运和世相心态，在看似平淡的生活情境和细节中缓缓铺开，伏有大气磅礴的布局。第五章插入的“流浪犹太人的苦难故事”和第七章的“卫凌难之歌”，在文体上亦有突破，像一曲忧伤的咏叹调，令人落泪。宗璞笔下的战争没有刀光剑影，却烙刻了深重的精神创痕，并具有一种浓郁的书卷气息。那种浸入骨髓的中国文化质感，在阅读中竟令人有如置身于《红楼梦》的语境之中。行文的调子虽有明清小说之风，包括小说结尾处的“间曲”，但在作品的整体把握上，仍能体会到宗璞深厚的西学功底，在对历史认识的理念上，隐含着鲜明的现代意识，将中西方的文学精髓，融合得如此天衣无缝。

读《东藏记》这样隽永而精美的小说，真是使人受益又享受。

安妮来了

安妮来了！那个可爱的红头发女孩儿安妮，终于从加拿大来到了中国。

安妮是谁？你真的连鼎鼎大名的安妮都不知道吗？若是借用大文豪马克·吐温的话说：安妮是继不朽的爱丽丝（指《爱丽丝漫游奇境记》的主人公）之后，最令人感动和喜爱的儿童形象。安妮是“乘坐”着上千页白纸装订成的四架“纸鹞”，飘过大海穿过白云飞过来的，安妮一定没有见过中国桂花，所以她选择了桂花飘香的日子，降落在美丽的杭州——浙江文艺出版社。在这之前，安妮已经在世界各地的少年读者中，畅行无阻地周游了近一百年。其实，前几年，“安妮系列”的第一本《绿山墙的安妮》，已经由马爱农女士译成汉字折成的纸鹞盘旋在中国上空了。正因为有那么多熟悉安妮的读者渴望知道她后来的故事，如今这厚厚的4大本“安妮系列”——《绿山墙的安妮》、《少女安妮》、《女大学生安妮》、《风吹白杨的安妮》——像一个个正在长大的俄罗斯套娃，排成天使的队列走来，在我们眼前璨然一亮。

安妮来到中国好像有点儿太晚了，今天有许多孩子，或许“智商”出众，但是“情商”与情感、想象与心智却正在一日日衰退。所以其实安妮来得正逢其时，在这个人与自然越来越疏离的年代，我们正急切地等待着安妮来临——期盼着她的热情、坚韧和坦诚，给那些干涸而冷漠的心灵，输送高能营养液以及滴灌清水。

“安妮系列”是一部优美的成长小说。故事从爱德华王子岛上绿山墙的卡思伯特中年兄妹，决定领养一个男孩帮着做田里的农活，而令人大吃一惊的是，孤儿院送来了一个整天耽于幻想、喋喋不休、脸上长满雀斑、不受欢迎的安妮开始，讲述了安妮这个精灵般的红头发女孩，如何像一阵清风吹进了闭塞的乡村。她很快爱上了这个望得见蔚蓝色的大海和红色的灯塔、路边长着高高的冷杉、开满了苹果花和樱桃花的美丽的阿冯利村。孤女安妮以她的率真消除周围人的敌意、以爱心赢得友谊、以浪漫抵御孤独、以倔强坚持自己的天性。在安妮大胆而离奇的想象中，她为自己每一处心爱的自然景观起了富于诗意的名字：“情人的小径”、“闹鬼的森林”、“悠闲的旷野”、“闪光的小湖”、“紫罗兰溪谷”、“森林女神的水泡”等等。许多年以后，书中描述的这些地方都已成为著名的旅游地，每年都有数以万计的游客慕名前来。安妮的故事好像就发生在昨天或是正在发生着，在这里时间或是消失或是成为永恒。百年前的安妮依然是一个跺着脚唱着歌扑到你怀里的亲亲小姑娘，她那些饶舌的话让你想起来就觉得好笑又亲切，安妮能感染每一个见到她的人，安妮实际上没有国籍没有年龄，安妮未经污染的健康心智与纯真情怀，超越了一个世纪的人性，所以直到今天，我们还得读安妮，还在读安妮。

在《绿山墙的安妮》中，我们会遇到许多这样的句子：我能听到小溪的洪亮笑声一路传到这里。你留神过小溪有多么快活吗？即使在严冬，我都能听到它们在冰层下面的笑声。

尽管日常生活有时会粗鄙、繁琐，充满了各种烦恼，但在安妮那儿，正如读者黎雅说的那样：“幻想在平庸中灿烂”；安妮的天性中有一种奇特的力量，能够在艰难与沮丧中发现被人们疏忽了的美与爱。安妮是个极度情绪化的女孩，快乐与悲伤大起大落，最终却总是能以达观与善良拯救自己；有时候安妮醒着做梦或是梦里也洒满阳光，安妮是一个真正拥有幸福感的人，因为她能创造出诗情与乐趣，感染自己也感动周围的人。

安妮也会因偶尔的冲动、小小的虚荣、奇异的冒险想象或是过分的自尊而犯错误，甚至可以说，安妮的成长几乎就是由她不断犯下的一连串错误，以及她对错误的勇敢克服，还有她的“错误”中那些真正有价值的因素而组成的。读者无论是爱上安妮还是迷上安妮，都会连同她的错误一起爱上。

《少女安妮》讲述了中学毕业后16岁的安妮，留在阿冯利村小学当老师，试图“改造”阿冯利村的一连串多姿多彩而又多灾多难的故事。经历了家庭的变故后，安妮逐渐变得更有责任心而坚强，重返大学，成为《女大学生安妮》。安妮开始恋爱了，真诚化解了她与一直暗恋着她的童年伙伴吉尔伯特之间的误解与怨恨，成熟的安妮终于懂得质朴与高尚才是她所追求的真爱。大学毕业后的安妮，来到一个远离家乡的夏缘镇做中学校长，她在白杨树叶的倾诉声中给未婚夫写信，于是有了《风吹白杨的安妮》……4部“安妮系列”每一部书尾的彩页上，都附有一些中学生和大学生对“安妮系列”发表的精彩读后感；每一部书中的插图都是如此传神：挎着篮子调皮的小姑娘安妮、戴着帽子咄咄逼人的安妮、坐在草地上沉吟的宁静的安妮、穿着曳地长裙如玉树临风般独立的安妮……告别了少女时代的安妮，依然好奇地品味着每一天遇到的每一个精彩的细节。

若是你从此结识安妮，你也许会觉得当今那些所谓的偶像明星，其实多么苍白。

安妮来了。安妮教会我们去爱——热爱人和自然。安妮点亮了我们心灵中麻木了的或是沉睡的那个角落，让我们看见自己曾经的梦想依然在暗处熠熠发光。

当人们越来越频繁地呼唤“情商”这个词的今天，可爱的安妮其实是一个有关“情商”鲜活而生动的范例。“安妮系列”无意中给我们泄露了关于培育情商的秘诀。试着去幻想、梦想或是想象吧，很多时候人们抱怨生活，只是由于丧失了感受快乐的能力。

期待着那位曾风靡世界的加拿大女作家露西·莫德·蒙哥玛利的“安妮系列”的后三部：《梦中小屋的安妮》、《温馨壁炉山庄的安妮》和《彩虹幽谷》，能够早日飞落中国。安妮婚后养育了6个可爱的孩子，在我的想象中，那些孩子也许个个都比童年的安妮更“另类”，但安妮会让他们像自己一样浪漫而充实地成长。

棋逢对手

山飒，对于中国读者来说，是个有点儿陌生的名字，因为《围棋少女》是她首次被译成中文并在中国出版的长篇小说；但也许会有人对阎妮那个名字有印象——那个十几岁就在国内出版了好几种诗集和散文集的女孩儿。多年前我在北京阎纯德教授家中见到她的时候，她还是一个笑容甜甜的小姑娘。阎妮在高中毕业后即赴法留学，在法国旅居多年后，她开始尝试用法文写作，第一部法文长篇小说出版后，获得了龚古尔处女作奖、法兰西学院奖。十几年过去了，阎妮就像一只从蛹中飞出的蝴蝶，在法文与中文、欧洲与亚洲偌大的天空中翩翩起舞。阎妮正以惊人的速度成长着，长大了的阎妮变成了小说家山飒（shansa）。

心里一直希望能读到阎妮的小说。终于，由春风文艺出版社出版的长篇小说《围棋少女》的中文版，在今夏一个燠闷的日子，为我们带来了一阵凉爽的清风。

在法国，山飒的法文小说《围棋少女》，已成为2001年~2002年最畅销的小说之一，并摘取了中学生龚古尔奖桂冠，该书已被译成17种文字。这个能娴熟优美地运用法文写作并融入西方社会的女孩，我们能感知她的才华、想象她的聪慧，但却无法知道在她的双语写作之路上，曾洒下了多少艰辛的汗水和泪水。中文版

《围棋少女》的语言文字经山飒本人润色，在原汁原味的中国故事的中文叙述中，隐含着西方现代小说的意蕴。山飒游刃有余地穿行其间，中西方双重文化背景给予了她丰富的营养。

《围棋少女》的故事背景取自中国20世纪30年代，东三省沦陷时期的某个城市，一个日本年轻军官与一个中国少女，在“千风广场”刻有棋盘的石桌前相遇，对于围棋的痴迷使他们互相产生兴趣。围棋成为一种文化与和平的象征性代码，在彼此的心灵深处相通相融，继而激发起朦胧的爱欲。但超越了种族、阶级与政治的爱情，却仍被无法超越的战争障碍所阻。在小说结尾，日本男子为了让少女免遭日本兵的侮辱，亲手杀死了少女而后自杀。这一从未得到过表达的爱情，最终只能以死亡的方式得以实现。

阎妮笔下的爱情带有凄婉而绝望的品质，整部小说的人物与语言，始终被置于一种冷峻严酷残忍的氛围之中，流畅的文字却留下沉重的阅读痛感。单纯的故事中穿插着战争时期的女性生活状态、年轻的抗日分子的地下活动和悲壮的牺牲。由于日本间谍和中国少女这两个完全“对立”的人物关系，便赋予了“棋逢对手”另一种含义。小说从“围棋”这个极小的平台，描述并折射出那个时代、以及人类的终极悲哀。如此奇巧精美的构思和感人至深的叙述，可谓女性写作之上品。

山飒擅用场景、行为与心理刻画人物，精致而洗练的短章、诗化的语言、人物的叙述角度不断切换的二元结构，宛若电影镜头一组组交叉连接，具有弹性节奏。黑白分明的棋子，在故事中已不仅仅是道具，而是一种意象：中国少女与日本军官，各自每走的一步棋，都曾试图将对方围困。但双方都没能走赢那盘棋，被围困的最终却是没有出路的爱情。焦虑的男子与神秘的少女，孰黑孰白？孰是孰非？棋错半步、落子不悔——山飒将围棋的棋道棋理演化成一次小说的文体实验，细细品味真是妙趣横生。小说中的人物，如同对立又依存的棋子一般，只在棋盘上狡黠地无声地移动，让人明白感受爱情和表达爱情都不需要语言。

最后要说，山飒在该书中成功地塑造了那个复杂的青年日本间谍，他在军国主义教育下，满脑子狂热的报国理想，但内心又充满柔情与怜悯、对和平生活本能的渴望。爱情既能滋生仇恨也能化解仇恨——爱情的表述在山飒笔下抵达了人性的深度。正是由于这种纵横交错的双视角，而非绝对的女性视角，山飒的小说让我们看到女性写作的宽广前景。

在时间的深处

最近读到费振钟先生主编的《江南民间生活摹本》丛书其中的《风月无边》一书。书捧在手里，轻巧而精致的。封面上的碧塘艳荷粉墙水田，拂来了江南湿润的暖风与雨丝。内文一页页如波浪起伏，每一面纸上都嵌着疏淡的底纹，一竹一亭一柳一燕，清晰而模糊的影子，若隐若现地在湖水中沉浮。再配以优美的文字与黑白色风景图片，可知浙江摄影出版社对这套书的设计制作，怀有怎样的偏爱而多用了几分心思。

这是一本关于西湖的书。“风月”二字，本是人世间泛意的温情与诗意。但自从被御笔在湖心亭抹去边际笔画，“风月无边”就变成了西湖的一个代词。我这个出生在杭州的女人，虽在青春年少时越出了西湖的地界远走它乡，却终究是逃不出这个“无边”，在心灵的牵念与思忆中，西湖始终忽远忽近地随我而行。

该书作者苏沧桑，来自东海边的一座小城，原本不是西湖的女儿。她恰好是在我离开西湖那个年龄走近西湖来上大学的，也许应了“一半勾留是此湖”那句诗，后来她就在这座城市里住了下来，做了西湖真心实意的“养女”。我把《风月无边》从头读到尾，第一感觉是沧桑对西湖的热爱，比我要多得多；她对西湖的了解和认知，那样细微体贴的个人感受，也为我所不及。再读王旭烽女士的《走读西湖》，明白自己已枉为“杭州女人”了。由此相信了西湖的这一个“无边”，有胜溢沧海的容量、覆盖群山的气势，把天下凡有这份抚风赏月之心的人，都收降成了西湖的儿女。

风花雪月、风轻月朗、清风明月——湖光山色流云千载，终是波澜不惊。

见过苏沧桑，一个文静秀美的江南女人；待细细品味《风月无边》，才知沧桑内心的聪慧与丰富的情思，更是一片“无边”的绿色桑田。苏沧桑笔端的西湖是女性的、是沧桑用自己的眼睛观赏、用自己的灵魂感知的西湖。迟来的苏沧桑从容地踏着桂树竹林的小径，寻找岁月在湖山留下的每一道踪迹，追问着西湖风月的成因与去向——

沧桑写断桥，撑开了一把千年的油纸“伞”；沧桑写苏堤，长堤破水入“梦”境；沧桑写晚钟，让人听见了穿透尘世的梵音；沧桑写双峰，缠绕于一个“无”字；沧桑写三潭印月，波光里扬起了幽怨的洞箫声声；沧桑写虎跑，着眼于“泉”，沧桑写龙井，落笔于“叶”；沧桑写雷峰塔，意在苍凉；沧桑写满垅桂雨，重在迷失；沧桑的云栖竹径，是天堂里的小路；沧桑的阮公墩，是一块含烟的翡翠……

人说沧海桑田，今有沧桑来说西湖，真的有缘分——很久很久以前，西湖曾是海湾，就像一只海里的蚌壳，千年万年磨砺成了一粒珍珠。

人所共享的西湖山水，就此被沧桑的个人感受内心化了，西湖的风光月色由“有形”而变得“无形”，无形即无边，世间只有飞翔的心灵才能真正“无边”。于是在风云际会的无边岁月里，我们看到了曾在湖畔匆匆来去的人：林和靖、秋瑾、吴昌硕、俞平伯、林风眠、史量才……还有遥远的许仙白娘子、梁祝和苏小小……月湖雨湖，梅林桂雨，朵朵涟漪阵阵馨香中，古典的爱神与美神一次次起降。那都是一些善解“风月”和呼风唤月的人，即便是女杰秋瑾，“月白风清”的自由世界，是否也是她最终的梦想？若是没有那些改变着或是创造了别样风月的男人和女人，西湖纵然“无边”，却只是一片空荡荡的山水。然而，究竟是因西湖绝世的美景，惹出了无数美丽凄婉的故事；还是因那些发生在长桥断桥孤山吴山的“风花雪月”，才使得西湖历尽沧桑而容颜不老、妩媚依旧……

还有岁月遗存的杭州民俗风情，烟花河灯画舫绸庄酒肆扇铺……说不尽的繁华与热闹。按着这套《江南民间生活摹本》丛书的初衷，苏沧桑曾试图描写杭州的市井生活世俗风物，但那个时代确实离她太远了，终是有“隔”的感觉。正如费振钟先生那个有趣的引言中所说：“写着写着，就把自己写进去了。这样也好。”苏沧桑优美的文字之旅，便成为雅俗共赏的风月之解；她充满柔情的女性眼光让我们懂得：脚步落在杭州的土地上，城内湖边，每一步踩下去，必有些不同寻常的来历。

然而，西湖果真是那般闲雅的吗？在时间的深处，风消月隐之时，我听见了南屏晚钟的佛国余音，空谷传声警示众人。在时间的深处，我看到狂风掀起的湖水，寒冷的月色如雪片一层层叠垒。西湖的秋风残月中，伫立着岳飞、于谦、张仓水、章太炎、龚自珍、秋瑾等人的背影，犹如西湖四周的群山，成为西湖的脊梁，一直朝着东海延伸而去。

在时间的深处，隐藏着西湖千年魅力的全部秘笈。

顺便说到，王旭烽所著的《走读西湖》（同是浙江摄影出版社出版），落笔于“西湖是一座书院”，更偏重于西湖名胜的历史性，把许多被时间掩埋的人文典故重加发掘整合，与苏沧桑的《风月无边》是不同的路数。那些描写西湖的书，彼此应是相得益彰的：历史与现实，理性与感性、审美的客观性与个人化，犹如手心手背浑然一体。

说西湖风月，不可忘西湖风骨；柔美与凝重，才构成了“淡妆浓抹总相宜”的完美。

……………………………………

画廊的情爱象征

美国女作家丹妮尔·斯蒂尔2005年出版了她的一部长篇新作《Impossible》，这个书名直译的话是《不可能的爱》。译者给它起了个颇具中文情调的名字——《画廊情殇》，这很容易让人联想到我在1996年出版的长篇小说《情爱画廊》。两本书的题目，四个字竟然有三个字重合。也许由于这一令人惊奇的巧合，译林出版社请我为该书的中译本写几句话。

我也因此对这两部小说内容和小说意象的相关性，产生了某种好奇之心。

丹妮尔·斯蒂尔在写作该书之前，肯定没有读过中文的《情爱画廊》，而我在1995年写作《情爱画廊》之初，《画廊情殇》还是没有影子的事。应该说，我和她，对于对方都一无所知。这两部书远隔重洋，具有东西方相异的文化艺术背景，可是，究竟是什么原因，使我们的写作“心有灵犀一点通”——都不约而同把爱情的发生地，安放在与“画廊”有关的地方？为什么我和丹妮尔小说中的艺术家，都爱上了比自己年长的女人？为什么我们塑造的艺术家男主人公，都是狂热追求艺术创新、性格难以掌控、不拘生活小节的“画疯子”？

但这些问题真的那么重要吗？既然爱情没有国界之分，艺术没有国籍之别，那么，全世界的爱情，全世界的画廊，都会活跃于不同国籍的写作者的视线之中。进入全球化时代，中国的画廊早已不再钟情纯粹的东方情调，无论是经典西洋油画还是传统水墨写意，都吸取了现代艺术的元素，融入到世界艺术海洋之中。美国的画廊则也许更为离经叛道，任何不同民族不同艺术风格的优秀作品，都可能在纽约东区画廊中占有一席之地。那么爱情——我们还能指望什么全新的发现与创造？在如今全世界都似乎已经穷途末路的爱情旅程中，“洛丽塔”早已长大、廊桥的女主人弗朗西斯卡老了、“坦塔尼克号”沉没了、耶利内克的钢琴教师埃里卡用刀子刺向了自己……“情殇”是一个汉语语词，然而，其意之精准，可成为覆盖全球的爱情专用词，更像是人类的爱情宿命。

尽管要将《情爱画廊》与《画廊情殇》作比较是困难的，但我仍然发现了一些有趣的差异：我的小说故事以一幅幅充满创造力的绘画，构成了绚丽的情爱画廊，而她的小说借用画廊来产生爱情；我描述艺术创作本身激发的爱情，而她写的是作为商品的绘画，在交易中发生了爱情而又拒绝物质交易；我试图以无声的绘画语言和画面，替代以往爱情表达的陈词滥调，而她的画廊只是爱情的背景，甚至与绘画本身没有太大关系；我的男女主人公的爱情障碍是爱情的土壤，而丹妮尔笔下的爱情专注于如何战胜自己。我的叙事带有浓郁的抒情色彩，而她的小说情节从头至尾更像一份经纪人精确的时刻表……

但这些小说设计以及审美风格上的种种区别和比较，真的那么重要吗？我不知道。

真正引发我产生兴趣和思索的，却是关于“廊”的象征和隐喻——画廊、走廊、长廊、游廊、廊檐、廊桥……画廊通常是封闭的，它的墙壁实际上由一幅幅绘画作品连接而成，由于观赏需要顺序而行，产生类似“廊”的感觉，画廊不具有扩张性，它所有风光都在画廊内部。而走廊和长廊的主要功能是房屋与房屋之间的连接体，是可在雨雪中行走的通道；中国宫廷或豪门的花园九曲长廊，或沿坡而筑或临水而建，以柱式颜色或窗棂的图案变化展现美感，带有装饰与审美的功能；廊通常呈半开放式，行走在廊中的人，在观赏廊外风景的同时也融入为廊的风景。廊檐是避雨遮阳的实用性建筑，江南古镇水边多廊棚，亦为同理。廊桥可看成是一艘通风而安全的渡船，在中国南方某些古镇，廊桥甚至是用作贸易的集市，联通并交换两岸的物资。在世界各地的建筑中，“廊”都是一个兼具功能与审美的奇妙物体。

廊可穿行、廊可抵达、廊可听琴、廊可读书、廊可观赏、廊可徘徊；廊中的人来去自由、或隐或现；廊下的风声雨声，营造出浪漫的情致；廊的开放式空间，使得它充满想像与魅惑；廊连接了两个端口，就像男人和女人短暂的邂逅相遇、如同一个身体进入另一个身体；廊中注定了要发生故事并遗情遗梦，那是一个最适合爱情滋生、而又便于爱情迅速逃逸消失的处所……若是我们能够坚持走完长廊，那么，爱情也许才会在一所房子里长久地安居下来。

所以，无论在大洋此岸或彼岸，都会有写作的人，对“廊”的意象一次次着迷。他们有时错把画廊和长廊当成了思想的隧道，企图穿过长长的黑暗，走到大山的另一侧去。

青春不必强说愁

读蒋青青的小说，从开始到结束，都叫人忍不住悄悄地乐。

很反常啊？异数异端啊？少年天才啊？不会吧，青春文学——意味着叛逆、晦涩、沉重、早熟、暗无天日……我不信如今的校园小说，还有谁能让我微笑。

可我实在没必要假装流泪什么的，尽管眼泪能骗取信任。我只想告诉你，除了卡通动漫之外，像青青那样单纯清爽的文字，既不搞笑也不玩深沉，既不苦大仇深也不癫狂热烈，却能让人发出会心的、诚实的微笑，在如今的校园小说热潮中，其实不多。

就好比你走进了校园小说、青春文学那一片姹紫嫣红的花坛上，尽管新人新作“乱花渐欲迷人眼”，你仍是会从斑驳的色彩中，一眼注意到她，然后，停下脚步。

她藏在众人（众花）的背后，素淡、羞涩、含蓄、纤细、不卑不亢不声不响（不叫的狗会咬人）。沃野千里良田万亩，而这一朵小巧的七色花，却从喧闹狂野的大红大绿中、从灰暗冷漠的大黑大白中，晶莹透明地闪现出来。她的花瓣有七种颜色，每一瓣都是阳光的一种色彩。就是在阴天和黑夜里，你都能看见阳光蓄电池在花瓣上闪烁着的亮光。

阳光温暖，蒋青青笔下的“我们”高中三年的生活，较之那些地狱般阴冷恐怖的校园生活，暖色就变成了另一种“另类”。

狗狗的校园生活是快乐的。快乐得像一个校区动物园。那种快乐并非来自生活本身（那样沉重的功课压迫之下说快乐有点儿像商女不知亡国恨吧），而是源自内心的快乐。也就是说，一个人是否能够得到快乐，取决于你是否有感知快乐的能力。感知快乐其实是一种体验人生、认识世界的方式。也许这个世界确实很罪恶很丑陋，但我们宝贵的青春年华，不该提前为后半生的痛苦陪绑。我们有权利快乐啊，我们快乐，因为我们还没有被尘世污染。仅此一点，就足够让我们骄傲了。所以，狗狗和她所有的同学——那些有着各种可爱的动物名称和外号的男生女生，三年同窗，朝夕相伴，衣食住行、吃喝拉撒，每个人的性格、嗜好、特征、包括弱点毛病，课堂上宿舍里，每一个细节，都让人忍俊不禁，一粒青橄榄，嚼到最后，留在嘴里却是涩涩的甜味，那种口感确实很奇妙。

所以蒋青青的文字俏皮、幽默、风趣。俏皮可抵抗沉重、幽默可化解烦恼、风趣可自得其乐。学校食堂一碗清汤寡淡的面条，居然会越吃越多，可见吃面条的人，是怎样的有趣了。若是我们的眼睛充满笑意，每一件令人生气的事情都可以得到宽容谅解。

蒋青青作品的另一特点，在于其作品中生动而丰富的知识性。

校园本是个学文化学知识的场所。即便学不到太多可用的知识，也应该学到掌握知识的路径和方法。文学作品可以让课本上“死记硬背”的单词公式分子式，变得生动活跃而充满意趣。蒋青青在高中就酷爱生物课，曾获得全国中学生生物竞赛二等奖。在她的这部小说中，处处可见原本枯燥乏味的“知识”，被文学的语言激活后，无孔不入地闪烁在校园的日常生活之中。这是蒋青青作为一个文学新人，明显区别于其他“80后”的强项和优势。阅读她的作品，启人心智，常有恍然大悟之感，忽然就觉得，呵呵，原来我们换一个公式，就把这道题做通了呢。

曾经问过蒋青青：你的校园小说为何没有早恋？青青答：我

真的没看见啊，我们的男女同学都很哥们儿。又问：小说中的老师也很可爱，那是真的吗？青青答：那就看你怎样看老师了，每个人看到的不一样。再问青青：那么家长呢？家长没有“压迫”你吗？青青答：这有点儿像联邦调查局的口气啊……

我算了，打住。说感动有些矫情，但我仍是喜欢这样散发着阳光气息的作品，青春不知愁，不必强说愁。未来的残酷人生尚远，微笑也许是身心健康的免疫系统吧。

读“书吧”！

迎门是书架，顶天立地的那种。许多许多的书，好书，以前的或是现在的，经典的或是畅销的。一面墙，书墙，为你而站立，然后，即将被你打开、翻阅、沉浸……

于是你轻轻坐下来。四处都是座位，靠着墙的，一格一格的雅座，幽幽的灯光，从隔断的缝隙里透出来。你埋头在书中，看不见其他的读书人，其他的人也看不见你。你是来寻觅一本寻了很久的书，终于在这里，找到了。你来“纯真年代”，就是为了来找书的，因为这里有一种气场，那么多书聚拢在一起的氛围，纸页轻轻翻动的声响、椅子紧贴着桌子的亲密、铅笔和炭素笔画过的笔记本的快感……就连本不想看书的人，也有了哪怕摸一摸书封的愿望。何况，看了这一本还有那一本在等着，这么多书，就算天天晚上来看，也是看不完的。看书的人，要时时刻刻和书们黏在一起，才有坚持下去的力气。不过，当文字把头脑塞满的时候，你忽然觉得累了，渴了，那么，不用跑出门去找东西吃，书吧的诞生，源于它能够兼顾精神与物质——随时可送达的一杯清茶、一盘炒饭、一碟水果，都散发着对读书人的体贴与爱抚，原来，书吧是如此善解人意。

也许，你只是偶尔路过这里，离着喧闹的杭州城区稍远的这条僻静小街，你忽然抬起了头，对“纯真年代”那4个字圆圆的白底红字的可爱招牌，发生了一点儿兴趣。因为你早已对周围不够“纯真”的那些人和事厌烦了、疲倦了，你想起了那个熟悉的电影名字，那个抒情而怀旧的片名，想起了曾经有过的“纯真年代”，至少你希望自己（或别人）曾经是有过纯真年代的，如果没有，也只是因为自己不小心错过了它而已。于是你试探地走进这家书吧去，小心翼翼地探望；那一刻，你心里涌起了一股纯真的清流。你看见了许多书，那些木质的书架，沉默地将你引向了楼梯，通往纯真年代的楼梯。沿着幽暗而古旧的楼梯拾级而上，你触摸到一些古老的瓷瓶、木质的雕塑、手感温暖而亲近。楼板在脚下微微响动，唤起很久以前与纯真有关的那些记忆。然后是纯棉的方格台布、质朴的桌椅……三三两两的人，在桌边轻轻低语，也许在交换着读书的心得，也许不是，无论在说着什么，都让人烦躁的心情，渐渐地舒缓、沉静下来。墙上有一块巨大的麻布，用彩笔写满了名字和诗句，每一行的笔迹都不尽相同……哦哦，原来，这里已经来过了那么多人。

当然，书吧不仅仅是用来读书，还可用来与友人们，交谈与书有关的所有话题。

所以，楼梯必定还会继续向上，“纯真年代”理当是引领人们向上行走的。于是，三楼上一个更为敞阔的厅堂出现了，顶端是一个更为奇妙的木质小舞台，刚刚有人在此举办过画展，空气中飘逸着颜料和油彩的气息；想象着曾有人站在上面，吟诵自己或别人的诗作；或许是一次读书节的讨论会、一次大学生的毕业告别烛光晚会、一次小型电影观摩……这是一个专为读书人和写书人而设的交流交友沙龙；舞台的下方，另有精巧的“秘室”，就像合上的书页，可把友人之间的悄悄话封存其中。你终于发现，读“书吧”也是一次书的巡礼，书中的天地有多大，“书吧”就有多大。一个小小的书吧，能装下那么多书，是因为爱书的人，心里的世界是无限的。

读“书吧”——你说，读了这个“书吧”，谁都想说：是呀，我们读书吧！

假如有一天，你无意中听说了这个“纯真年代”书吧那个名叫“锦绣”的女主人和他丈夫的故事，你会恍然大悟这个书吧为什么起名为“纯真年代”。你才会真正懂得，纯真年代不是已经逝去的时光，而是，此刻，就在你的眼前，能把梦，变成书的人。

快乐的忧思

我是张婴音作品的读者；我也从事文学创作，可以说是张婴音的同行；而且，我必须承认，我是张婴音的姐姐。要是我父母知道我为了避嫌，不肯承认她是我妹妹，弄不好就会不承认我的。所以，我很幸运地具有了以上三种视角，来探讨张婴音的儿童文学作品。

作为婴音的读者，我很喜欢她小说中幽默俏皮的文字、生动有趣的故事、人物和细节；作为她的同行，我看到她身上的那种踏实、敏感、对生活充满好奇和爱心的品格，而作为她的姐姐，我深知这么多年来，婴音在完成她的杂志社编辑工作之后，业余坚持儿童文学写作，是多么不容易。她的作品，都是利用节假日、在照顾父母、养育孩子的空隙中，一点一点挤出时间写成的。有一年她和丈夫孩子全家来北京度假，我们计划去内蒙古旅行，临走前一天她宣布说她打算放弃去草原，因为她竟然把未完成的稿子带来了北京，必须要利用这个假期把它写完，这让我很是心疼，当然也心生敬意。一个人如果主动放弃别人觉得很有诱惑力的A，而选择别人看起来没有价值的B，那么B一定是她真正想要的东西。所以我知道，她写作的动机和动力是如此单纯，既不是为了赚钱也不是为了出名，却是因为纯粹的喜欢和热爱。在今天这样一个大多数人追名逐利的社会里，真是非常难得。

婴音作品的艺术特色，比较鲜明的一点，是语言（叙事与对话）中所充溢的童稚气息。她擅长在作品中营造儿童语言的氛围与语境，所以翻开书页后不久，我们就会不由自主地对着书本傻乐，好像自己也变成了其中的一个孩子。叙述者与被叙述者，通常不再需要身份的刻意转换，作者与书中人物之间，处于同一“语言体系”之中，没有年龄和心理的隔阂。我有兴趣来探讨作者究竟是怎样完成这种对接的。

我所了解的婴音，几乎还在上小学的时候，她就对同学们种种有趣的语言和行为有一种敏感的接收能力，然后自发地进行转述和加工。这种叙述才能，在她读高中的时候，就表现得非常充分了。记得每天晚上全家人吃饭的时候，她就会把学校里、邻居家的小孩，（后来是工厂里）发生的事情，绘声绘色地讲给我们听。她总是能够抓住最有趣味的细节，包括人物的不同口气和动作，什么事情一经她讲述，就会变得特别好玩，让人笑得喷饭。有时候原本并不那么好玩的事情，被她一讲，也变得好玩了。这种即兴随意的口头叙述，也许对她后来的写作，成为一种类似“无心插柳”的基础训练。当这种口头讲述不能满足她成长后的表达欲，她便转向了文字的尝试。直到现在，周围的孩子们身上任何一点点鲜活和异常的表现，都会引起她的浓烈的兴趣。而对于成人世界的那种勾心斗角一类的事情，她却通常是漠然、索然、淡然、茫然的。所以说，婴音选择写作，基于她对世界上一切单纯有趣的事物，充满本真的热爱；有时候我觉得她天生就应该从事儿童文学，因为她拥有童心。童心是一片未被污染的净土，儿童的视网膜，天生能够过滤许多杂质。很难想象一个未老先衰或是世故圆滑的人，能够真正理解并同情儿童的烦恼。婴音有时候好像是一个长不大的孩子，她所具备的这种心理特质，使她得以用儿童的眼睛去观察生活，于是，她的视线能够到达对于成人来说往往被屏蔽那些角落。

婴音从事儿童文学创作，已经有二十几年的写作历史了。到目前为止，她出版了中短篇小说集《快乐妈妈和快乐女儿》，并出版了一本小长篇《天天都有麻烦事》，她的作品获得了一些儿童文学奖项，这都是值得祝贺的。在她大部分作品中，故事内容和主题取向，有一条一予贯之的主线，就是今天的儿童怎样才能快乐健康地成长。“快乐健康”应当是她的人生理想，也是她鲜明的教育理念。比如《我不是尖子生》、《问题女孩》、《罗老师的月亮》、《少年孤独者的自白》等篇，都对当下的家庭教育和学校教育，发出了温和的质疑。一个优秀的儿童文学作家，不会仅仅是一个生活的忠实记录者，而应当在故事中体现出自己的“儿童观”，这种“儿童观”渗透在每一部作品的构思里，通过儿童的笑声传递出来，就有了润物细无声的阅读效果。我们看到，婴音笔下的儿童，大多淘气却有主见、善良而聪慧、具有上进心和集体荣誉感；婴音笔下的家长，多半善解人意、擅长和孩子沟通、平等对话、关心儿童心灵胜于衣食住行等物质生活；婴音笔下的老师形象，不是现实生活中常见的那种粗暴、生硬，令孩子们望而生畏、恐惧和厌烦的老师，而是平易、活泼、感性、巧妙、富于同情心的“大朋友”。婴音擅长以一个个生动可爱的人物形象，从“正面”引导她的小读者。在充满童趣的故事中，激发小读者的阅读兴趣和思考。但她的小说叙事方式又绝非娱乐化的，而是具有一种“快乐的忧思”风格，在貌似轻松、幽默的语言表象下，表达出她对当下社会现象和教育制度委婉的批评和矫正。从这个意义上说，婴音的小说，在对现实生活的关注程度、对人类原初天性的探求深度上，都得到了十分可喜的有益的收获。描述今天儿童的真实现状和心理，需要有扎实的儿童生活的功底，需要一份与孩子“同心同德”的理解力与亲和力，懂得并学会使用他们的语言。在这一点上，婴音也做出了可喜的尝试和努力。

2006年出版的《天天都有麻烦事》，是婴音的第一部描述儿童生活的长篇小说。出版至今，受到了很多小学生的欢迎。小读者的喜爱，是对作品最真实的认可与肯定。《天天都有麻烦事》，书名已充分显现了小说的内部结构，读者可期待书中一个接一个的悬念、惊奇和精彩。这部小说并没有复杂的情节——几个可爱的孩子，“每天”发生并“创造”出来的一个个出人意料的小故事。平常却不平淡，细致而不琐碎，语言、动作、细节、事件，像一条在风中飞扬的彩带，环环相扣，每一环都是孩子心理情感性格的不同侧面——自尊、诚实、友爱，如何被激发培养；莽撞、嫉妒、娇气……是怎样被克服战胜。“麻烦事”其实是成人对于孩子的看法，而孩子们，恰恰在大人们所认为的“麻烦事”中，得到无限乐趣；麻烦即“矛盾冲突”，与成人的冲突以及与自己的冲突。但孩子们正是在这些“麻烦”中辨认自己和周围的世界，然后悄悄迈出去一小步、再一小步……

《天天都有麻烦事》，是婴音儿童文学创作的一个新起点。

然而，在婴音从事儿童文学创作的多年中，我没有给予她太多的关心和支持，作为她的姐姐，自然是很惭愧的。因为我太知道写作的艰难，就我本心来说，确实不希望她那么辛苦。我希望她的人生只有“快乐”没有“忧思”。当然，如今她已经取得了一些成果，那么，我希望她能按照自己的小说理想中的人物那样，快乐健康地生活，和她笔下的人物一起成长，这就足够令人欣慰了。幸好婴音原本就有一颗平常心、童心和爱心，这是一个写作的人应当拥有的最珍贵的生命品质。

239
写作的女人

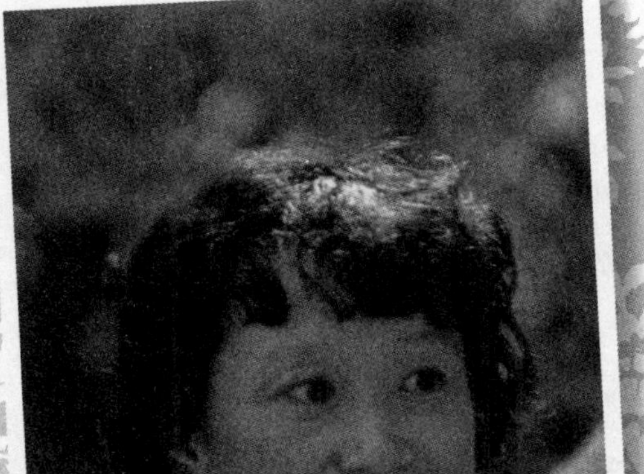

1987年张抗抗在加拿大多伦多艺术节

写作的女人

如今那些写作的女人，生长在不凋的花坛上，四季如春地绽放着，姹紫嫣红的花瓣衬着周围繁茂葱郁的绿叶，显得越发地鲜活。

早些年间，鲜花尚很稀罕，不说是一枝独秀也常常是星稀月朗的。绿叶那时的感觉很踏实，是万古长青、遮天蔽日的那种。后来不知不觉的，鲜花就像雨前的云彩一样蔓延开去，起先还能叫出名字来，比如幽兰墨菊寒梅粉荷，都是入了花谱的精粹，渐渐就变得不识了，不识是因为从未见过。冷不丁儿冒出来的。引进的外国新品种再嫁接再移植，属于奇花异草一类了。

不要说男人不识，就是以写作为生的女人们，也时时觉着自己的队伍正在日新月异。

翻开报纸刊物，走进书店书摊，不经意间那么多陌生的作者名字，是女人专用的很美丽很温柔的名字，从杂乱的绿叶上拎眼地浮上来。除了那些专职靠写作谋生的女作家女记者女编辑，还有女演员女经理女教师女大学生女主持人，再加女工女推销员女画家……真的好像凡是个女人都会写作了。弄得绿色曾有一度忧心忡忡，哀叹男人已被那些绚丽多彩的名字挤压、驱逐、覆盖了，就像那个“大地走红”的行为艺术作品。

但女人写作却决不是刻意摆出来的千把万把红伞。女人写作本来就是春雨湿润的山坡上生长起来的红杜鹃。

只是因为曾经连年的干旱，女人被当做救灾的近水来用了；只是因为曾经多年的淫雨，女人头顶的阳光被粗壮的树木抢走了；只是因为曾经贫瘠的土地，女人被迫沤作了滋养草根的肥料。而一旦天下战事稍息，万物回归原位，即使有一缕薄淡的微光照耀，便能催发女人心底的情愫，惴惴不安地寻针寻线，然后静静地坐在窗前描龙绣凤，开始每日的功课。如今轮到现代的女子，当然不再用针线，而是用笔，再性急些的，用电脑键盘，哒哒地敲打。若是用奶奶一辈的眼光去看，这等劳作，同半个世纪以前的女红比较，恐怕并没有本质的区别。

所以女人写作实在是天经地义的事情。

水边路旁野地坡下，只有土壤的一丝缝隙，花骨朵儿就悄悄地钻出来了。

人说，女人天生是爱说话的。

于是现代有文化的女子，把心里的话留到了纸上去说。就像是夜深人静时同恋人的喃喃低语，就像是对女友的真诚倾诉，就像是对自己的扪心自问，就像是对母亲和孩子的殷殷嘱咐……小女子也罢大女人也罢，女人总有女人自己的话语，把男人们没有时间倾听的那些金玉良言，说给不相识的人去辨认，女人写作便是女人活下去的一种方式。

人说，女人天生是爱做梦的。

于是就有读了些书的女人，把夜里和白日的梦，再写到书里去回味去梳理。虚无的梦变成有形的文字的时候，那梦便有了实现的意味，令女人体会出人生的美妙，大有男人醉生梦死一般的满足。女人的梦常常是五彩缤纷的，涂着女人的腮红唇膏眼影，飘扬着衣裙上灿烂的图案。等到用黑黑白白的滚筒印刷出来，叠成厚厚的一摞，那梦也变得沉甸甸地厚实起来，先前游移的浮色被过滤了，在阳光下折射出金秋田野的酣畅与丰富……女人的梦是女人生活的支撑，女人写作便是女人生活的补充。

人说，男人用大脑思考，而女人用心思考。

于是就有那些冥思苦想着的女人，日日撕裂着自己再一次次将碎片拼接。然后用心血淘洗的金粉，镶在自己的笔端，蘸着用心血碾磨的文字，写出女人的思绪。女人眼里的世界是平和宁静的，彼此相亲相爱，亲如一家。女人不相信男人用大脑编织的谎言，她们洞若观火却又宽厚仁慈。写作的女人从心里流淌出那么多痛苦的眼泪，她只能用女人天生的直觉去判断是非，用充满了情与爱的文字，去抚平满目疮痍的大地……写作的女人从不对男人说你应该怎样，写作的女人只对男人说：你看，我是这样。

所以写作的女人永远是安静的。

写作的女人不屑参与男人之间或是男人与女人间勾心斗角的游戏，写作的女人远离了争权夺利的陷阱，写作的女人淡泊了所谓的功名利禄，写作的女人不会为了身外之物放弃她心底的梦想。

写作的女人很少甚至从不发表宣言。她们不追求中心和旗帜的位置，也不羡慕风光一时的荣耀。她们只关心自己作品的好坏，还有自己内心的痛苦与欢乐。

写作的女人之间的竞争是友好而无声的。她们只在私下里悄悄阅读对方的作品，感叹着对方的才华，挑剔着对方的败笔，却极少当面称赞对方。然后暗中互相追赶着，决不愿为了伤害别人却不留神伤害了自己。

写作的女人期望着通过写作成为一个优秀的女人。因此她对自己人格的要求往往近于苛刻。这样做多一半是为了她所爱的人。

写作的女人天天坐在窗前工作。在别人看来，她的日子未免有些寂寞单调，但她却不觉得，因为她活跃在许多精彩的故事里。

写作的女人似乎人情练达，通晓世事，但她总是偏偏搞不清楚自己的事情。高度灵敏的感官和神经使得她极易受到伤害，她的爱憎常常像一个安错了的情节。

所以写作的女人多是不幸的。

但写作的女人不后悔，她从写作中体验到一种创造的快感。

如果有人说，不，我所见到的写作的女人不是这样的。她们中有的人眼睛总是盯着大人物，一心想往上爬，溜须拍马令人作呕；有的人一贯打小报告中伤文友，告密诬陷无所不用其极；有的人在作品中，唠叨失态像一个怨妇或是泼妇；有的人机关算尽煞费苦心只为谋求一笔名不符实的奖金……

我只能回答说：那不是真正写作的女人。

那是趁着上帝打盹时，偶尔混入到写作的女人中来的庸俗小市民，就像稻田里的稗草，或是由于没有进化好，或是由于基因缺陷。总之，这大概很难免。

真正写作的女人，依然我行我素。

因此，当春天到来的时候，学会了写字和读书的女人，都可能写作但并非都能成为写作的女人，就像世上大多数植物都会开花一样。不同的只是有的花朵有果实，有的则没有。

性与女性

21世纪到来，历史总算不情愿地清了一笔账，这笔账是在20世纪最后20年至今，一点一点归还的。其中包含着文化的正本清源。当代文学也从试探到进攻到跨越禁区，一步步索还了它原本的真实性、自由的艺术个性和形式的多样性。文学永恒的主题——“爱”以及由此派生的“性”，从来没有像今天这样被重视被垂青被不厌其烦地反复操练。文学是人学，人皆有性或兼爱。有一种近于极端的说法：内地文学在跨世纪的20多年间的改观和发展，其中万不可忽略的方面，则是文学中“性”的入侵。甚至，“爱”与“性”在文学中的复归和深化，可以看做社会改革开放之路的标尺。

在中国的农业文明时代，古典文学中有关性的描述，一直是害羞地躲藏在爱情背后的，“爱”是一道蚊帐，有遮蔽的功能，蚊帐里面的活动，不可示人却是诱人的。进入20世纪初资本主义萌芽阶段，在西方人文主义思想的启蒙下，经历了五四新文化运动，那个时期文学中所诉求的性苦闷性压抑，上升到人性的层面，祈望灵与肉的结合，传递出鲜明的人文主义色彩。但20世纪后半叶的前30年中，文学形态却发生了根本的逆转，在革命和理想的狂热中，爱与性逐渐推出文学，蚊帐换成了铁幕和高墙，铁幕不再是遮蔽而是隔绝是封锁，到“文革”，不仅任何带有“性”气息的文字都已消灭干净，就连“爱情”在文学中都是讳莫如深了。

1978~1979年，一些中短篇小说率先冲破了这道封锁线，重新寻找爱的权利和位置。进入20世纪80年代以后，大多数沉重反思历史的作品，都在批判中夹上了浪漫的爱情故事，可称作“爱情三明治”。但在20世纪80年代初期，爱情只能有一种固定的传统模式：张洁的短篇《爱是不能忘记的》，描述了一段铭心难忘的婚外情，尽管男女主人公仍局限于传统的柏拉图之恋，还是遭到了批评界的严厉诘难；本人的中篇《北极光》，只因未婚的女主人公对于自己的理想中人，有过三次纯真的选择比较，也被报界作为一种道德的歧途而多次连篇累牍地批判。不过，对于异类爱情故事的排斥和抵触并未持续很久，很快，文学作品中的爱情含量急剧增大，那些试图讲述纯粹“情爱”故事的言情小说开始崭露头角，以严肃的或羞涩的面貌迅速蔓延。在这些“犹抱琵琶半遮面”的爱情小说中，“性”开始以隐蔽的含蓄的方式悄悄出现了。如张贤亮的《男人的一半是女人》，铁凝的《玫瑰门》，王安忆的《小城之恋》为代表的“三恋”，等等，都曾在一段时间内掀起轩然大波。“性”比“爱”更具攻击力和征服欲，涉猎情爱婚姻的作品未有收敛，而且一发不可收拾。到了20世纪90年代，似乎由于政体国体多方面的禁忌，作家的文学情感不得不另辟蹊径，转而寻找其他出路，而商品经济的大幅度开放恰恰为此提供了湿润的土壤。几乎在很短的时间内，文学中性爱描写已是势如破竹，锐不可挡。其中如贾平凹的长篇小说《废都》、陈忠实的《白鹿原》、莫言的《丰乳肥臀》，在这些具有代表性的文学作品中，都以极其重要的篇幅和位置，表现了中国人半个世纪来被荒疏被阉割了的情欲和性爱。特别需要强调的是，这一时期更年轻一代如陈染、林白等女作家的作品中，个人情感和生命体验上升到主体地位，从此改变了“爱情三明治”的模式，而成为纯浓的私人苦咖啡。

回顾20多年循序渐进的当代小说发展路径，可以清楚地看到爱与性之不可抗拒的必然规律，及其在文化内涵和思想层面的深度进取。直到20世纪末，中国内地的许多作家才无奈地承认，多年来躲藏在“爱”的帷幕之后的“性”，是人生苦乐和复杂人性的极致，是生命的巅峰体验。无“性”的人是不健全不完整的人，无“性”的文学是单面的畸形的虚假的文学，“爱”与“性”是一个无法切割的整体，探究无“爱”的性和无“性”的爱，将有助于我们寻找人类痛苦的根源。我们终于有勇气大声说：文学中表现“性”不是丑恶不是淫秽不是罪过，而是文化是美学是尊严。

这对于海外作家来说是天经地义的事情，中国内地的作家在一百多年里兜了一个大圈子，才在20世纪末临近的时候，终于依山傍水安营扎寨。

于是今天以及今后我们所面临的问题，不再是能不能表现“爱”与“性”，而是如何表现“爱”与“性”。20世纪90年代以后，随着商品经济的发展，内地的文化市场逐渐形成。一般来说，市场是由需求决定的，而人的需求是由当下的人的生存方式、生活观念和文化底蕴所决定的，有什么样的需求就会有什么样的供给。因此，在那个盲目无序、混乱嘈杂的市场上，情况突然发生了某种微妙的变化，在一个昔日谈“性”色变的所谓正人君子的国度，重心骤然倾斜，似乎是为了对大众被囚禁锁闭太久的“性”趣作出某种补偿，“性”文化很快成为市场的抢手商品，如开闸的洪水铺天盖地而来。一时间书摊书市充斥着格调低下、粗糙污浊的庸俗读物，以取悦大众的性饥渴和性迷惘。在这个处处遗留着落后的封建习俗、由知识和文明程度普遍低下的市民、农民、打工者和暴发户等阅读主体混合而成，建立在贫瘠单一的文化基地上的不成熟市场，被商业时代的利润原则所驱动，炮制出大量根本没有资格被称为文学的流行书刊。在这些色情小说中，“爱”与“性”是分离的，无“性”不成书，无“性”不赚钱，“爱情”

只不过是一块金字招牌或是诱饵，“性”已无可奈何地沦为娱乐和消费的商品。无论在“爱”或是“性”中，我们嗅到的都是金钱的气息。在这个由大量男性读者为主体的市场需求背后，我们发现女性的有效需求是如此不足。需求既是一种愿望，实现愿望则需要有实力的支撑，在一个长期以男权文化为中心的社会里，丧失了经济权利和个体意识的女性，“性”自然成为一种无效需求。

那么，文学的情形又是如何呢？超然于低俗的大众文化之上的纯文学作品，显然希望与此划出泾渭分明的界限。然而，文学必定是社会的产物，是作家个人情感和思维的创造物，当作家们脱下衣衫赤裸裸“涉入”爱河时，一不小心就露出了臀后的尾巴。令人不能乐观的是，文学历经20年的辛勤耕耘，收获的果实上仍然保留了根深蒂固的男性文化和小农意识的“残余农药”。在一些来自乡村的男作家的作品中，满怀对女性的玩赏心态，女人依然是“性”的代词，是提供肉体慰安或心灵慰安的对象物，是履行“性服务”的工具。在男性书写中，女人被塑造成千古不变的淫荡性感尤物、祸水或弱者，女人始终处于寄托并维持着他们对封建文化的眷恋；他们排斥或贬损城市的知识妇女，因为独立的城市女人正在毁坏他们为多年来女人构筑的囚笼。纵观历史，“男性本位的文化为女人创造出两种文化境遇：一种是被“包裹”——身体的包裹：如束胸、缠足、贞节带、非洲的阴部缝合术，还有行为规范和心理情感的严密约束等等，全方位展示了男性将女性之“性”作为私有财产的占有欲。另一种是被“剥离”——女性的文化内涵与文化外衣被男权之手一层一层剥离，到最后只剩下一个赤裸裸的身体。而“包裹”和“剥离”具有完全不同的文化功用，“包裹”是为了把女人塑造成符合社会标准的商品以供出售，而“剥离”的目的则是为了尽情地享受这一商品的价值。在这种深厚的男权文化积淀下，我们何以奢望男性文学能够自脱窠臼——他们乐此不疲地用文字包裹女性再剥离女性，创造属于男性的“性文学”然后供男性欣赏享用。在这些作品中，男性是一切性爱活动的主宰和中心，爱情成为被男性之“性”噬朽了的空壳、一座被架空的空中楼阁。

流行的大众文化中姿意肆行的俗“性”，与所谓的精英文化中男性立场下不经意泄露的雅“性”，是当下文化现状中的两极，两者遥相呼应，夹击着、围困着寻求身心解放的今日女性。

所幸的是，活跃在当下图书市场上的许多女性作家，已逐渐走出被传统文化框定的误区，正在用她们的笔“重振河山”，彻底打破了文学中“爱”与“性”的千年秩序，用女性独特的视角和立场，以女性的叙事方式和女性话语，以女性的审美意识观照人生，创造着完全不同与以往男性作家的“性”文学。

20世纪80年代以来获得了主动意识的女性文本，改变着男性本位文化中心视角的“他者”位置，呈现出女性主体在“我者”上的立场。无论是从对理想双性世界的积极想象与建构，还是从两性对峙状态的惨烈写真与破坏，都表明了“我者”主体对外部世界的“指控”。长期以来被男性文本为中心的文化意识所有意或无意掩饰、抹杀、轻视的，属于女性最隐蔽的体验和感受，开始被女性文本揭晓，女人所担当的性爱角色，富有自然性主动性选择性，因而带有了反文化反社会的意味。她们用自己的身体讲述那些曾经隐蔽于光明之下的黑暗，不再成为异性文化谋略下无辜的受害者。与此同时，针对女性解放自身的欲望，女性文本开始转向了对“我者”内部世界“自省式”的理性透视，思考传统的两性关系面临着怎样的危机状态，以及如何在即将崩溃的旧秩序和锐变的阵痛中寻找自己的新定位。

在20世纪90年代的女性作家笔下，她们所创造的女性形象，与以往的文学作品中，那些总在等待他人取舍的女性人物，有了本质的变化。她们不再书写那种永无出头之日的异性爱精神迷惘之战，而是对一切既定文化思维下的成规与想象，进行全方位的质疑与颠覆，以致发出了“不谈爱情”的呐喊。例如池莉的《绿水长流》，张欣的《爱又如何》，对经典的爱情神话中的虚幻性进行了无情的挑衅和嘲弄。这些几乎有些矫枉过正的女性文本，对于解构父权文化中二元对立的思维模式，对于消解二元差异式性爱的女性角色品质，无疑有着进步的历史意义。然而，在人类的文明史上，“爱”与“性”始终是难舍难分又若即若离的，它们时时呈分裂状态，又常常向往重叠与聚合。有爱的性和有性的爱，永远都是人类梦寐以求的理想。举一个也许并不恰当的例子，即便是在动物交媾行为中，双方也仍是有选择地寻找自己喜爱的它者；古代三宫六院的皇上，也曾“三千宠爱于一身”。无论低级还是高级动物，天性和自然性都驱使它们寻觅并喜爱自己所中意的异性。所以，放弃爱情只能是一种阶段性的反抗形式，是不得已的退缩和逃避。文学强大的生命力，在于它从人性本质的真实出发，永远不放弃自己确认的价值取向。对于女性而言，她将以现代女性的自我意识去渗透女性心灵，进而逐步影响和改造男性。当女性具有足够的实力去与男性平等谈判的时候，女性才能实现自己的有效需求。

大连大学性别研究中心李小江教授，在《解读女人》一书中写道：“人自身的尊严感和对他人是否尊重，都会在性关系中充分体现出来——性，其实是人格的一面镜子。”

事实上，在大多数女作家笔下，对于性心理、性意识、性感受的解构和分析，往往重于对性行为过程的直接描述；她们更注重“性”事中的双方所传递所赋予的爱意。“性”对于女作家来说，是爱情的升华，是人格平等的互动，它被寄予精神的厚望，甚至，性活动被视为女性自我实现的重要途径。

我在1996年出版的长篇《情爱画廊》一书中，尝试以女性的审美价值观来写“性”。我认为被爱所激发所驱动的情欲和“性”行为，两情相悦所创造的欢娱和快感，是生命中最美好最壮丽的时刻之一，是超然于实利和世俗之上的一种高尚境界。我强调爱与性的同步，正是为了抵抗流行文化企图将“爱”与“性”拆解的浊流。书中的女主人公大胆冲破了原来所扮演的贤妻良母的规定性角色，与一位他喜欢的青年艺术家发生了性爱，在她被爱所唤起的情欲和性爱高潮中，她第一次体验到身心融合灵肉一体的性爱是如此的美妙。她身体的美只有在成为自己精神象征的前提下才是有价值的。

文化是被历史和人塑造出来的，在20世纪“爱”与“性”的观念震荡，有助于社会的细胞更新和基因修复。现代女性将在思考和改变自身命运的同时，融入全人类的文明进步。我以为，进入21世纪，随着中国社会的文化大开放，文学与“性”将恢复它们原本密切的必然联系。特别是我们从封闭走向开放、从贫穷走向小康的过渡时期，文学将随着“性”观念的彻底更新，进入人性化写作的更深层。

我相信，两性关系平等与和谐的未来文化将在这一过程中被重新书写。

打开自己那间屋的门窗

英国女作家维吉尼亚·伍尔芙说：女人要有一间自己的屋。

这间属于自己的屋，自然是女性独立的标志。因为我们首先要有一定的经济实力，将这间屋子租下来或买下来。在这个有锁的房间里，我们身心独处不受打扰，也可随时约会想见的客人；在自己的房间里，我们能够随心所欲做自己喜欢的事情，包括拉上窗帘写作。

自己的一间屋，象征着现代女性所渴望的自由空间。但是，女人拥有了自己的一间屋之后，那是否就是我们全部的生活呢？

按我个人的理解，那间屋的含义会更立体些。它并不意味着女人要把自己关在里面，并不意味着一种与世隔绝的姿态。它不是一个牢笼，不是一个封闭的禁地。那间屋当然有一扇通往外界的门，可以使我们来来往往出出进进，随时出门走到广阔的田野山川去；那间屋还有一扇巨大的玻璃窗，阳光可以充分地照射进来。若是站在窗前，我们的视线可以望见云彩、飞鸟以及很远的地方。这扇可关可合的门与窗，是女人能够安静地长久地使用这间屋的一个非常重要的前提。

借用这间屋和门窗的关系，我希望自己已经基本上表达了现代女性的生存理想，以及我本人对女性写作的态度。

西方女权主义的发展道路，同中国20世纪的女性主义曲折历程，恰好走了一种倒置的相反的方向。当西方妇女还在争取女性基本权益的初始阶段，新中国的建立，即以革命的名义立法保障了妇女就业生育等基本权利。由于对封建历史上“男尊女卑”的传统观念的反抗，使我们对“男女都一样”的人格地位平等，具有强烈的渴望；但是到了20世纪70年代，所谓的“男女平等”完全被政治化了，“男女都一样”作为革命的工具被强化到极端，女性的特质被逐步清除，承担起男性的角色。

这种抹杀性别差异、权利与人性的分离所产生的直接后果，造成了中国妇女在很长一段时间内的严重异化。改革开放后，在中国本土逐渐生长起来的女性主义，开始对“男女都一样”这种特定历史条件下被扭曲的文化思维与模式进行了全方位的质疑与挑战，希望找回“男女不一样”的女性特质。在文学创作上，表现为新一代女性作家对自身情感和心理的重新关注。新时期文学中，那些当时最活跃的女作家们，作为女性意识最早的觉醒者，塑造了一系列新女性的文学形象，为后来的女性文学发展开凿了最初的通道。大家比较熟悉的我的短篇小说《夏》，表现的就是当时处于萌芽状态的女性反束缚意识。

20世纪90年代以后的女性文本，开始着力去描述和表现男人和女人“不一样”的那些生命基因。她们从女性立场去判断外界事物、用女性的眼光感知生活、用女性的话语表述内心情感。女性作家天生具有非常敏感和细腻的感受力，能够对那些被男性忽略的极为细小的事物作出反应。今天的新锐女作家群体，像春天的花朵一样遍地开放，形成了中国当代文学的一道绮丽的景观。20世纪80年代之前那种残酷的非人的政治风暴止息后，被抛在舢板或小舟上的女人，开始在阳光下长驱直入自我与个性的绿岛。作品中的性爱描写，从身体进入精神的层面，被寄予审美的厚望。性活动以及女性自我赋权的“身体写作”，已被视为女性价值实现以及女性解放的重要途径。市场经济正在逐步消解着“父权”，但与此同时，顽固的“夫”权却正“变脸”为商业的面孔，现代女性所面对的生存境遇、婚姻和性关系，在女性文本中都展现出更为丰富的姿态。

是性别的差异性让我们回到了女性写作。这种女性的视角，我理解为“自己的一间屋”。这是一个立足点，也就是说，这间屋子是一个充满了女性色彩的心灵空间。用伍尔芙的话说：“人只需走进任何街道的任何一个房间，便可感到女性的那种极为复杂的力量整个地扑面而来……须知这几百万年以来，妇女一直是坐在屋子里的，因而到此刻连墙壁都渗透着她们的创造力。”所以，当我们打开门窗时，那些微妙细致柔软活跃的女性元素，就会从门窗里飘散开去，使得外面的空气也充满了甘甜的女性气息。如果没有这间屋，我们就没有一个属于自己的视窗，我们会寻寻觅觅无所依傍，我们的目光会散乱无序。女性视角是我们与生俱来的身体感官，更是一种把握人生与文学的独特能力。也可以说，是一种女性潜意识宣泄流通的出口。

但是，新的悖论也无情地随之而至：如果说女人只能并且只应该从事“小女人”或“私人化”写作，岂不是承认文学的宏大叙事只是一种男性写作的特权？如果女性所关怀的世界只有身体和性，只有爱情和自我，那么是否等于印证了历史上男性对女性的歧视，而将男女共有的天下拱手相让了？如果说在商业时代的文化消费中，女人的身体本来就被男性当成一种性工具和性对象，那么，女性的身体写作，是否会成为对“男性窥视”的自觉迎合？

由此将引发更多的问题：女性主义是否是女性写作的唯一选择？女性意识是否应该覆盖女作家关注人生的全部目光？若是女性文学像残疾人运动会那样，建立一种仅供自己欣赏的独立评判系统和标准，又如何去打破以男性为中心的社会秩序？过于狭隘的女性立场所带来的局限性，恰恰会使我们的作品大大减弱对男性的影响度，如果一个女作家能够关注自身以外更为广阔的世界，岂不是将获得更多与男性平等发言的机会？

我们真的需要一种所谓的“主义”来框定女性写作吗？

我曾说过，1985年之前中国没有成形的女性文学，因为女性文学所应当包含的女性性心理、性意识以及各种女性经验，在当时都是不可涉足的禁区。事实上，在很长的一个历史阶段，女性只是一个被借用的人物外壳，作品中的女性意识是被抑制和贬损的。20世纪80年代初的思想启蒙，为中国的女性文学发展扫清了思想障碍，只有当“人”的尊严被重新确立之后，女性文学或女性主义文学从此才有了安身立命之处。到了20世纪80年代后期，更多的年轻女作家们，才有可能在一个相对开放的外部环境下，在解除了大一统的政治压力和计划经济的束缚，在多元文化状态下，轻松地折返女性自身。这是中国女性文学逐渐走向成熟的一个不可忽略的历史条件。

但这并不意味着，对于女性写作，应当单独建立起一种完全不同于男性写作的评判标准；更不能认为，在文学这个男女共享的领域里，应当割出一块封闭的领地来专供女人游戏。

在我看来，这种画地为牢的文学分类，构成了女性写作的误区。

我想简单地陈述一下自己的写作道路，借此盘点整合自己的思路。

我在1950年出生于杭州的一个知识分子家庭，从小受到良好教育和文学熏陶。我的阅读开始得很早，小学和中学的作文一直受到重视。1966年“文化大革命”开始，学业中断，1969年我离开杭州，到黑龙江省的一个农场上山下乡。在农场劳动8年，1972年开始发表关于知青生活的作品，1977年到哈尔滨学习戏剧创作。从1979年至今，发表出版了大约四五百万字的小说和散文作品。

新时期文学之初，“文革”留在人们心上的伤痕，促人猛醒催人发问。真实的生活渴望并呼唤着文学真实的诉说，人们试图通过文学寻求人的尊严与价值，文学成为作者与读者共同的精神出路。因而，我的短篇小说《爱的权利》、《夏》、《白罂粟》，中篇小说《淡淡的晨雾》、《北极光》、《塔》，发表后受到比较广泛的注意。从20世纪80年代中期至90年代中期，新时期文学进入了实验阶段，出现了许多带有前卫和先锋色彩的新小说。我在对人性重新认识的基础上写作了长篇小说《隐形伴侣》（1986年出版）。还有中篇小说《第四世界》、《因陀罗的网》、《沙暴》，短篇小说《流行病》、《无序十题》、《斜厦》等，这些作品吸收并借鉴了一部分西方现代主义的创作方法，试图丰富自己的艺术个性。至20世纪90年代中期，市场经济逐步建立起以读者的需求为依托的运行机制，中国当代文学的道路被整体性拓宽，文学的多元化格局基本成形，多种文学风格和艺术思潮的作品各领风骚。1995年我出版了长篇小说《赤彤丹朱》，表现年轻一代对历史的再认识和对中国老一辈知识分子命运的重新思考。1996年，出版了长篇小说《情爱画廊》，意在表现物质化和商业化的时代，人对爱与美、对自由精神的渴求。我的3部长篇小说，可以说反映了我在时代进程中，对社会和自我认识的3个阶段。《隐形伴侣》是对我们这一代人个人身份的清理；《赤彤丹朱》是对体制的反省，对历史的忧患；而《情爱画廊》是面对20世纪90年代市场的挑战所做出的积极尝试。近两年来，我写作中篇小说《残忍》、《银河》以及《工作人》系列，内容扩展至城乡边缘，写作风格回归于平实与朴素……

若是以我的个人体验来探讨这些，我想说的是，在我的生命中，性别苦恼实际上很少对我构成心理威胁，我忽略它是因为我早已超越了那个阶段。我对“女性意识”一直有着本能的认同，那是天然的没有受到破坏的东西，它融合在我的血液中，成为我生命的基本元素，而不是一种防卫或出击的武器。引述一位女性主义学者的话来印证我的分析，那就是：一个从不把男权放在眼里的女性，通常不会成为一个女性主义者。在我的作品中，我的兴趣早已不在男女关系的对峙，以及对男性的“指控”上了，我更关心的是“自由”——这种自由的完全获得，必定与男性世界密切相关，也就是说，只要男性或女性有一方觉得不自由，两性和谐与人的自由就无法真正实现。

需要特别说明的是，我以上的发言，决没有对当下的女性文学有任何贬抑的意思。在一个多元文化并存的状态下，女性文学应该是千姿百态的，每个人的创作个性都需要得到充分的尊重和理解。我的忧虑来自于当下的某种性别屏蔽意识，我认为将那些纯粹描述女性生活的作品当成女性写作的范本，是狭隘的；更不赞成女性批评那种“削足适履”的批评方法，将女性立场这一原本模糊的概念，作为衡量文学作品优劣的标尺。

我比较认同女性写作中应当更为自觉地运用女性视角这一说法——在我们自己的一间屋子里，安静地思考与自省。用思想的火把光芒，照亮自己灵魂的深沉悲悯以及肤浅虚荣；我们会在作品中说出女人的美丽或是平凡，聪慧或是愚昧对自己究竟意味着什么。然后，拉开窗帘，敞开我们的门窗，让新鲜的风吹进来，让明亮的阳光透进来。我们将走到外面广阔的天地去，用女人的心去感受除了男人和女人的关系之外，人与现实世界的更为复杂的关系；并将我们的眼光放射出去，看到高山、大海和更远的地方。我们将在女人优美的文体与语言表述中，传递出女人深切柔情的社会关怀、人文关怀与人类关怀。我们将在自己的那间屋里，书写男人与女人共同的历史，创造有利于自己和整个世界的文学。

正因为每个女人都会按照自己的愿望、审美品格和实际需求来选择和布置自己的那间屋，所以每个女作家“自己的那间屋”，都会呈现出迥然不同的模样。有的房间会寂静无声，有的房间终日里摇滚乐如雷轰鸣，有的房间里挂满了漂亮的衣裙，有的房间主人或许有收藏陶瓷或是匕首的爱好，有人把墙刷成白色粉色绿色蓝色或是黑色，有人贴壁纸也有人用木板装饰成一个森林小屋。所以，女人在自己的那间屋子里书写的文本，当然是异彩纷呈、风格各异的。因此，我十分赞成伍尔芙所说的：在文学创作中，如果以任何方式有意识地以女人的身份来说话，那么对她来说将是毁灭性的。写作是一种精神活动，在文学创作中，真正主宰着我们的，是艺术个性和艺术创造力。因为个性的差异实际上远远大于性别的差异。我仍愿意用伍尔芙的话来作本文的结尾，她曾这样说：保持自我比任何别的事情都更为重要。

《情爱画廊》再版序言

距1996年春风文艺出版社“布老虎丛书”出版我的长篇小说《情爱画廊》，至今已经过去了8年。2005年，将由时代文艺出版社推出该书的修订版，我颇感欣慰。

时间往往使生活中的爱情破碎或是变得麻木，但时间会留下那些关于爱情的美好文字。

因为爱情原本就活在我们的梦想中。

没有梦想的人生，是苍白而可悲的。梦想是激发人类去创造生活、改变生活的一种基本动力。在这样一个物欲横流的商业时代，爱情理想主义，多多少少能唤起人们对物质、财富、功利的质疑、填补一部分人的精神空白。也许能够抵御或是拒绝低俗与污浊，使心灵和情感得到短暂的净化。

不同的阶层会有不同的理想——《情爱画廊》表达了一部分知识分子、一部分白领阶层、一部分艺术家，还有一部分向往崇高生活的普通人，心灵深处的爱情理想。人类文明发展的历史，本身就是一个不断追求完美的过程。人性的天性是憧憬完美的。艺术的真实不能简单等同于生活真实。文学作品若是在“梦”的语境中来表现爱与美，会发现并拓展读者潜在的心理和审美需求。

千百年来，爱与死是文学永恒的主题。进入21世纪，种种刻骨铭心、凄美决绝的爱情故事，仍然打动并征服着读者。尽管文学世界中的爱情版本永无穷尽之时，但作品中叙述与表达爱情的语言，似乎正在一日日枯竭与衰退。在这部小说中，我试图用艺术家的绘画语言，来替代文学的叙述语言。当读者们穿过这道长长的画廊，用眼睛欣赏那些被爱情催生、同时又催生着爱情、诉说着爱情而同时又被爱情诉说的画面时，在那些绚丽的色彩、奇异的光线、怪诞的构图面前，你们是否同时能感觉到书中人物内心激情的震荡、喃喃絮语中的温情、深沉的苦痛，以及最终战胜自我的理性光芒？

《情爱画廊》以女性的审美价值观来写“性”。在人类文明史上，“爱”与“性”始终是难舍难分又若即若离的，它们时时呈分裂状态，又常常重叠与聚合。有爱的性和有性的爱；被爱所激发所驱动的情欲和“性”行为，两情相悦所创造的欢娱和快感，是超然于实利和世俗之上、生命中最美好最壮丽的时刻之一。爱与性的同步，正是为了抵抗流行文化企图将“爱”与“性”拆解的浊流。书中的女主人公的身体之美，只有在成为自己精神象征的前提下才是有价值的。为了彻底摈弃父权历史强加给女性的文化遗传，女主人公舍弃了原有的家庭，离开了女儿，传统的“母性”和女人的“自我”发生了猛烈的冲突，亲密无间的母女关系不再构成文化意义上的承继关系，而是背离、中断，还原成生命独立的个体。如我的女主人公秦水虹那样具有现代精神的“女性美”，不再是被男性本位文化所掌控的女性形象，而是在今天开放的社会背景与生活形态中，重新苏醒的女性自我。

小说的故事发生在烟雨朦胧的江南小城与粗犷的北方都市之间。这也许隐伏着某些文化观念上的碰撞与交融。也许更为含蓄地表达了在今天这个变幻莫测的人世间，固守与行走、喧嚣与宁静、排斥与宽容、沉潜与浮漾的矛盾。

文化被历史和人塑造。20世纪持续至21世纪的“爱情”观大震荡，有助于社会的细胞更新和基因修复。我相信，两性关系平等和谐的理想，也将在这一过程中得到提升。更为人性化的书写，一定同人类灵魂深处的梦想有关。只是，它需要时时刷新。 ……………………………………

《作女》自述

“作女”也许是一个陌生的词汇，却是一个大家都不陌生的现象。

在中国许多地方的方言中（上海、江浙、东北、北京），把那类不安分守己的女人，有违常规、自不量力的那些行为——统称为“作”。

“作”字，念平声，在汉语词汇的发展变化中，也许同源于“兴风作浪”、“犯上作乱”、“作孽”、“作恶”的那个“作”。到了当下，还有“作秀”的“作”。“作”字专指女性（从未有人说男人“作”）。“作”立足于男性价值标准，是男性强加与女人、带有贬义的动词。在我们以往的文化概念中，“作”是一个坏词儿。

我想为“作”字正名。对于今日女性来说，“作”其实是一个好词儿。

好作品不仅要吸引读者的眼球，而应当触动读者的神经。

进入21世纪的自由经济时代，城市女性的境遇发生了深刻的变化。商业和物质的极大丰富，为女性带来了更多的发展机会，同时也使女性面临着来自外部世界以及女性自身的严峻挑战。

近20年来，我发现在自己周围，有许多女性朋友，越来越不安于以往那种传统的生活方式，她们的行为常常不合情理，为追求个人的情感取向以及事业选择的新鲜感，不断地折腾放弃；她们不认命、不知足、不甘心、对于生活不再是被动无奈地承受，而是主动地出击和挑衅。她们更注重个人的价值实现和精神享受，为此不惜一次次碰壁、一次次受伤，直到头破血流，精疲力竭……

我把这样的女人，誉为“作女”。

在我看来，如今“作女”的横空出世，是女性的自我肯定、自我宣泄、自我拯救的别样方式；是现代女性在新的历史条件下，对自己能力的检测与发问。“作女”作为中国20世纪90年代~21世纪的新现象，恰恰是中国女性解放的标志之一。女性的进一步解放，无法跨越女性个体盲目和狂热地“作”的这一历史阶段。

“作女”群体的崛起与涌现，绝不是一种偶然的现象，而是社会发展变革的必然。社会的进步诱发了女性强烈的“作”欲。这是对几千年男权社会，所制定的种种戒律和道德规范的颠覆与反抗。封建社会的文化传统和纲常伦理，在商业时代的逐渐弱化，给女性带来了巨大的飞翔空间与更多的梦想。

但由于女性整体的能力和素质不足，女性身体和生理的局限性，使得女人只能以冒险精神和非常规的做法，对压抑束缚她们的一切作出本能抑或是极端的反应。

她们的力气不够顶开头上沉重的盖板，所以只能一点点拱动，拱动就成为女人“作”的姿态与形状，恰如女人的身体曲线。“作”的欲望来自女人的身体深处，是女人与自己进行的持久战争。

由于女性的性别特质，她们的行为带有强烈的感性色彩，她们通常被感性所支配，往往作出非理性的情感判断。这是“作”的生理依据。“作女”不一定可爱，有时甚至令人讨厌。但一个社会若是缺少“作女”，我们的生活就会减少许多活力和色彩。

“作”的过程会使女人获得心理上的种种快感，爆发出强大的内在冲击力。

“作女”不同于“女强人”，她们并不看重最终目标，只希望通过“作”来使自己的人生有声有色。所以小说的女主角卓尔说：我“作”故我在。

一部分“作女”的成功与获利，具有示范效应，吸引了更多的“作女”。“作女”不一定能“作”成功，但不“作”的女人多半不能成功。机会与灾难，通常同时降临在“作女”头上。

“作女”也有极大的负面影响，女性对自我的过度张扬，造成家庭的不稳定以至解体，具有极大的破坏性，女性为此将付出相当惨痛的代价。一部分走火入魔的“作女”，甚至会走向犯罪。我对“作女”们抱着赞赏认同，却又不得不时时为她们提心吊胆的矛盾心情。

那些较低层面、低水平的“胡作非为”，暂时不在本书的关注和描述之列。

“作女”群体实际上由各个性情迥异的“作女”个体组成。

“作女”没有年龄限制——少女少妇中年老年，只要想“作”，随时都可以“作”。她们其中有的人为物质生活而“作”，有的为精神追求而“作”；有人是先天性自发的“作”，有人是后天被迫的“作”；有人是阵发性间歇性的“作”，有人是持久性锲而不舍的“作”；有的真“作”，有的假“作”；有的明“作”，有的暗“作”；有的狂“作”，有的蔫“作”；尽管表现形式千姿百态，但本质上的共同之处在于：女性解放全靠我们自己。

如今，看看我们周围的女人，大家会发现“作女”们真是比比皆是。“作女”的故事实在太多了，不胜枚举。本书并非是“作女”大全，只是写出了一个名叫卓尔的女人，和她的女友们的一部分生活。但愿这能起到抛砖引玉的作用。

同时，我对那些温柔贤淑、勤恳敬业的女人，依然心怀敬意。

“芝麻”虽小

有个笑话说，某个穷酸秀才去茶馆，买了一个芝麻烧饼就茶，饼面上有几粒芝麻掉在桌上，不舍，便用手指蘸着茶水在桌上写字，趁机将几粒芝麻统统捻起来，“写”进了嘴里。却发现还有掉在桌缝里的几粒芝麻，心不甘，找个借口忿然在桌上猛击一掌，将那粒芝麻拍了出来，终于粒粒“归仓”。

后人常拿这粒芝麻说事儿。嘲讽的是连一粒芝麻都不肯放过的吝啬者，或者是惯耍小聪明的人。由此可见芝麻之小、可见芝麻之不起眼儿、可见芝麻之不“该”被如此煞费苦心、可见芝麻这样细微的颗粒，是极易被忽视的。一阵风、一道缝隙，芝麻都可能被湮灭被覆盖。

那个笑话的出发点，原本说的是一粒芝麻的可有可无。但在那个特定的语境中，芝麻却又同时成为举足轻重的代码与象征。

如今家中的桌子上很少有缝隙。有一日，我对着光亮的桌面呆坐，这一粒极小极轻的芝麻，突然从我脑子的缝隙里，被一阵不易察觉的热风吹了出来。我清晰地看见了它——粘在新出炉的热烧饼上、或是被碾成了黏稠的芝麻酱、喷香的麻油、还有香甜可口的黑芝麻糊……芝麻原本无处不在，尽管它几乎如同小蚂蚁一般微不足道。

其实它也许早就从干透的籽荚里迸裂出来，躲藏在生活的皱褶里，然后在某些角落悄悄行走。就像在城市街巷的缝隙里，那些来自乡村的打工仔，艰难地挣扎并艰难地成长着。

每天每日，有许多新的信息涌入我们的眼睛和头脑。生活在不断重复的同时，又不断被刷新。我们或是将其删除并遗忘，或是筛选和提取；只有那些在一个瞬间曾经令人心动的细节、人的命运、某些故事的片段，最后进入了文学创作。

《芝麻》的写作源起，恰是因其渺小，因而被打动。打动是一种心灵的颤栗，就像弦乐的共鸣，与怜悯或同情不是一回事。怜悯是居高临下的，实际已将自己置身事外。

关注“芝麻”已经很久了。从身边、周围的人，朝夕相处之中，点点滴滴地积累沉淀。那是一个自然而然的过程，是作为一个“人”的存在，对他人的理解与关怀，也许是一份起码的良心使然，这个过程甚至与写作无关。

近年来，我读到一些描写乡村与城市关系的小说。在城市的边缘与暗处，拥堵散落着那么多来自外省的打工者，多是由于贫穷，或是由于失去了土地、怀揣着改变命运的一线希望，蜷缩在城市狭窄的屋檐下。在那些作品中，城市大多作为一种缺乏人性、冷酷无情的符码出现，城市的形象是恐怖而可憎的，城市意味着剥夺、戕害、压迫与吞噬。被迫进入城市谋生的打工者，在逐渐失却了原本的淳朴（愚昧?）品行之后，在交付出自己的体力（惰性?）与健康之后，却被城市所毁坏所扭曲，就像甘甜的西瓜被吃完后扔掉的西瓜皮那样。

那么，事实上，有没有另一种相反的或是不同的情形呢？除了被丢弃的西瓜皮香蕉皮和橘子皮之外，还有没有从乡村田园移植到城市的街心花园和草坪，而后悄然成长起来的树木和花朵？若是稍稍留意，我们会看见那些通过外出而为家乡新添了房屋与电器农机具，并在城市的竞争中变得聪慧勤奋、积极向上、见多识广的务工人群，在改变自己的同时也正在改变着乡村的积习。

芝麻开花节节高——意指那些正在生长、并具有成长性的事物。

一粒新鲜而饱满的芝麻，就这样从陷落的桌缝里自己跳出来。其实，那早已不是一粒芝麻，而是一把芝麻。小说中所有的细节、语言，人物性格，都是从生活中那些不引人注意的角落，像捡拾芝麻一般，小心地收集而成。小说并无整体性的情节，只由“孕检”那根若隐若现的芝麻秆，穿起一嘟噜一嘟噜的芝麻荚。而“芝麻”正在经历着的城市生活与她对旧日乡村的回忆，形成了类似叶序中两叶对生的交互对应结构。芝麻是原生态的果实，而文学作品所需做的，是把一粒粒饱含油性的芝麻，“集腋成裘”般地加工成麻酱或是香油。

时不时回头看看

近年来，主要精力都用在长篇小说创作上了。长篇的间歇中，写些中篇小说或是散文随笔，也是为了避短的一种懒惰。算起来，已有近十年没写短篇小说了，其实心里一直是惭愧的。不写短篇绝非是因为不屑于写短篇，而恰恰是因为恐惧。我始终认为短篇小说是最见语言功力、认知深度的“高段位”文学样式。故事的切入舍取，奇巧的构思，人物的性格断面，几乎决定作品生死存亡的那个结尾，都须在有限的篇幅里完成，容不得捉襟见肘的破绽。稍有不慎便是事倍功半了。找借口给自己说因为一向不喜欢“术”，而短篇小说的技术要求太强了，我惹不起还躲不起吗，藏拙也算一种美德吧。

然而终究是躲得了初一躲不了十五。眼睁睁看着同行们一年一年写出那样漂亮的短篇，真是羡煞人也。那些好短篇令我心动技痒，我想自己仍是一个难以抵御诱惑的俗人啊。到底是有些不甘，觉得再不写短篇小说就有点儿对不住自己了。

一日忽然想起汪曾琪老师在世时，有一次对我说过的话。他说，呵呵，你在写长篇啊，长篇小说是条蟒蛇。我反问他说，那短篇小说呢，你用什么来比？他脱口而出：是条蚯蚓嘛，在我看来，短篇小说就是一条一条蚯蚓。

当时忍俊不禁，过后再细想，觉得汪老的比喻真是贴切。蚯蚓潜于草下悄然无声，默默地松土翻地，看似可有可无，实际上却是土壤不可缺少的“活性”因子。无论是垂钓的诱饵，还是入药（甚至入席）；无论晴天雨天，城里乡下，勤劳而灵巧的蚯蚓时时亲切地介入人们的生活，将我们板结的土壤钻出许多蜂窝般密密的细孔。它短小的、软滑的表皮充满弹性和伸缩性，即便断成两截，索性摇身一分为二，又变成了两个囫囵的整体。

在如今高楼林立的都市，人们已经越来越难以觅见蚯蚓的踪迹了。只有钓鱼的人才惦记蚯蚓。若是这个世上有一天真的没有蚯蚓了，人们才会突然感觉到生活中缺少了什么吗？

《面果子树》的构思其实是由来已久。当年还在北大荒农场的时候，就听说某某分场有个杭州女知青，将一个刑满释放后留场就业的老职工，认做了父亲。听说那个女知青的亲生父亲曾在60年代被送到北大荒劳改，后来不知所终。她遇到了那个老人，便和他以父女相处，彼此关怀照顾，度过了一段漫长艰辛而寂寞的年月。此事在农场传得纷纷扬扬，很被大家不屑与蔑视。1979年知青大返城，也不知道她和她的那个“父亲”最后的下落如何。那个故事一直留在我心里，总觉得有些令人辛酸甚至是残酷的东西，藏在深处。她为什么要如此执着地寻找父亲？那个人真是她的父亲吗？许多年过去，多少往事都被湮没了，我却始终无法忘记那个故事。它像是一条被荒草掩埋的小径，我的直觉告诉我，拨开那些荆条杂草走下去，前面一定曾有废墟与人迹。

去年夏天我回到原来下乡的农场去了一次，见到许多新朋旧友，时隔20年，那片土地依然熟悉，乡音依旧，但我的所思所感却有了许多新的内容。曾分别向许多人多次问起那个女知青的故事，却没有人告诉我一丁点儿线索。她就像一根断了线的风筝，天上地下了无踪影。

离开北大荒的前一天，有一刻我突然觉得她就在路边上，一言不发地看着我。

她的手中拉扯着两个没有父亲的孩子。

在“老三届”的人生历程中，“寻父”始终是一个重要的情结。这个“父亲”并非是血缘亲情意义上的父亲，而是一种价值观念或是精神上的依赖症。杨红鹰以她全部的感情作为代价来换取“父爱”的慰藉，抑或是对于孤独的情感支撑，在20多年后的今天，确有许多值得解析与释疑之处。“寻父”实际上是几乎所有的知青都曾经历过的隐性焦虑，而最终解除焦虑的并非是“父亲之死”，而是莫测的命运本身，使她独自抚养了两个失去父亲的孩子，而后终于彻悟的事实。但生活已经无法重新来过。

杨红鹰的半生，能用“无悔”这样的词语来轻松消解吗？

从北大荒回京后，我翻阅知青时代留下的旧笔记。偶然看见本子上记录的一句话：××在果园里转悠说：我得找一棵又甜又面的果子树，留着好好养，等老了的时候吃。

我的全部记忆和疑惑，都在这一个瞬间被激活了。

《鸟善走还是善飞》也是从笔记中找到的一句话，是当年的一个知青老师对农场学生的提问。鸟善飞自然没有疑问，但是，生活中有时需要另一种反向思维，“例外”的事物常常会引起我们别样的思考。善走如何？

2002年夏天在北大荒，我请教过许多老职工和老干部，问他们对当年城市知青上山下乡如何评价。尽管他们从各人不同的角度回答了我，但有一点意思是大同小异的，即：无论知青对农场的经济发展是否谈得上有所贡献，但北大荒现今的许多文明习惯都是当年的知青留下的，至少知青为北大荒带来了文化。

20年前我回农场去时，曾认识一个北大荒的第二代人，他父亲是1958年的转业官兵。那次他给我讲过一些有趣的故事。去年我又一次见到了他，如今他的孩子都已经上了中学，但他对当年的知青老师依然念念不忘，说起当年的许多小细节都如数家珍。

他始终盼望并等待着知青老师有一天会回农场来看望他们，但老师却始终没来。这番深情令我深受感动。我说那你有机会也可以去找他们呀，他吞吐半天，说有一次去找过，但老师已经记不得他了。

知青曾怀着彻底改造自己世界观的雄心，远赴寒冷的荒原以期脱胎换骨。但他们作为那个年代知识与文化的携带者，却不自觉地成为城市文明（其中有一部分很可能带有“封资修”的属性）的传播工具，这似乎并非他们的本意。世上的事情有时就会如此荒诞，返城后的部分知青，在计划经济体制下曾经拥有的一点儿可怜的文化，在后来这个日趋开放的时代、充满竞争而高速发展的经济文化生活中，迅速地被覆盖淹没。“知青”这个词汇演化成为没有文化或文化较少的一个代词。这也许不是他们个人的过错，但其中所包含的某些社会发展的必然规律，却不能不引起我们对自己的审视与发问。

就像火箭助进器，在空中燃烧产生巨大的能量，然后分离、融化、变成灰烬。

《鸟善走还是善飞》的结尾确是有些悲凉。但我并非为了悲凉而写，而是为了提醒。

没有知青的农场，后来变成了什么样子呢？新一代的北大荒人，多少给予我一些惊喜。

我们一直在试图往前走。前方或尽头，究竟是什么在等待，我们并不真正清楚。那是人类难以把握的未来，我们只是希望和期待，它也许或者至少能比昨天好些。

所以时不时需要回头看看。阳光若从前面来，只有回头才能清楚地看见自己的影子。

那个年代似乎已经十分遥远，却又分明就在眼前。回忆往事不都是为了怀旧，而是因为往事仍在继续，从未在根本上了断结束。所谓的知青题材小说，不仅没有穷尽，也许才刚刚开始——那是由于我们对自己和历史的认识，始终在寻找新的起点。

近年来，晨起晚炼的人们，流行一种“倒着走”的运动方式。就像后退那样地倒走，以增强腿力和躯体的平衡能力，据说对身体十分有益。说是倒走，其实只有走路的人知道，自己只是以脊背对着目标前行罢了，方向却没有改变。也可以理解为用眼睛查看自己走过的路——倒走反走与正着前行，明明同一条路，眼中的景观感觉确实是不大一样的。

因而我会将这组《反刍》系列短篇陆陆续续写下去。有时候，我觉得那些零散的故事，像东一块西一块的石头一般横在路上，或者是像楔子、钉子一样，铆在我们生活的夹缝里，让你无法绕过去。它们不具备长篇小说的连贯性和起伏性，甚至连相关的逻辑性都差不多磨灭殆尽了。那些回头去看的知青故事，被岁月切割成一截一截的，散失或躲藏在城市街道的拐角，就像被无数的楼房和水泥路面压住的那些蚯蚓。

寻找蚯蚓。它们只能是短篇小说。从蚯蚓那儿，可以明白短篇小说最重要的品性是克制与俭省。蚯蚓的饮食俭省而掘进克制。包括小说的语言和细节。然而，我对自己的努力仍不能满意。

271

思考的女人

1993年张抗抗在北京家中

我的女性观

女性观并非女性宣言，它在大多数情况下只是一面镜子，不是为了自我欣赏，而是供我们自己寻找瑕疵，审视检点。

有一种看法认为，优秀的女人比优秀的男人更为优秀，所以她们应当到那些男人占据统治地位的世袭领地里去打败男人战胜男人，比如政坛、高科技，还有战争什么的。女人如果不能击败男人，就把那般的优秀都浪费了。

但我一向没有这样的野心，或者说缺乏这样的雄心壮志。对于男人的领域，我历来是不感兴趣的，不屑与其争夺。因为我觉得女人应该有，或者原本就有属于自己的一片领地。例如情感、心灵、艺术，还有家庭。至于政坛和科技领域，在今天这个时代，女人想在那里占上一席之地，中国、北欧和东南亚都有成功的例证。可惜女人天生不喜欢那些地方，这是人性的自然物质属性使然。

因此，最好不要有打败男人的念头，这是不聪明和不划算的，男人若被驱逐了，女人不是更累吗？优秀的男人多些，可以多多为女人服务。

所以中国古代的太极图，是以阴阳平衡、阴阳融合为哲学基础的。黑白鱼形中间有一条共用线，既是阴阳之界，也是共生互济的同一生命体。阴中有阳，阳中有阴，阴阳互补，就相得益彰了。

另有一种看法认为，女人应该在女人的一切领域里，击倒所有其他的女人。优秀的女人只有打败别的优秀女人，才能成为真正出类拔萃的女人。当一个女人站在没有对手、鹤立鸡群的高处，女人才能高枕无忧，一劳永逸。

但我恰恰是一个缺乏女人普遍的嫉妒之心的女人。遇见或是发现了优秀的女人，就会由衷地欢喜和倾慕。我认为凡是真正出色的女人，是不惧怕挑战的，她们可能被同性或异性击败一时，但她们不可能被战胜；她们可能出错，但她们不会被超越。任何出色的或平凡的女性，都有自己独立而独特的领域，不可以被别人侵犯。若是以为有谁能君临众人之上，那是一个缺乏自知之明的女人。

再说，即使在女人的领域里击败了其他的女人，只剩下一个人形影相吊，岂不是成了一个现代的女堂·吉诃德，还得再去为自己制造出一些女性假想敌，以备女性战争之需。当女人在整体上处于弱势时，一个孤独的女强人，还有胜利者的骄傲和快乐吗？

一个真正在精神、人格和经济上都独立自主的女人，一定会把其他的优秀女人都视为自己的朋友。

那么，你既不想打败男人，又说打不败女人，你到底想干什么？

我想说，女人真正的对手，女人永远的敌人，女性解放的道路上最顽固的障碍，是女人自己。

我只希望战胜我自己，战胜人性中那些与生俱来以及后来被污染的环境所添加的弱点。我像所有的平常女性一样，有怯懦、虚荣、狭隘和依赖的习性，我常常陷入鱼和熊掌的矛盾之中，还有内心深处良知和利益的冲突。

我习惯把目光投射在女性的弱项上。我希望女性能更多一些率真的自省和坦诚的自我剖析，而不是仅仅诉说女性的苦难。我愿意通过写作，来帮助女人们真实地了解男人也懂得女人自身，而不是仅仅抱怨男性的压迫。我以为女性自由的获得，最终取决于“人”的自由，取决于社会体制和意识形态的整体变革。

我至今依然坚持认为，只有在一个男人和女人都能得到快乐和幸福的社会里，女性解放才能真正实现。

这样看来，我不太像是一个女权主义者。尽管女权主义的崛起，使得全世界的女性扬眉吐气，让男性的霸权大为收敛，但是权利和权力是两种截然不同的概念。我更愿意女权是权利的权，而不是权力的权。当女人的正当权利得到法律的庇护时，任何不正当的男性权力都再无用武之地。所以，一个理想的社会，男权和女权应是平等分立、互相制约的。我们最终所渴望的，是男人和女人之间的和平共处，达到一种两性和谐、自由融洽的境界。

我喜欢女人是温柔美丽的，在柔美中传递出女性的自然魅力。坚韧是一种品格和精神，优秀的女人应具有博大和悲悯的胸怀。最后想到两个字，也许可以概括我的女性观，那就是：柔韧。

柔弱与柔韧

“柔弱”曾是女人的代词。从语词的读音、象形到词意，都传达出千百年来男权文化之下女人的特性。

柔弱与剽悍对应，可以给男人极大的满足和丰富的联想。柔弱是娇媚是窈窕是纯情是温顺，小鸟般依人，使男子顿生怜香惜玉之心。

无论男人还是女人，对于那一个“柔”字，恐怕都没有异议。

可是“弱”字呢？一个柔再加一个弱，气息奄奄的样子，真够古典的。

再去大街上走一趟，如今哪里还能找到又柔又弱的女子呢？

即便在偏僻的农村山区，仍被封建陋习和夫权统治着压迫着的劳动妇女，常年上山下田，辛苦劳作，想要柔弱，怕也是柔弱不起来的。

对柔弱很有了些疑问，又由质疑而思绪纷乱了。

眼前飘过北大荒夏季的原野上，绿色的草丛中，一大片一大片蔓延开去的白罂粟花。那花瓣极轻盈的，丝绸一般润泽柔顺，像千万只飞舞着的白蝴蝶，搧起草甸深处薄淡的水气。野罂粟长茎无叶，茎上有短细的小刺儿，托着顶端上一朵粉团似的花蕊，在轻风中颔首颤动。

摇曳着的罂粟花，很像女人的白纱裙，柔顺而温馨。

然而，罂粟却不是柔弱的。

风很大的时候，常常有暴雨和雷电袭过，罂粟细长的花茎也轻易不折。

那花朵总是挺拔地招摇着昂扬着，像水边一只只单腿伫立的白鹤。

她酣畅地活过自己的季节后，雪白的羽毛四散飘零，任凭秋风将她吹落他乡。

那一粒粒轻微而细小的种子，沉静而安谧地蜇伏于严寒与冰雪之下，不动声色地吮吸着温热的地气，酝酿着来年的辉煌。

春雨归来时，星星似烂漫的小花，重又唤醒了覆盖了整个草原。

那是柔韧而美丽的罂粟。白罂粟、黄罂粟。

当然还有红罂粟。

今天的女人柔而不弱。

如是女人甘愿持久地将自己置于弱者的位置，那么男人们自然永远地居高临下，嘴上将女人当做濒危动物保护，而眉间却露出施舍与恩赐的快感，在心底，则计算着扶贫助弱应得的回报，决不是无偿无息贷款。

柔者必韧。刚者，却脆而易折。女人的秘诀和奥妙恰恰在于柔韧。天长日久，终能水滴石穿，以柔克刚。

两性的极地

两性世界，无论怎样纠缠着冲突着痛苦着欢乐着，终究是伴生于同一个世界里，犹如拥有两颗心脏的连体人，彼此无奈地相互依存，却又时时同体异梦。

当一个貌似完整的世界，实际上早已被分割成或微缩成无数个极小极小的两性世界时，那个世界便营造了自己的南极和北极。

极地迢迢，是心的距离。在心造的藩篱中，两极的男人和女人邀请对方入侵的标准，却有许多绝对而微妙的区别。

我们静静地低头翻着历史，再冷冷地回头观看四周的男人，我们会惊讶地发现，前天昨天和今天的男人们，在选择自己心爱的女人的标准上，其实并没有太多的不同。一个美男人和另一个丑男人、威猛强悍的男人和温文尔雅的男人、白领与蓝领、白人与黑人、东方与西方、古代与现代、全世界男人择偶的价值观亘古不变——女人的温柔贤淑与年轻美貌，是男人永远的梦想和追求。

一个有意思的想象或许能发人深思，即使在急风暴雨的大革命时代、在如火如荼的根据地、在枪林弹雨的抗日战场、在你死我活的阶级斗争和一次次严酷的运动之中，只要有一丝空隙和可能，革命的男人们革命的目光，首先总是落在不一定革命然而却一定美丽的女人身上。

于是，身边拥有一个或多个美貌的女人，早已成为成功男子的标志，即便偶尔有男人忍痛放弃，仅仅只是因为力不从心。再有例外，恐怕是由于财富和权力的特殊需求。如若真有为爱为情为精神生活，娶了丑陋的才女或是巾帼英雄的男人，大概可以算得上是真豪杰真丈夫，令全球的女人刮目。

那个不变的标准，是男人一生中婚变情变、变心变“坏”的“根”。

万变不离其宗。以不变应万变。男人柳暗花明却又穷途末路。

可是女人，那些美丽的不太美丽的还有很不美丽的女人们呢？

美丽的和不美丽的女人都必须作出选择。尽管她们实际上总是被男人选择，但被选择的最后时刻，被选择的选择依然被迫降临。

常常，女人的一生都迷失在不断变化着或是被修改着的择偶标准中。

尤其是在我们这个摇摆不定的年代，在这片动荡不安的土地——人的价值指数曾无数次剧烈地升降波动。那么如何确定一个男人可视可见可称可用的价值，就成为一项女人智力测试的难题。选择男人的价值标准关系到女人一生的平安幸福，女人总是习惯于以社会流行的价值标准去拴住一个可托付终身的男人。但是这个不停地拨乱反正的时期也许过于漫长，女人的标准如同钟摆，被时尚的齿轮咬住，在价值反复的摆幅中，错失了或是贻误了女人的青春。

从20世纪50年代到90年代，工人农民军人党员干部、本人不一定令人满意但出身令人肃然起敬的男人，都已轮流着被女人们选择过一遍了。再后来便轮到恢复了名誉的老右、落实了政策的老九、会讲汉语的老外、出了国门的留学生……男知识分子们曾有几年时间被女人明争暗夺，很是扬眉吐气地风光了一阵。然而风水轮回河东河西，时钟的齿轮突然倒转，一种被称为大款的男人横空出世，半路出击，只几个回合，竟将四下左右钱袋瘪瘪的男人驱逐一空、落荒而逃，大款男人揽尽视线可及处的美丽女人，有文化的没文化的真洋鬼子假洋鬼子大老板二老板小老板只要是老板女人都笑脸相迎，有钱的男人一时天下无敌。

女人的标准如此大规模地起伏浮动，两性世界自然是“史无前例”地躁动与困惑。嫁了与未嫁的女人迅速地调整着自己的价值坐标，婚恋的重组与整合，制作了一幅幅前现代与后现代交错重叠的都市风景。

甚至，女人在1990年刚刚为理想男人制定的标准，一入1992年就过了时。

到了1995年，更得整日提心吊胆地盘算着，不知明天的男人是个什么价。

女人真有自己的择偶标准吗？

女人的标准跟着流行的社会时尚变幻，所以女人不断地变回来又变回去。

女人的目光喜欢跟着另一些女人的目光走。人若说好，趋之如鹜；人若说不好，弃之如芥。非得众口一词赞赏，买得才称心。所以“托儿”专找女人。

有时就想，女人莫不是真不及男人?！男人认定美丽的女人，只此一个坐标，一生一世地迷恋憧憬。

有时又想，其实女人不断变化着择偶标准，说到底，是因为权衡男人的标准终究只有一个——男人的强大和给予。那标准是很实用的，体现着女人对男人的依靠、依傍和依赖。无论是金钱还是地位，作为弱的女人，必得有所索取。

南极北极，遥遥相对；天之尽，海之涯。然而，两极都是冰天雪地。

假若每个女人都能按自己心中理想男人的标准去选择男人，女人才能走出寒冷的南极圈，在情爱的赤道地带，大声呼唤被困于北极的男人。

性骚扰与性引诱

年轻女人的种种艰辛和隐衷里，有一个令人难堪的角落，就是随时可能遇到的性骚扰。

机关厂矿田间地头还有办公室，几乎任何场所，只要无旁人在场时，都有可能成为藏污纳垢之地。男上司男下级男同事或是男搭档，饭后茶余的，趁人不备，对女性同僚发起突然袭击，仅是言词的挑衅尚不够味，还做出些过于亲昵的举动，直到得寸进尺地侵犯女人的身体。女人通常能忍则忍了，不想为此结怨或是丢掉饭碗。毕竟不同于强暴，没有实质的损失，被骚扰一下也就罢了。

早几年，青年女子走在街上，常常会遇到一位两位彬彬有礼的"马路求爱者"。开场白小心翼翼，或说你是在某某地方工作吧，我好像曾在哪里见过你；或说你长得像某某人，我想和你认识一下交个朋友你不反对吧？你会客气地回答说，妈妈说过在街上不要同不认识的人说话，所以很抱歉，或说我不是你想找的那个人，你可能有点儿近视干吗不配副眼镜？如果有一天你恰好骑着车，然后遇到了另一位耐心的"骑士"，那青年男子会慢慢地蹬着脚踏板，在你身后不远不近地跟上一段，有些不好意思地低声恳求说，你看我家就在前面，你不想去坐一会儿吗？就一会儿……你再不停车，我可就到家了。你回过头嫣然一笑说：那你不正好该回家了吗，夜里最好别在街上瞎溜达。那人失望地叹口气，车轮隐没在黑暗中，倒没忘记冲你背影说声拜拜。

这般君子风度的马路遭遇，连性骚扰都算不上。只有一点儿相同之处，即女性在接受男子好感与追求的过程中，往往处于被动状态。

若用流行的语言来说，在那些粗暴的或是礼貌的“骚扰”之中，似乎隐含着一种“市场”因素、一种男女间的供求关系。颇有耐人寻味之处。

然而这几年，“马路求爱者”的性别，突然迅速错位。温文尔雅的青年男子主动与女子搭讪的情景，似乎已在大街上销声匿迹，取而代之的，是浓妆艳抹、搔首弄姿的青年女子。在路边、在酒店、在商场、在歌厅、在一切有男人和女人、一切灯光暗淡便于交易的场所，女人无所顾忌地占领了以往男人示“爱”与求“爱”的位置，迫不及待地向男人们发起了猛烈的攻势。

如今女人似也熟读兵书、略通兵法。进攻之前，自然是选准了目标的——一般均为腰包凸起、钱袋鼓囊者，其余背景资料暂且略去。女人的攻势如细雨缠绵，看不见千针万线的雨丝落下，男人却已浑身稀湿，湿得透心。没等几个回合下来，腰包渐瘪，钱袋珍藏已随流水而去。

然而此计仅限于美丽的女人。相貌平平却有几分聪明的女人想要囊中取物，就得很动一番心思了。天女散花、广种薄收，即使没有一劳永逸的大款可傍，打一枪换个地方，捞一把赶紧撤退，巧施三十六计，也能略略得逞。

京城严禁“人肉市场”，因地制宜便只能用迂回战术。在都市上班下班的“骑士”们，终于渐渐发现，街头巷尾的偏僻之处，忽然就冒出来些个形迹可疑的问路人。说是可疑，均因问路者清一色为青年女性，通常操外地口音，活活一个天涯浪女，叫人顿生怜爱之心。天涯浪女的活跃期多为春秋与夏，因而身上着装甚少，袒胸露背，极易使被问者心猿意马、想入非非。那女子打听的地方，总是在被问者行驶的前方，问毕草草答谢后，她便迅即跨上单车，因此有借口与你并肩而行。一前一后一左一右地搭讪，先说些不咸不淡的话，继而开始挑逗试探，让你脸红心跳，弄不好那车把便开始剧烈摇晃。

雪白的大腿、鼓胀的胸脯、赤裸的胳膊，在阳光下亮得刺眼，还有鲜红的唇和勾魂的眼光。你不知道她从哪里来，但你已懂得她想到哪里去。

不全是姜太公钓鱼，脑子里明明地拒绝着，身子已莫名其妙地上了钩。

对于某些意志薄弱或顺水推舟的男子，性引诱是万灵之丹，一钓一个准。何况对方送货上门，服务主动周到，不必踏破铁鞋去寻或在梦中过把瘾。

偶有正人君子，也只能木讷地应付着，一见拐弯处赶紧逃之夭夭如获大赦。

却未知女人已布下天罗地网，性引诱已是男人走不出去的“鬼打墙”。

办公室照例有许多办公室的故事。写字楼更有写字楼的情节。男人走在商场楼梯拐角的暗处，一不留神，女人饱满的胸脯已撞入了怀里；美发厅也危机四伏，并未付按摩的款项，可小姐柔软的玉手却一次次地路过你的脖子，滑腻腻软绵绵，似是无意，而皮肤接受的手指语言，你我心知肚明；出租车电影院都是极好的池塘，女人随意抛洒着诱惑的信息，不会错过一个施展机会……

也许引诱是女人与生俱来的一门艺术，而艺术的“灵感”却来自于她们对男人的各种需求。若是为了爱，“引诱”或可值得同情谅解。然而大多数时候，认识的或是不认识的男人被女人引诱着，总是为了她更轻易更轻松更便利更快捷就能获得的物质享受。

真正的悲哀在于，女人却并未由于“开发”了性引诱的“潜力”，而使女人增强其魅力，变得更为完美可爱。事实上，当女人不得不运用性引诱这唯一一张王牌时，女人已走向堕落。

有男士感叹说：性骚扰来自性引诱，若是女人不引诱暗示，男人又怎敢骚扰呢？

女人忿忿答曰：若是男人没有需求，女人的引诱岂不是无的放矢吗？

其间的因果关系，难求一解。只知男女间若有真情深爱，无须骚扰亦无须引诱。更忧戚如今性骚扰与性引诱的角色转换，已显示“市场”供求趋于失衡。因此为今日女性痛之惜之——那些天涯浪女们的经济自立，莫非除了被骚扰和去引诱，真就没有别的出路吗？

女人的障碍

有年轻的朋友告诉我，在她们女大学生宿舍，如果有校外的某某人来找她们中间的某一位，而此人不在，同学说你留个家里的电话号码吧，那人回答说公用电话不好打；那你留个BP机号也行，那人说很抱歉本人没有BP机——那就对不起了，实话对你说，你连个BP机都置不起，某某小姐根本连睬都不会睬你的。

如今小姐们心目中的理想情人，最低标准必须享有私人电话，最高标准自然无止无境，如住宅汽车存款一时未齐，最最起码也得有个“大哥大”。

妇女解放运动废除了包办婚姻买卖婚姻之后，妇女获得了自由择偶的权利，这权利发展到后来，逐步得到了充分使用，20世纪50年代的女人只要嫁一个革命领导干部，自己顿时也就革命了；60年代只要嫁一个家庭出身好的，自己也就变得干净；70年代如果嫁一个军人或是工宣队什么的，女人便真的身价百倍了；80年代的女人嫁一个知识分子，听上去就有了文化；到了90年代，女人只要嫁一个“大哥大”，就大哥大起来；女人即使一贫如洗，只要嫁个大款爷，自己也就成了款婆。

所以仔细想想，女人无论怎么柔弱怎么受男人压迫，有一种优越性确实是男人所不及的——女人在急于改变自己处境或是走投无路的情况下，最省时省力最现成最有效的做法就是嫁人。女人在不太老或不太丑的年龄，“性”是唯一的资源优势。

以男人为中心的历史悠久地写着：夫荣妻贵。这点东西方大同小异。男子慷慨的施予，是希望因此控制女人成为他们死心塌地的附属品。然而历史走到今天，社会结构虽然已经被迫作了调整，女人的心理却被上述的模式框定难以自拔。于是出现一个奇怪的现象，女人一边高喊着争取妇女解放，可是内心深处，其实恰恰是极甘于依赖、惯于投靠、乐于夫唱妻随、坐享其成什么的。

一次在德国，同一些职业妇女讨论性问题。那时我最困惑的，是关于西方国家妇女的卖淫。对于妓女的认识，原本来自一些文学作品。小说中的女性，都是身世凄苦，被贫穷债务所迫，万般无奈下才误入风尘的。她们受尽摧残欺凌，确实令人同情。但我在生活中所见，却与此大为相异——女人并非为了活命，而是为了得到比一般劳动高得多的报酬去卖淫，不但完全自觉自愿，彼此甚至还千方百计地相互竞争。于是我问，她们为什么非但一点儿也不水深火热反而如鱼得水乐此不疲，这些女人都怎么了？

她们回答说，虽然我不喜欢这样，但这是她自己的事。

也有人说，因为西方世界对女人的物质欲望刺激太强。女人有爱美的虚荣。

从奴隶社会到封建社会到商品社会，从东方到西方，依赖于男人生存的女人一直有各种理由和借口。你不知道女人究竟因什么而依赖，但依赖却是永远的。

再比如，有男人从海外回国来觅准备迎娶的女友，国内的女孩第一关心的是此人有无绿卡，第二是有无稳定的工作和收入，第三是否已购下住房和汽车。至于文化程度、家庭背景、个人经历、品性长相等根本无人过问。虽然这是一种青春与享乐的交易，有时甚至也挺公平，但为什么女人总喜欢一次性“付款”（也有分期付款），将自己的灵肉作为抵押，高价出售而后一劳永逸，却不愿意以自己的聪明才智和创造性劳动作为投资，获得属于自己的股份或是资产或是成果呢？

记得在几年前曾说过，我认为妇女解放真正的障碍在于妇女自身。

女人喜欢自怜自爱地扮演受苦受难的弱者形象，女人从不愿真实地解剖自己。有时女人在心理上故意误导自我的迷失，认为依赖是大自然雌性动物的天性，所以女人自立便是一种异化。我一向认为在人类发展进步的道路上，应当尽量保护那些属于自然和天性的东西，但恰恰在原始状态的运动世界里，“男”的和“女”的都必须自己奔波打食，独往独来，除了繁衍后代造窝哺乳外它们从不互相依赖——在这点上，动物的天性是完全自由的。而当“人”成为人成为高级动物之后，当商品和交换出现之后，女人才逐渐失去了自由沦为家庭和性的奴仆。

所以如果女人没有独立的自我意识，即使男人把天下的自由都给予你，你也永不会有心灵的自由。女人如果除了性资源外别无所有，那么只有出售自由来换取虚荣和财富。这便是女人比之男人更大的不幸和悲哀。

我在《如今谁甩谁》那篇随笔中说，如今女人有了选择的勇气和胆魄甚至不惜当一回“陈世美”，是社会的进步，但我在这里不得不说出关于选择的另一个方面，即女人在期待掌握自己命运的同时，却仍然把脖子上的项链作为绳索，交到男人手中，这难道真是女人无法摆脱的一个怪圈吗？

女人和“榆钱”

时钟每一秒都在疾速地奔走，走向遥远的未来。

属于女人的日子，每天都在平平淡淡、琐琐碎碎中逝去，也带走了女人的青春和美丽。莫非到了21世纪，这样的日子会有什么不同吗？

男人说，只要女人还得生孩子，女人就仍是女人。

人类已进入21世纪，女人无法指望21世纪的科学，能由男人来生孩子。假若一旦男人生了孩子，女人还能称之为女人吗？

所以女人绝无半点儿企图扭转乾坤的非分之想。女人期盼的，仍然只能是如何把那些女人该做的事情，做得更好些而已。女人如何能活得更像个女人——健美聪慧而温柔，拥有含而不露的尊严以及与男子同等的自主权。

男人说，我从不做梦，或者说，我每天都在把梦变成现实。

但女人却喜欢把现实的人生，变成一个个温情或焦灼的梦，来品尝与回味。女人飘零虚幻的梦，如白雪纷纷彩霞悠悠，是慰藉是补充抑或就是希望本身。

——春天，满树金箔似的榆荚如雨如雪从枝上落下。榆荚形似旧时的元宝，俗称榆钱。在女人的梦里，也被作为富裕的象征。于是榆钱说：女人，你嫁给我吧，我知道你爱我胜过世上的一切。榆钱垫起了女人柔嫩的脚，使她不必再因踩着人间崎岖的石子路而疼痛；女人将榆钱用情丝一片片穿起，做成华贵的衣服，即使在黑夜里也光彩照人。女人的身上沾满榆钱的浆汁，由于富有因而也很幸福。然而女人却从梦中忽然惊醒，她望见金色的榆钱随着岁月萎黄干枯，碎片无可挽回地从她身上脱落下来，与她冷冷道别，在寒风中飘荡星散。再低头，她已一无所有，榆钱簌簌的诱人声响，已在另一个春天里归于比她更年轻的女人。

女人依然继续着她关于榆钱的梦。她从荒凉的黄土地上挣扎着爬起，不再整日靠在树干上等待来年的榆树重新发叶。她运来了树苗，将它们一棵棵栽入水边，以乳汁浇灌它们。树苗是她的儿女也是她的情人。她往昔那个金色的梦，渐渐被浓雾般的树林与绿阴覆盖，像轻柔弥漫的水气，染绿了清澈的湖水。山林原野因湖水的滋润，呈现出深沉而宁静的墨绿色；空气因过滤了燥热的浮尘，变得纯净而甘甜；太阳与月亮都清清爽爽地发光，女人的日子里省略了许多烦心的琐事，女人的腰腿肌肤忽而恢复了柔韧的弹性。

终于，女人梦见自己变成了一棵榆树。

当某个融融春日，枝繁叶茂的榆树绽开花蕾时，她发现那曾经被自己无限仰慕、如金币如铜板坠满枝头的榆钱，却原来就是她自己。

榆钱是榆树的花。榆树花轻盈而不轻佻、娇美而不妖艳、饱满而沉稳、别致而精巧，榆钱还生着一对薄如蝉翼的翅膀，驮着女人所有的希望和梦想，像一个聪颖的精灵，伴着春风去周游天下。

男人曾说女人是花。在女人的梦里，女人依然是花。只不过，她梦见自己像榆树一样亭亭站立，既非鸟萝亦非紫藤，不攀缘不依附不迎合不屈就；更非季季播种的“太阳花”，只绽开在阳光恩宠她的那个时刻。

只因榆树有深根支撑，年年岁岁，挺过萧瑟的冬季，仍是一片翡翠般晶莹。

那个时刻，女人无须再将榆钱编织成时装外套，专为赢得人们的赞慕。在她的梦里，衣服已同身体浑然一体，就像树皮与树干，里里外外都是同一棵树。她生长着窈窕着伸展着蓬勃着，在湿润的地气中，创造并消耗她取之不竭的榆钱，岁岁去而复来、失而复得，不再牢记祈求与被祈求。

女人梦中的男人，只是另一种树。槐树、银杏、松柏，亦有珍贵的果实，具有别样的价值。她在梦中与他们并肩而立，夜深时，林中传来树木的低低情话，以枝以叶以槐花以榆钱，彼此交流着日日更新的呼吸与精气。

天亮时，女人的梦醒了。

女人还原成一朵玫瑰、一枝幽兰，或是四处寻觅、捡拾着榆钱的姑娘。

梦醒的女人说，假如我真变成了榆钱，定没有男人再会好好疼我。

21世纪人们的生活质量将会有更大提高，消费水准和收入的比例，将会带给女人们更沉重的压力。然而，既然富裕起来的欲望，已如此强烈而无奈地胁迫着、诱惑着今天的女人们；既然女人们与生俱来的物质渴望，将步步紧逼着女人对金钱的需求，那么女人在21世纪，或许比男人有更多的难题。

其实，关于榆钱的一番胡思乱想，仅仅是出于一种偶然的感觉。春风吹落遍地榆钱时，我总听见一个声音在空中说：不要指望把手伸到男人的口袋里去掏钱，时装和首饰最可靠的来源是女人自己。喜欢钱的女人，最好把自己变成榆钱。

21世纪的日子也许没有什么不同。但21世纪的女性，爱着世上可心的男人，却不应再延续着传统妇女的惯性，只想依赖男人的钱袋去过好日子。

…………………………………………………

女人为什么不快乐

历时十几年的改革开放，尽管起起伏伏、曲曲折折，毕竟已艰难地走出了千百年封闭的中国城堡，来到了通往大海的路上。

这个日趋开放的时代，似乎在无意中生下了一个副产品——人们只是在事后才憬悟和察觉到这个有趣的现象——自从本世纪初的“五四”运动以来，直到20世纪80年代，中国妇女才算重新又经历了一回妇女解放。

这一回比上一回，或许更透彻些，波及的幅度、触及的深度，也更引人注目和耐人寻味。

没有发起人、没有旗帜，也没有领袖，而是社会体制变革的过程中，一种水涨船高和水到渠成，是女人们发自内心、出自本性之需求的自然表达。

不必在此引述任何例子。每一个女人都是一种事实。

每一个故事都重复着同一个主题：平等和自由。

当那曾经束缚着女人们的种种封建传统、习俗、道德，在商品经济的冲击下，逐渐无可奈何地崩塌、消解之时，我发现以往那种种人为的妇女运动，是多么生硬简单和事倍功半。我因此越发相信自己曾经特有的看法：真正的妇女解放，不可能完全依靠以行政措施提高妇女地位的方式实现，妇女的解放首先取决于

“人”的解放，取决于社会结构和意识形态的整体变革和进步。

今日中国的许多城市妇女们，忽然就得到了曾经梦寐以求，甚至未曾梦想过的那些生活方式——真正能使女人从昔日的厨房中解放出来的种种方便食品、煤气烤箱微波炉，竭尽女性美丽的高级时装和精美首饰。偶尔奢侈潇洒一回的出租车美容院和卡拉OK，还有家庭计时工和各种清洗修理服务……

如今做女人很轻松很容易了吗？

好像并不。女人们似乎依然不快乐。

曾有许多男人抱怨说，如今的女人真是越来越厉害、越来越凶悍了。妇女的地位已经“高”到男人高攀不上的地步。不仅是“小妞傍大款”，就连已经结了婚嫁了人的女子，那丈夫若是没本事挣得高薪回家，太太定是整日吊着脸子，左右看不顺眼，不是逼着老公去“下海”弄钱以观后效，就是找碴儿生事以离婚相挟。再比比人家那有汽车有别墅的董事长总经理什么的，自家男人活活一个“窝囊废”了。男人们因此自惭形秽，呼吁要成立“男联”或“夫联”以便“自卫”。

这一类女人不快乐，是因为丈夫无权无势亦无钱可依赖。可如豁出去“挖”一个功成名就的现成靠山，一时也吃不准是否有成功的可能。

那么那些有钱有势的老板大款之妻呢？她们没有这些烦恼，应该是幸福了。

然而她们也并不快乐。

有所得必有所失。钱和享受是用丈夫拼命工作的时间替换的，付出的代价是昔日共处的恩爱和陪伴。据说深圳的太太们精神常处于高度紧张状态，她们必须时时警惕着企图坐享其成的入侵者，日日防备着丈夫的财产被新来的靓女偷袭，夜夜监控着丈夫婚外情的蛛丝马迹……不是完全属于自己的东西，总是担心着失去。外面世界对男人的诱惑太多，那时女人觉得财富也许已成为一种负担。

有钱没钱的夫人们，自是各有一本难念的经。

在商品社会里，女子的美貌犹如沙特的石油，是女人愿望达成的天然资源。

对于这种资源的合理开发利用，使许多美丽的女人排除了奋斗和自强。于是不具备此种资源的丑女人，面对同样的目标，也许要支付高出几十倍的辛苦——所以在这个时代，丑女人不会快乐。

然而美丽的女子却时时掂量着美丽的价值。她要将自己的美丽，在一个最高的价位上抛出，而生意场却是瞬息万变，价码时起时落，兴许一不留神，那美丽的价值就没有到位；她还须时时维持着和增添自己的美丽，美丽是一种最害怕毁坏和损伤的物质，而且，一旦失去，便不再回来。

看来，美丽的女人，有时比丑的女人，更不快乐。

耽于“苦海无边”的婚姻枷锁中的女人不快乐，而离婚独居的女人，虽潇洒却寂寞，似乎也不快乐。

柔弱的女子不快乐，是因为她无法使自己变得柔韧；强悍的女子不快乐，是因为找不到驯服她的对手；善良的女子不快乐，是因为无处安置她的真诚；邪恶的女子不快乐，是因为无限的欲望永远难以使她满足。

贤妻良母型的女人，在无私奉献中得到无穷的快乐，突然有一天孩儿他爹却对她摆摆手说声对不起——原因就是她把自己奉献一空。一个事业如日中天的男子，不再需要一个失去自我的空洞躯壳，既然彼此不再有共同语言就只好拜拜另觅知音了。那快乐原来无根无据，男人一走，快乐便从此随他而去。

那么就当一个所谓的“女强人”罢！

是比男人的事业做得更成功更辉煌的那种女强人。

是叱咤风云说一不二、决不附庸也不再无私奉献的那种女人。

然而丈夫还是走了，他说他想要一个真正的女人。是那种注重衣着服饰，举止温柔大方，既能出得舞场又能进得厨房的那种女人；是既读书又逛商场，既贤惠又知音，而且出差一回家就从物质到情感全方位补偿家人的那种女人。

终于是有女人做到了如此的全面发展，做成一个炉火纯青的女人。

但这样优秀的女人仍然不快乐。

不快乐是因为她太累了。

快乐之神从一开始诞生，就以闪电的方式存在。它稍纵即逝，来去无踪。任何快乐都是短暂的。而在反复折磨着人们的痛苦之外，长久占领着我们感情空间的，便是那种既不快乐也不痛苦，可以称之为“平淡”的感觉。

女人为什么不快乐?

终其缘由，一种是因为女人对生活的要求太多；另一种是因为生活对女人的要求太多。

当着妇女解放被一种新的经济形态潜移默化地实现着的时候，这两种对立的要求，便逐步达成了均衡。利己和利他的均衡，是男女平等的基础。

糟糕的是，这种起码的平等，并没有为女人带来长久的快乐。

更糟糕的是，男人也从不说他们快乐。面对生计的压力和激烈的市场竞争，忧心忡忡的男人们，甚至比女人还要不快乐。

或许快乐的永久覆盖，本来就是一种人类的情感乌托邦和情感毁灭吗——一旦我们彻底消除了不快乐，我们便不知快乐为何物了。

或许正是因为男人和女人都不快乐，才会生发出改变世界的愿望?

我们今天究竟怎样做女人?

我们还有没有希望做成一个快乐的女人?

我不知道。

我已放弃了通常认为的那种快乐女人的概念。我不想尽量把自己弄得幸福。我只希望自己拥有一点儿精神和灵魂的自由——逃脱所有那些为女人制定的标准（无论是男人为女人制定的，还是女人为女人而制定的），在一个没有疆界的空间里，让自己遵从心灵的旨意，活得顺乎天然。

我不在乎快乐还是不快乐。但我终归不喜欢平淡。

每天都是好日子

好日子，好好过日子。

怎样的日子才算好日子？怎样才能过上好日子？

许多年前，郊外的舅舅有家邻居，年轻夫妇俩加一对小儿女，四口人住着祖上留下的一栋大房子，楼上一层出租，每月可有固定的房租收入，再加茶园和竹林的产出，吃喝不愁，小日子原本过得滋润。偏偏那男人不务正业，嗜赌成性，好逸恶劳；那女人也是没心没肺的，赢了钱，大鱼大肉地胡吃，输了钱，孩子饿得半夜哭抽了筋。夫妇俩隔几日就朝邻居伸手借钱，日子就一天天颓败下去。到后来，男人把租住的邻居退了，把房梁上的椽子隔三差五地拆下一根去卖钱，只为给家人开伙。再后来，一家人搬到偏房去住，把墙砖瓦片都一张张揭下来卖了还债。没过几年，那老屋荡然无存，男人因盗窃进了监狱，女人带着孩子不知去向。那一家人从此消失得无影无踪了。

当时舅舅只是个技工，两个孩子都在念书，舅妈没有工作，全靠舅舅每月有限的工资过日子。但舅妈是个勤快人，她自己裁制全家的衣服，织毛衣做鞋子，一日三餐精打细算，饭菜可口，把个小家里外料理得熨帖，有难处也不见愁容更不抱怨。舅舅好脾气，两个孩子好性情，因此那一家人总是高高兴兴的，从没有见他们吵过架。许多年后。孩子都结婚成家，有了自己的房子，虽不算富裕，对父母却都是孝顺的，星期天大家聚在一起还是欢声笑语不断，让人好生羡慕。

好日子其实没有标准，就看你自己这辈子想要怎么“过”。

别墅、汽车、美女或大款——一部分人男人和女人的理想。但那真的一定会给人带来幸福吗？若是生活中缺少真情、同床异梦地彼此算计着钱财，互相提防着警惕着，即便享受着丰裕的物质生活，也未必能体会出好日子的妙处。

匆匆上班下班，回家粗茶淡饭，即便住得简陋拥挤，穿得朴素清洁，只要一家人平安和睦，情投意合，应当是温馨的好日子了。

日子尽管过得辛苦忙碌，只要做着自己喜欢的事情，当然是好日子。

不要奢望好日子会从天而降，好日子是用辛苦和智慧换来的。

离异或失恋的男人女人，只要有自己独立的空间，有一份自食其力的工作，有相知的友人，快乐的日子统统是好日子。

别人的好日子，不一定是自己的好日子。把别人的好日子当自己的好日子来羡慕追求，也许还是没好日子过。

没有愿望就没有好日子，但愿望和欲望有本质的差别。欲望人人都有，愿望却属于你自己。实现愿望的过程，好日子在召唤。愿望实现的那一天，哪怕是一个小小的心愿，也是真正的好日子。

再是失意或是受挫，能从沮丧中挣脱重新开始，好日子就在前头。

若是每一天都有好心情，每一天都是好日子。

也有人放着好好的日子不过，离开温暖舒适的家，去荒野植树、去山区扶贫、去为别人的冤情奔走、去为正义呐喊呼吁——他（她）把奉献当做自己的好日子，大家都有好日子过，才是他（她）的好日子。这是关于好日子的例外，但万万不可嘲弄轻视这样的人，若是只顾过自己的好日子，而损害别人的好日子，大家其实都过不成好日子的。

我们需要两个世界

我不清楚欧洲关于妇女文学的概念，仅仅是指女作家的作品，还是一切有关妇女的题材和所有反映妇女生活，包括男作家们描写妇女的文学作品？如果仅仅是前者，那么，妇女文学的含义就太狭窄了，因为，这是一个男人和女人的共同的世界。男人笔下的妇女形象恰是女人塑造自己的一个不可缺少的补充。托尔斯泰的《安娜·卡列尼娜》、《复活》，联邦德国作家伯尔的《无主之家》，奥地利作家茨威格的《一个女人一生中的二十四小时》等优秀作品，都深刻地揭示了女性永久的痛苦和追求。所以我理解妇女文学是一个范围广阔的领域，在这里浸透了男人和女人共同体验到的妇女对生活的一切爱和恨。

我的作品中写过许多女主人公，如果把她们改换成男性，那么作品所表现的思想感情和矛盾冲突在本质上仍然成立。

因为我写的是“人”的问题，是这个世界上男人和女人所面临的共同的生存和精神危机。十年内乱中对人性的摧残，对人的尊严的践踏，对人个性的禁锢、思想的束缚。1978年以来新时期人的精神解放，价值观的重新确立……这对于关系到我们民族、国家兴亡的种种焦虑，几乎吸引了我的全部注意力。它们在我头脑中占据的位置，远远超过了对妇女命运的关心。我这样讲，绝对没有排斥妇女文学的意思。我只是认为，在相当长的一段时间内，男人和女人这种共同的苦恼还会是一个相当突出而又迫切有待解放的问题。由此我们可看出，妇女的解放不会是一个孤立简单的“妇女问题”。当人与人之间都没有起码的平等关系时，还有什么男人与女人的平等？所以，我们如果仅仅站在妇女的立场去看待社会，正像中国古诗所说：“不识庐山真面目，只缘身在此山中。”那个社会只是平面的和畸形的。

我的作品受到许多青年人的欢迎。有一个男青年在读了《北极光》以后给我写信说，他觉得岑岑身上的那种追求精神写的是他。所以，优秀的妇女文学也是给男人们看的，它帮助男人们了解女人那颗丰富易感的心灵，也因此认识他们自己。

事实上，正如我前面谈到，大量的知识妇女正日益要求得到更多的学术发言权和国家和企业的管理权，希望人们首先把她们作为一个有用的人而不是传统意义上的女人看待。她们不愿意通过丈夫体现自己的价值，而希望自己的个性在工作和与人的交往中充分体现；希望自由地发表自己的独立见解，按自己的愿望去做事情，成为丰富的、全面发展的人。于是，她们对于夫妇之间的感情生活有了更高的要求，希望丈夫对自己的个性有更多的尊重，也愿意扩大社交，同更多的男人建立友谊来提高、充实自己。我们在过去与未来之间不断调整焦距，寻找自己新的位置……由这一切从女人的自我出发产生的行动，便带来了一系列的新问题。离异、分居、独身等新兴的多种生活方式，破坏了以往稳固平和的家庭结构，又一次向实际上依然是以男子为中心的社会提出了挑战和反抗，引起了社会的惊慌。这恐怕也是世界性的潮流。她们赋予爱情新的生命，新的内涵，新的乐趣。传统家庭模式不断受到冲击，而爱情却在生长和强化。中国妇女在过去可以忍受无爱的婚姻，而现在却走向不受婚姻和传统舆论束缚的爱情。到底哪一种更为道德呢？我想是不言而喻的。可是，我却暂时不会去写这样的小说。许多人都不会。因为这意味着我们将把宝贵的时间投入到一场无休止的争议和辩论中去。也许，目前中国的当代文学，最敏感的并不是暴露文学，而是“妇女文学”。要写出这个时代真正的妇女文学，我们还需要做必要的等待和准备。

这也是现代妇女面临的不幸。

可悲的是，在一个愚昧落后的社会里，妇女的解放往往最先遭到妇女们的反对。因此传统的意识往往在妇女头脑中沉淀得更加深厚。

毫无疑问，历史、自然和社会对妇女是不公正的。这种不公正不仅仅表现为男尊女卑、大男子主义的传统意识，还表现为大多数妇女在几千年的封建压迫下，由于遗传和生存适应等自然规律的碾磨，形成的心理缺陷。许多妇女缺乏自强自爱的坚韧意志，难以摆脱自己的依附性和惰性，对于家庭、丈夫、孩子的兴趣总是大于自身的智力开发……如此种种，便成为许多男人轻视妇女的理由。我们就是在这样一种恶性循环中爬行。如果我们真心希望唤起妇女改变自己生活的热情，那么我们在作品中一味谴责男人是无济于事的。我们应当有勇气，正视自己，把视线转向妇女本身，去启发和提高她们（包括我们女作家自己）的素质，克服虚荣、依赖、嫉妒、狭隘、软弱等根深蒂固的弱点。只有当我们用自己的劳动证明了我们的价值，才能有力地批判男性中大量存在的大男子主义、自私、狂妄、粗暴、冷酷等痼疾，也才能真正赢得男人们的尊敬。

妇女文学真正的责任在于提高妇女，而提高妇女的自我意识则是长期而艰巨的。

我想举一个例子，一次有一群男女大学生激烈地讨论问题，其中一个女生责怪男生说：“你们真没大丈夫风度，也不让着我们点儿。”——这就是弱女子意识。她缺乏足够的自信，只能依靠对方的让步，来获取胜利。这种以不平等心理去换取的平等，决不是真正的平等。正如一些慷慨的男士总要表现出“保护妇女”的姿态，而大多数妇女也很乐意接受这种“恩惠”。她们并不意识到，当她们把自己作为“弱女子”去乞求保护的时候。她们就如同旧势力希望的那种贬值了。最可怕的不是社会轻视妇女，而是妇女总把自己当成完美的弱者。

不能说男人和女人谁比谁更好和更坏。他们都有各自的和共同的问题。不要把男人和女人绝对对立起来。事实上，生活中同性之间的矛盾往往比异性之间的矛盾更为严重。

我们需要两个世界。

20世纪70年代的中国历史上，妇女的地位曾突然变得“至高无上”。大批女钻井队员、女消防队员、女矿工应运而生。出现在文学作品中的她们，都是些浓眉大眼、气势汹汹，只谈革命不谈爱情，不爱红装爱武装的男性化的女人。这样的形象被当成妇女解放的标志，实际上却是一次更大的倒退，这是对人性的严重歪曲，如同扼杀我们的生命。中国几乎经历了一个没有女人的时代。教训沉重而惨痛。而生活在今天这样一个开放时代的妇女，她们比任何时候都更珍视自己的女性特质。她们并不一定非要和男子做同样的事情，而是要以与男子同样的自信和才能，去做适合她们做的事情。她们不仅仅希望同男子一样，而是要更像女人，与男子有更大的不同，比男子们更富于魅力。她们需要事业、成功和荣誉，也需要爱情、孩子和友谊。她们同一切陈规陋习的斗争将旷日持久。

当然新的问题总是层出不穷。事业和爱情往往难以两全其美。家务和工作的矛盾日益突出。献身于科学文化事业的妇女不容易寻觅到满意的伴侣，因为男子们更愿意选择能够为他们服务的贤妻良母。有成就的中年妇女，承受着照料家庭和事业竞争的双重负担，智力上优势的强度和持久度也总是低于自己逐渐上升的生理劣势，这种不公正是上帝的错误。我们所能做的，只是努力把这种劣势变为优势，以我们的优势去战胜和改变劣势。我们只能以自己加倍的勤奋和努力，以我们潜在的力量，使男人们不仅在口头上，而是真正在行动上承认妇女参与管理这个世界的权利。尤其在中国，如果没有妇女观念的现代化，就不会有真正的现代化。

只有当不再需要用“三八”国际劳动妇女节来提醒男人们尊重妇女的时候，妇女才有自己真正的节日。

请不要问我们的年龄

走遍960万平方公里土地，我们在任何一个角落相遇，即便是在大洋彼岸邂逅——你说：我属牛。她说：我也属牛。彼此再不需要多余的自我介绍。我们的心灵早已被共同的命运凿开了相互理解的通道。

七八年前我曾采访过一群40岁左右的科研人员（他们大多数是“文革”前的大学生），即便在我那个已过了而立之年的年纪，我仍认为40岁是个不可思议的概念。40岁的人一定又老又世故、疲惫不堪而穷途末路。遥远而可怕的40岁缓缓走来，难道真有一日竟会降临在我们头上？我们这些“老三届”不是才刚刚唤来迟到的青春，我们好像才刚刚开始生活。不相信。真的不相信。

然而前几天终于就读完了“与共和国同龄女性”专栏上的所有文字。天南地北陌生的姐姐们，一个个携着从容的鱼尾纹向我步步逼近。当这个评奖活动开始时，《中国妇女报》的编辑找到了我，她们说要物色一位40岁的女作家，所以只有找我。1990年的40岁属于我。她们比我更坚定地相信我会有话要说。看来昼夜运行的宇宙和地球已经准确无误地把时间表送达，40岁果然无可逃避地与我们的人生交叠。这是真的。

你、我、她，我们。我们就这样悄悄地步入了不惑之年。

诚然，生命应该赋予每个人以不惑之年。而唯有我们这代人，能够挺起胸对着全世界朗声说：

我们是共和国40年历史的缩写。

几十篇征文在我眼前踩出了一长串泥泞又崎岖的脚印。我在其中也望见了自己的身影。我们吮吸着祖国母亲的乳汁，同新中国一起蹒跚学步，开始曲折又艰辛的长途跋涉。我们坎坎坷坷、跌跌撞撞地走了40年，身上心上伤痕累累。只有当我们回头寻找和品味岁月珍贵的记忆、低头凝望着已经长大的儿女时，我们才会噙着眼泪欣慰地相视而笑。因为我们问心无愧。

春节时我回到家乡杭州，参加了一次杭一中初中同学的同学会。一别20年，许多同学都已叫不上名字。更使我惊讶的是，几乎每个人目前的状况，都与少年时代留在我心中的印象大相径庭。当年的团支部书记成了科研人员，最调皮的人却当了党委书记，以前最不喜欢读书的人通过自学拿到了大学文凭，而以前腼腆内向的人却做了经理或工厂的工会主席……

她们说：不是我们选择职业，而是职业选择我们。

这句话久久萦绕我心。社会没有赋予我们选择理想职业的权利和机会，我们选择的仅仅只是这一代人的责任与义务，是这一代人平凡而踏实的人生态度，是普普通通的中国人自强不息的精神和品格。

你、我、她，我们。我们40岁人的心路历程何等相似。

然而我们都是女人。与共和国同龄的女性，在侍奉着祖国母亲的同时，自己也已做了一回母亲。40年的辛苦，为事业为工作留下亦或平常亦或丰硕的果实，为丈夫留下妻子的温情，为孩子留下母亲的爱心，为年迈的父母留下悉心的关怀照料——我们以为对得起所有的人也就对得起了自己。我们除了来去匆匆义无返顾，除了创造耕耘，除了执着与痴迷、除了给予和奉献之外，我们那丰富而易感的女性心灵中，还有什么更为深沉和厚实的东西留给了自己？

我多么希望读到那样的文章，用女人的火热心肠和真挚坦荡，来谈谈我们40岁女人女性意识的觉醒，谈谈我们这40年感情经历中所沉淀下来的痛苦的思索——我们究竟是从什么时候开始成为女人的呢？我们是否已经称得上现代女性？

曾经在很长很长一段时间里，我们希望自己成为像男人一样强悍有力的人，我们把同工同酬当成男女平等的理想标志，我们甚至以自己的女性特征为耻、以冷酷粗暴为荣……究竟是什么样的历史转机，把我们重新送回到镜子面前？我们开始关心自己的仪表、关心时装、学会安排舒适的家庭环境。我们开始明白追求爱情、掌握自己的命运是天经地义之事。我们懂得了如何挣脱心灵的枷锁去获取一个女人真正的幸福。在物欲的狂潮中，40岁的女人毕竟还有足够的自制力和才能的潜力，驾驭并实现女人的自尊。

但是，面对40岁的共和国、面对40岁的姐妹们和我自己，不惑之年仍然被众多的疑惑深深困扰。我们获得了上一代人不具备的自强意识和女性主体意识，我们却并不具备下一代人行动的决心与勇气。我们中间许多人仍然背负着沉重而畸形的婚姻，背负着极度的劳累与自虐，在痛苦与无望中挣扎。她们孤立无援、心力交瘁。而这些不幸与苦楚，隐忍在一部分女人的成功与骄傲之后，消磨于对社会条件改善的茫茫期待中。我们也许还在不知不觉变得麻木。

我想，这亦是我们这一代女人的悲哀。

所以，40岁仅仅只是一个开始。是一个成熟的女性对人生彻悟之后，重新生活的开始。无论有过多少失望和迷惘，我们总得往前走下去。尽管青春美貌不能永驻，我们的血液中却始终充满着活力和热情。

忽而恍然大悟地明白了，文明的习惯为什么不要随意打听女士的年龄——对于一颗永远年轻的心来说，老去的年龄并没有实际的意义。

不惑的是女人的自信。

……………………………………

感恩与愧疚

今日游子，面对父母——

可有感恩之心？

唐代诗人孟郊的《游子吟》，至今已传诵千年。

而今天的世界，有了更多不停地走来走去、永远在路上的远行人。

也许是求学，也许是谋生；既是拼搏，却也是无奈。我们把年迈的双亲留在家里，然后远走高飞，去寻找自己的一方天地。

在谋生的疲惫与艰辛中，我们盼着千里万里之外，父母慈爱的家书和乡音带来慰藉；然而，在成功的喜悦中，我们可曾记得父母那焦虑与牵念的眼神？

无论我们走得多远、离家多久，无论我们失意失败或是风光得意，总有两双饱含泪水的眼睛，远隔千山万水，始终在默默注视着、追踪着我们。她不会因你一时的荣耀而忘乎所以，他不会因你长久的挫败而沮丧懊恼。他和她只关心你是否平安无恙、是否健康快乐、是否能顺利成长。他和她只有一件事藏在心里不说：孩子，你什么时候能回家看看？

那就是我们的父母。严父慈母或是严母慈父——许多年中，你是否能感觉到在那平常琐碎的日子里，父母的仁慈与仁爱、宽容与忍让，在远行的旅途中，你是否能时时想起他们的克制与等待？我们可曾为自己对父母的疏忽大意与冷漠麻木，感到过愧疚？

而现实世界里——茫茫人海中，那些与“慈母”和“游子”有关的身边之事，却也许被我们轻轻掠过甚至置若罔闻。若是翻开报刊或是点击互联网，竟有那么多触目惊心的事实，令人惊骇，发人深思：

——一个极度贫穷的家庭，为了让考上大学的儿子交上学费，父母亲轮流卖血挣钱。几年里父母亲所卖的血量，能以桶装。儿子进城后却迷醉于时髦的生活方式，以父母卖血的钱挥霍摆阔，父母流干了最后一滴血，贫病交加，儿子却离校出走，音信全无。当媒体终于找到这位浪荡“游子”之时，他甩下一句冷冷的话：那是他们应该做的！

——父母从小对女儿疼爱有加但管教甚严，女儿长大，沉迷于物质享受，多次向父母索取钱财，遭拒后竟然杀心顿起，亲手将熟睡中的父母杀死，然后将家中财物席卷一空一走了之。缉捕归案后，对自己的罪行毫无痛心悔改之意。

——边远山乡，一生辛劳的父母年迈，丧失了劳动能力。儿女将其弃于黑屋不顾，而外出“打工”逃避。黑屋无水无暖，多日后被邻居发现，老人已经冻饿而死。

——都市城镇，父母甘愿为生病的儿女捐献出自己的肾脏、献出自己的角膜、献出自己的骨髓，只为能挽救儿女的生命。而父母病危之时，远方的“游子”却因事业正忙一再延误行期，归来时父母却已经永远地闭上了眼睛……

当然，也有更多感人至深的故事，在记忆中挥之不去：

——一位退休的普通工人，家境并不富裕，但为了让母亲在生命最后的日子能看看外面的世界，自制一辆三轮车，将母亲安置妥当，然后蹬车驮母风餐露宿周游全国……

——患有老年痴呆症的父亲走失，变成盲目流动的“游子”，牵动了全社会的关注。为了寻找父亲，全家兄弟姐妹暂时放弃了生意，成为寻找父亲的“游子”，直到父亲回家。

——很多的普通“游子”，奋斗的动力之一，便是报效父母多年的养育之恩。一旦在外事业有成、境遇好转，随即将父母接到自己所在的城市团聚，让父母安度晚年。

———一位年轻人，母亲早逝，由父亲含辛茹苦独自一人把他养大，当他终于考上了省城一所大学之后，父亲却因积劳成疾在老家瘫痪。为了不麻烦亲友，不耽误自己的学业，他毅然决定“背着父亲”去读书，租住在学校附近的小屋，早起晚睡、业余时间打工挣钱，亲自照顾父亲，端茶喂药，精心侍候，使得其父渐渐恢复健康，被传为佳话。

——春节的车船永远爆满永远拥挤，远行的游子在车站广场上苦苦哀求，只希望能得到一张哪怕全程无座的车票，也要在年三十夜赶回家中，与父母一起吃顿团圆饭……

每次看到、听到那样的真实记录，泪水都会溢满我的眼眶。

还有很多很多，我所无法一一记住、一一得知的，隐藏在每个人心底的秘密。那些辛酸而又温馨、叫人想起来心中为之颤栗、疼痛的故事。

面对倾其一生心力，节衣缩食培育了我们而不求一丝回报的亲亲父母，我们可有一份真挚的感恩之心？

“慈母手中线，游子身上衣。临行密密缝，意恐迟迟归。谁言寸草心，报得三春晖。”

孟郊，浙江德清人，曾远行江苏、洛阳为官。该诗为“迎母溧上作”。

德清，我的外婆家。童年时的每一个寒暑假，妈妈都会带我乘上小火轮，去那个桑田青青、河港盈盈的洛舍小镇看望外婆。

19岁那年，我却抛下隔离审查中的父母、离舍外婆，告别杭州去了北大荒，成了一个远行的“游女”。迄今三十余年，一直在北方定居。

游女现今已成“北佬”，每年仅有一两次匆匆回杭州短暂探家；而我的父母为了让我安心从事自己喜欢的事情，对此从无怨言。

永远不会忘记在北大荒的日子里，是父母一封又一封厚厚的家书，支撑我度过了寒冷与寂寞；透过弥漫的风雪，我看见遥远的父亲一次次骑车去杭州南星桥铁路货运处，为我托运装满食品的纸箱；探亲的日子，母亲为我借来一本本“违禁”的经典名著；幼稚的写作尝试开始于那个秋天，母亲走了很远的路，带我去九溪观赏刚刚移植来杭州的橄榄树——“不要问我从哪里来，我的故乡在远方。”我初学写作的胆怯融化在母亲温暖的手掌里，从此有了自信和持久的恒力。

我拥有一位真正理解我爱护我的慈母，是我一生最大的幸福；我对这个世界充满感激与感恩之情——为我拥有如此热爱文学、性格坚韧的父母。

然而，亲爱的外婆至今已经离开我们20多年了。在我的《赤彤丹朱》那部长篇小说中，有过这样的段落：

许多年中，我漂泊四方，浪迹天涯，但无论在何处，我都会梦见外婆。外婆从不说话，外婆只是一次又一次地出现，像一只无声的舢板，从我的脑海里轻轻划过，消失在海的深处。醒来后我长久地回想梦中的情形，总是怅然……一片白云飘过，小草在微风中瑟瑟摇动。我看见外婆手里拿着一张浅绿色的汇款单，笑容满面地从镇上的小街走过。她似乎有意将手中那张纸片，任风把它吹得哗哗作响——春谷嫂，做啥去呢？路边的熟人问。——去邮局，我外孙女从东北寄钱来给我了，喏，你看这汇单……外婆逢人便说，她喜气洋洋地穿过热闹的街市，走向镇西头的邮局。那是一张15元的汇款单，我仅仅只寄过一次。但那天却成为外婆一生中的一个重要节日。外孙女的赠予是一个意外的惊喜，因为外婆从未这样要求和盼望过……

远方的游子，我不相识的读者朋友们：相信你们每个人都深藏着自己一份未了的心思——关于思念、追忆、恍悟、自审、忏悔，还有真诚的感恩之情。

千年的孟郊在那个美丽的江南水乡德清，以他不朽的诗作，呼唤着人类的爱心——慈母之爱，游子之爱。即便是父母的错爱也该原谅；父母偶尔的失误，也能用真诚的爱来化解。在这个充满欲望的物质时代，还有什么比人类的良知与爱心更为宝贵的财富呢？风高浪急路途凶险，孤独的游子只有这一份最可靠的护身符了。

图书在版编目（CIP）数据

悦己／张抗抗著.

—北京：中国青年出版社，2007

ISBN 978-7-5006-7559-4

Ⅰ.悦... Ⅱ.张... Ⅲ.散文—作品集—中国—当代

Ⅳ.I267

中国版本图书馆 CIP 数据核字（2007）第 094512 号

作　　者：张抗抗
责任编辑：王飞宁
书籍设计：瞿中华
出版发行：中国青年出版社
社　　址：北京东四十二条 21 号
邮　　编：100708
网　　址：www.cyp.com.cn
营销中心：010-84027892　010-64010813
编辑电话：010-64010551
电子邮件：wangfeining@126.com
印　　刷：三河市君旺印装厂
经　　销：新华书店
规　　格：670×910　1/16
印　　张：20.5
字　　数：280 千字
印　　数：13001-18000 册
版　　次：2007 年 6 月北京第 1 版
印　　次：2008 年 4 月河北第 3 次印刷
定　　价：25.00 元